영어 리스닝 훈련
실천 다이어리 original 2

영어 리스닝 훈련 실천 다이어리 ❷

저자 | 마스터유진
초판 1쇄 발행 | 2013년 2월 12일
초판 3쇄 발행 | 2020년 2월 18일

발행인 | 박효상
편집장 | 김현
편집 | 김준하, 김설아, 배수현
디자인 | 이연진 조판 | 김선희
영업 | 이태호, 이전희
관리 | 김태옥

출판등록 | 제10-1835호
발행처 | 사람in
주소 | 04034 서울시 마포구 양화로 11길14-10(서교동) 3F
전화 | 02) 338-3555(代) 팩스 | 02) 338-3545
E-mail | saramin@netsgo.com
Website | www.saramin.com

:: 책값은 뒤표지에 있습니다.
:: 파본은 바꾸어 드립니다.

ⓒ 마스터유진 2012

ISBN 978-89-6049-337-7 18740
       978-89-6049-335-3 (set)

우아한 지적만보, 기민한 실사구시 **사람in**

들리는 것 같은
착각이 아니라
진짜로
들린다!

영어
리스닝 훈련
실천 다이어리 original 2

마스터유진 지음

사람in

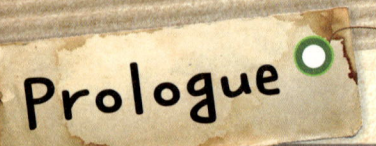

진정한 영어 마스터의 길을 선택한 여러분께

2009년 다시 돌아온 나의 모국.
대한민국의 영어교육은 참으로 놀라울 정도로 열정 가득하고 다양화되어 있었습니다.
15년 가까이 떠나 있다 돌아온 저에게는 참으로 신선한 충격이었고,
말 그대로 영어 못하면 '참으로 먹고 살기 힘든' 상황이 되어있었습니다.

90년대 어느 날, 가족의 경제적 사정 때문에 무슨 영문인지도 모르고 미국행 비행기에 올랐을 때, 저 또한 "How are you? I'm fine, thank you. And you?"밖에 할 줄 몰랐습니다. 뉴욕 JFK 공항의 낯선 공기, 외계인을 쳐다보는 듯한 시선들, 사방에서 들려오는 '무서웠던' 언어, 바로 영어.

영어가 안 되어 1년 반을 낮추어 들어간 미국 고등학교에 등교한 첫날. 언어적, 문화적 충격에 휩싸여 집 앞에서 눈물 뚝뚝 흘리며 서있는 저를 본 어머니는 가슴이 찢어지는 듯했다고 합니다. 그도 그럴 것이, 제 머리 또한 한국에서 단어, 문법 등의 '이론적' 영어공부에만 맞추어져 있었거든요. 머리와 눈으로만 익힌 영어는 읽히지도, 써지지도, 들리지도, 입으로 나오지도 않고 새색시마냥 수줍게 제 안에 숨어버렸습니다.

그렇게 답답한 시간을 보내던 중, 저는 대학교에서 운명의 수업을 맞이하게 됩니다. 바로 Freshman Composition이란 수업이었는데요. 쉽게 말해 대학 내의 모든 1학년생들을 위한 '필수영어' 정도의 수업이었습니다. 철자 하나 틀렸다는 이유로, 무려 15장짜리 Term Paper('레포트'라고 하죠)에 가차없이 F를 받았던 기억이 있습니다. 이것은 단순한 실수가 아니었습니다. 그 동안 내가 얼마나 영어에 대해 간과해왔는지, 그 당시 나의 현실에서는 없어서는 살 수 없는 언어에 대해 얼마나 무심했고 그냥 시간을 흘려버리고 있었는지, 그리고 궁극적으로는 내가 알고 있던 영어공부 방식들이 틀린 것이 아닌지에 '의심'을 하게 만든 전환점이었던 것입니다.

그날을 시작으로 대학생, 사회 일원, 회사원, 비즈니스맨으로 지낸 많은 시간 동안 영어를 직접 경험하고, 실수하고, 망신 당하고, 오류를 수정하면서 무엇이 잘못되었던 것인지, 그리고 무엇이 옳은 방법인지에 대해 끊임없이 연구하고 완성해왔습니다.

이렇게 하라고 배웠는데, 전혀 아니었던 것.
이렇게 하지 말라고 배웠는데, 오히려 맞았던 것.
새롭게 시도해보니 정말 되었던 것.

누구보다 영어가 간절했던 한국인으로, 한국식 영어학습법과 미국식 영어학습법을 타협해야만 살아남을 수 있었던 1.5세의 이민자로, 나의 학습법으로 학생이 반드시 무조건적으로 영어가 늘어야 하는 것을 봐야 하는 선생으로 얻은 결론은 단 하나:
바로 "언어습득은 이론이 아닌 실천이다"라는 것입니다.

저는 마음이 닫힌 사람들에게까지 이 책이 기적이 되었으면 하는 바람은 없습니다. 다만, 진정성을 편견 없이 받아들이는 사람들과, 앞에 놓인 길을 바라보고만 있고 정작 걷지는 못하고 있는 이들 곁에서 함께 걷고 싶을 뿐입니다.

'나비효과'라는 것을 저는 믿습니다.
영어 때문에 눈물을 뚝뚝 흘렸던 그 소년이 미국행 비행기에 올랐던 건, 아마도 지금 이 글을 읽고 있는 여러분과 제가 가지고 있는 것을 함께 나누기 위함이 아니었을까 하는 즐거운 상상을 해봅니다.

Truly Yours,
Master Eugene

My love goes out to:

사랑하는 나의 어머니, 가족, 와이피, 워렌, 엠케이, **PCJ & Friends.**
사랑하는 조교들, 서포터즈, 그리고 나의 학생들.
영어교육 및 출판계에서 도움을 주신 모든 분들.

Thank you all for your unconditional love and support.

About SLT & SRT

영어리스닝훈련에 관하여

언어를 습득하는 방법에는 여러 가지가 있겠지만, 그중 '리스닝' 영역은 토픽 선정만 잘 된다면, 비교적 단기간 안에 언어를 구사하는 능력을 전반적으로 향상시킬 수 있는 가장 효과적이며 매력적인 도구가 될 수 있습니다.

하지만 우리는, 가끔 착각을 합니다. 지문 안의 핵심어와 힌트가 되는 단서(예: and/ but/ moreover/ for example/ the reason is that)만 들을 수 있으면 리스닝 영역에 전략적으로 접근할 수 있다고, 그리고 지문의 요지를 들어내는 것이 가장 중요하다고 말이죠.

미안하지만 그 생각은 틀렸습니다. 우리는 지문 내의 문장들을 최대한 '모두' 듣고 이해할 수 있어야 합니다.

우리가 한국어로 된 뉴스나 영화를 볼 때 전체적인 요지나 부분적인 단서를 이용해서 이해하지는 않습니다. 순간순간 모든 대사를 단기 기억력을 통해 실시간으로 들으며 이해하는 것입니다. 영어도 마찬가지입니다. '실시간 직청직해'가 이루어지면 답은 이미 나온 것입니다. 하지만, 이를 위해서는 단순한 받아쓰기가 아니라 어휘, 덩어리 표현, 문법, 문장구조, 발음, 문화, 뉘앙스 등에 대한 이해가 동시에 이루어져야 합니다. 이것이 영어리스닝훈련이 영어의 모든 영역을 동시에 만족시키는 최고의 도구라는 것을 증명하는 부분이죠.

이 책은 끝없는 수정 작업을 통해 얻어낸 이론보다는 '실천' 가능한 시스템으로, 영어리스닝은 기본이고 그 이상의 것을 목표로 최적화되어 있습니다. 앞으로 여러분은 '실시간 직청직해 (Super Listening Training)'를 기본으로 많이 듣고, 많이 읽고, 많이 써보는 '실천'을 하게 될 것입니다.

영어낭독훈련에 관하여

영어낭독훈련(Super Reading Training)이란 말 그대로 영어로 된 문장을 눈이 아닌 입으로 소리 내어 읽는 것입니다.
하지만, 과연 단순히 읽는 것이 효과가 있을까요?(Does it really work?)
정답은 "아주 효과가 있다!" 입니다. (YES, it does! And it works very well.)

1. 발음기호 하나, 단어발음 하나에 집착하는 것이 아니라 문장 수준으로 읽어보는 훈련을 통하여 발음, 억양, 끊어 읽기가 향상되고 빠르게 읽는 능력과 유창함이 함께 따라옵니다.

2. 다양한 문장들을 의미덩어리 별로 적당히 끊어 읽는 훈련을 함으로써 문장 구조에 대한 자연스러운 이해력이 효과적으로 증진됩니다.

3. 문장 구조와 문법에 대한 자연스러운 이해는 리스닝과 스피킹 실력으로 직결되며 결과가 그대로 반영됩니다. 특히, 리스닝에서 가장 많은 효과를 볼 것입니다.

4. 영어낭독훈련은 무엇보다, 우리의 고질병인 '자신감 제로' 현상을 '영어에 대한 자신감'으로 전환시켜주고 영어습득에 대한 태도 자체를 바꿔줍니다. 우리의 문화적, 사회적인 특성 때문에 우리도 모르게 배어있는 '조용히 눈치만 보는' 성격이 영어습득에 도움이 된다고는 말하지 못할 것입니다. 그 태도를 바꾸면 언어학습의 효과는 1,000배 이상 뛰게 됩니다.

영어낭독훈련은 영어를 필요로 하는 전세계의 모든 아이에서 성인에 이르기까지 반드시 경험해야 하는 획기적이고 효과적인 방법으로, 이를 리스닝훈련과 같이 할 때 input과 output을 동시에 향상시키는 최고의 시너지를 경험할 수 있습니다.

이 책의 구성

영어 리스닝 훈련 실천 다이어리〉는 Native Speaker들이 자주 사용하는 실용 발음패턴을 기본으로 분석과 반복을 통해 영어 리스닝을 집중 훈련하는 훈련북입니다. 더 많이, 더 크게, 더 비슷하게 읽으면서 리스닝 실력을 키워 보세요.

Before You Start
➡ 본격적인 훈련을 시작하기 전에 음성 파일을 들으며 전체적으로 어떤 주제에 대한 것인지 추측해봄으로써 준비운동을 하는 단계입니다.

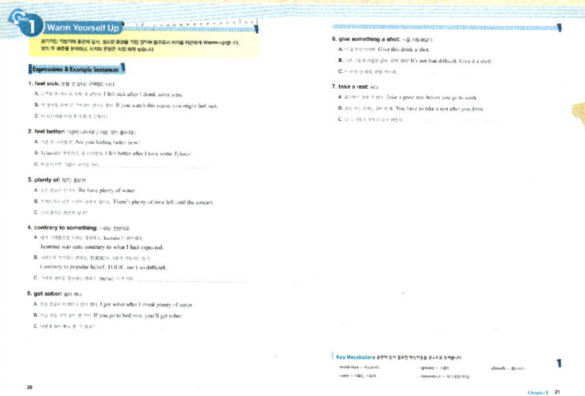

Step 1 Warm Yourself Up
➡ 직청직해 훈련을 시작하기 전에 생소한 표현을 직접 영작해보면서 머리를 따끈하게 Warm-up합니다.

Step 2 Super Listening Training
➡ 정확한 내용 파악을 위해 핵심적인 단계로, 어순과 의미 덩어리에 따라 속도감 있게 실시간 직청직해 훈련을 합니다. 반복되는 의미 절을 들으며 질문에 답한 뒤, 완성문장을 확인하고 다음 문장으로 넘어갑니다.

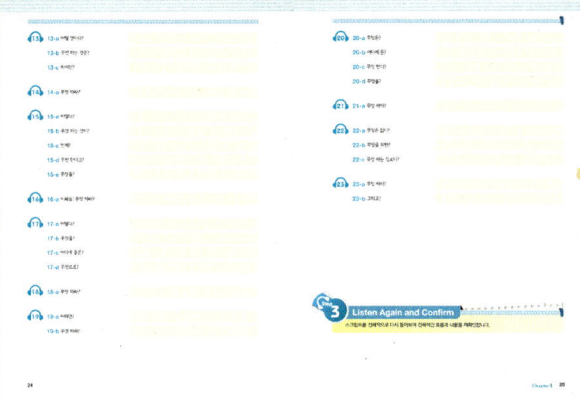

Step 3 Listen Again and Confirm
➡ 음성 파일을 다시 들으면서 전체적인 흐름과 내용을 다시 한 번 확인하는 단계입니다.

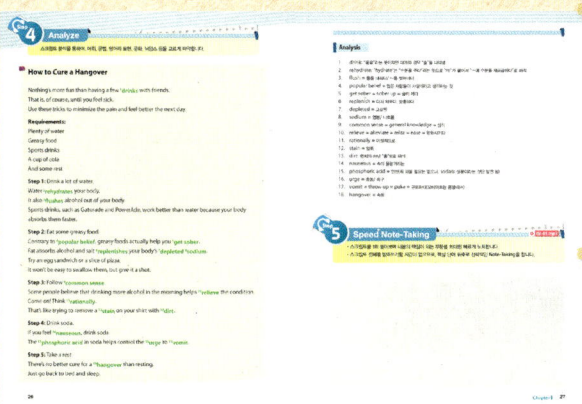

Step 4 Analyze
➡ 스크립트 분석을 통해 어휘, 문법, 덩어리 표현, 문화, 뉘앙스 등 표면적인 정보 이상을 얻어낼 수 있습니다.

Step 5 Speed Note-Taking
➡ 스크립트를 1회 들어보며 핵심 단어 위주로 전략적인 Note-Taking을 하여 빠른 내용 파악 연습을 합니다.

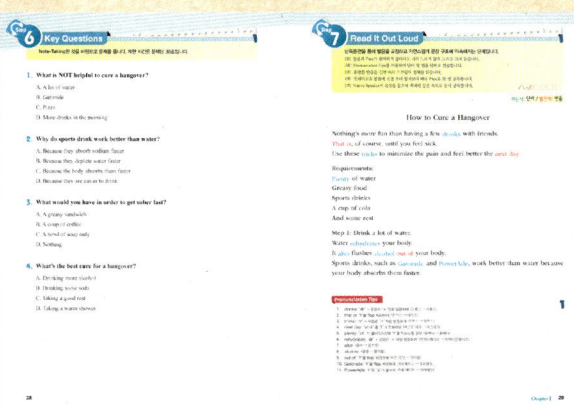

Step 6 Key Questions
➡ Note-Taking한 내용을 바탕으로 핵심 내용을 묻는 질문에 답합니다.

Step 7 Read It Out Loud
➡ 낭독훈련을 통해 발음을 교정하고 자연스럽게 문장 구조에 익숙해지는 단계로, 방법을 바꾸어 총 5회 낭독합니다.

Contents

Chapter 0 Pronunciation Basics — 11

Chapter 1 How to Cure a Hangover — 19

Chapter 2 How to Look Great in Photographs — 31

Chapter 3 How to Choose the Right Gift for Your Man — 43

Chapter 4 How to Relieve Constipation Naturally — 55

Chapter 5 How to Write a Resume — 67

Chapter 6 How to Help Your Baby Fall Asleep — 79

Chapter 7 How to Treat a Mosquito Bite — 91

Chapter 8 How to Grow Hair Faster — 103

Chapter 9 How to Choose the Right Gift for Your Woman — 115

Chapter 10 How to Speed Up Your Metabolism — 127

Chapter 11 How to Make Yogurt — 139

Chapter 12 How to Ace a Job Interview — 151

Chapter 13 How to Teach Your Child to Read — 163

Chapter 14 How to Survive from a Shark Attack — 175

Chapter 15 How to Build Your Credit Score — 187

Chapter 16 How to Make Your Food Last Longer — 199

Chapter 17 How to Be a Good Girlfriend — 211

Chapter 18 How to Be a Good Boyfriend — 223

Chapter 19 How to Write an Essay — 235

Chapter 20 How to Get a Student Visa to the U.S. — 247

Answers & Translations — 259

Pronunciation Basics

[발음종결자의 세 가지 조건: The 3Ra Rule]

"Read a lot!"
"Read aloud!"
"Read alike!"

Chapter 0에서는 효과적인 리스닝 훈련 및 낭독훈련을 위해 영어발음의 필수적인 개념과 패턴을 살펴봅니다. 발음이 영어학습에 있어서 가장 중요한 부분이라고 할 수는 없으나, 영어 실력 향상을 위한 fine-tuning(미세 조정) 역할을 하는 것은 분명합니다.

Chapter 0를 통하여 우리는,
1. 영어 리스닝 과정에서 올 수 있는 소리 혼돈을 최소화시키고
2. 영어낭독 훈련을 체계적으로 준비하며
3. 무엇보다 자신감을 극대화시킵니다.

우리는 나무가 아닌 숲을 봐야 합니다. 발음 학습에서 가장 중요한 것은 세세한 이론이 아닌 실전 훈련입니다. 알파벳과 단어 수준에서 맴돌지 않고 문장 및 문단 수준에서 자연스럽게 발음하기 위해서는 발음기호와 발음공식을 통한 "이론적인 공부"가 아니라 실용적인 패턴과 반복적인 훈련을 통한 "많이, 크게, 비슷하게 읽는 접근법"이 정답입니다. 단어 하나, 기호 하나에 얽매이지 않길 바랍니다. 언어 학습의 목표는 결국 communication(소통)에 있으며 그것을 위해 우리는 fluency(유창함)을 중심으로 훈련할 것입니다.

PART 1 · Super Alphabet Groups

혀의 비슷한 위치, 입 모양, 바람의 흐름을 기본으로 Grouping하여 완성된 Super Alphabet Groups로 소리의 기본을 훈련합니다. 훈련 횟수에 제한을 두지 않고 자신감이 생길 때까지 하는 것을 원칙으로 합니다.

Group 1   A, I, K, S, X, Y

Tip 강세를 앞에 둘 것

A (에이 ➡ **에**이)
I (아이 ➡ **아**이)
K (케이 ➡ **케**이)
S (에쓰 ➡ **에**쓰)
X (엑쓰 ➡ **엑**쓰)
Y (와이 ➡ **와**이)

Group 2   B, P

Tip 윗입술과 아랫입술이 붙었다 떨어지며, 숨을 뿜어 발음

B (비)
P (피)

Group 3   C, E, D, T

Tip 아랫니 뒤에 혀끝을 살짝 대고, 바람을 윗니와 아랫니 사이로 뿜어 발음

C (씨)
E (이)
D (디)
T (티)

Group 4   G

Tip 입을 동그랗게 모아 발음

G (지 ➡ **쥐**)

12

Group 5 H, J, O, Q, U, W, M, N

Tip 강세를 앞에 두고 괄호를 참조하여 발음

H (에이치 ➡ **에이취**)

J (제이 ➡ **줴**이)

O (오 ➡ **어우**)

Q (큐 ➡ **키**유)

U (유 ➡ **이**유)

W (더블류 ➡ **더블**리유)

M (엠)

N (엔)

Group 6 Z, F, V, L, R

Z (지)

Tip 아랫니 뒤에 혀끝을 살짝 대고, 바람을 윗니와 아랫니 사이로 뿜어 발음
Tip 성대를 동시에 울림

F (**에프**)

Tip 아랫입술 위에 윗니를 살짝 얹고 바람을 윗니와 아랫입술 사이로 뿜어 발음
Tip 윗입술과 아랫입술이 서로 절대로 닿지 않게 할 것

V (브이 ➡ **비**)

Tip 아랫입술 위에 윗니를 살짝 얹고 바람을 윗니와 아랫입술 사이로 뿜어 발음
Tip 윗입술과 아랫입술이 서로 절대로 닿지 않게 할 것
Tip 성대를 동시에 울림

L (엘)

Tip 혀끝을 윗니의 뿌리와 입천장 사이에 꽂음
Tip 혀의 앞날 전체가 아닌 앞쪽 가운데만 닿는다고 생각하고 힘을 주어 꽂음
Tip 혀의 힘이 부족할 경우 "에이열"이라고 소리 내어 연습

R (알)

Tip 혀의 모양이 숟가락처럼 변한다고 생각할 것
Tip 혀의 앞이 아닌 혀가 시작되는 뿌리 쪽이 뒤로 당겨진다고 생각하고 연습
Tip 혀의 양 옆쪽에 긴장을 주기 위해 초반에는 입술을 조금 오므리고 연습

PART 2 Group 6 Intensive Practice

우리말에서는 사용되지 않는 혀의 근육을 이용하기 때문에 Group 6를 완성하는 데에는 추가적인 노력이 필요합니다. Group 6용 단어세트를 이용하여 훈련 횟수에 제한을 두지 않고 자신감이 생길 때까지 하는 것을 원칙으로 합니다.

1. Z

Zoo	Wizard
Zip	Lizard
Zero	Cozy
Zest	Lousy
Zebra	Buzz
Zeal	Because

2. F

Fee	Define
Free	African
Flu	Perfect
Flap	Infant
Family	Muff
Feather	Surf

3. V

VIP	Revive
Vase	Convert
Victory	Evolve
Vampire	Love
Vanish	Five
Vein	Achieve

4. L

▶ 01-00-05.mp3 파일 활용

Lead	Luck	Bill	Civil
Lynn	Block	Kill	Will
Late	Clock	Doll	Ale
Let	Slide	Fall	Zeal
Lack	Flow	Goal	Small
Loot	Glass	Hall	Style
Look	Larry	Jail	Spoil
Low	Lure	Mall	Curl
Law	Lauren	Nail	Pearl
Lisa	Large	Pole	Girl

5. R

▶ 01-00-06.mp3 파일 활용

Read	Raw	Break	Order
Rice	Rock	Crack	Library
Raid	Ride	Drum	Very
Red	Row	Tree	Carry
Rat	Robert	Freak	Story
Rude	Real	Great	Blurry
Root	Reward	Prank	Girl
Wrote	Religion	Shrimp	World

6. L VS R

▶ 01-00-07.mp3 파일 활용

L VS R		L VS R		L VS R	
Lace	Race	Lead	Read	Link	Rink
Lack	Rack	Led	Red	Lip	Rip
Lane	Rain	Leap	Reap	Liver	River
Late	Rate	Lied	Ride	Load	Road
Law	Raw	Light	Right	Lock	Rock
Lay	Ray	Lime	Rhyme	Long	Wrong

PART 3 Flap Sound

단어 및 문장을 빠르게 발음할 때 불규칙적으로 벌어지는 옵션적인 발음현상으로, 이를 완성하면 보다 자연스러운 발음을 구사할 수 있으며, 영어 리스닝 훈련 시에도 소리의 혼돈을 최소화시켜 줄 것입니다.

Definition 모음소리와 모음소리 사이의 "t" 혹은 "d"가 "ㄹ"에 가깝게 발음되는 현상
예) w**a**ter(워털 ➡ 워럴)/ r**a**dio(뤠이디오우 ➡ 뤠이리오우)

Rule #1 단어와 단어 사이에서도 벌어질 수 있음
예) s**i**t **i**n(씻 인 ➡ 씨린)/ happ**y** t**o**gether(해피 투게덜 ➡ 해피루게덜)

Rule #2 강세가 붙는 "t" 혹은 "d"에는 해당되지 않음
예) ph**o**tography(포토그뤠피 ➡ 포타그뤠피)/ et**e**rnal(이럴널 ➡ 이털널)

Rule #3 "tt"와 "dd" 등 철자가 겹친 경우도 flap 처리함
예) s**e**tter(쎄털 ➡ 쎄럴)/ l**a**dder(래덜 ➡ 래럴)

Rule #4 "t"와 "d" 앞에 "r"이 붙는 경우, "r"을 정확히 발음한 후에 flap 처리함
예) p**a**rty(팔티 ➡ 팔리)/ **a**rtist(알티스트 ➡ 알리스트)

Rule #5 모음소리 바로 뒤에 오는 "tle/ ttle"와 "dle/ ddle"의 경우도 flap 처리함
예) l**i**ttle(리틀 ➡ 리를)/ m**e**ddle(메들 ➡ 메를)

Flap Practice   01-00-08.mp3 파일 활용

Water	Consider	Matter	Party
Later	Hiding	Ladder	Dirty
Little	City	Ready	Forty
Letter	Pity	Body	Artist
Potato	Kitty	Middle	Murder
Photo	Katie	Little	Turtle

PART 4 Practical Patterns

Native Speakers가 일반적으로 많이 사용하는 실용적인 패턴을 간단히 살펴봄으로써 낭독훈련에서 실제로 적용할 준비를 합니다. 당장 외울 필요는 없으나 어느 정도 감을 익혀두도록 합니다.

Pattern #1 자음이 모음을 만났을 때
Tip 자음과 모음이 만날 경우 하나의 소리로 뭉쳐서 발음
예) **of a**(오브 어 ➡ 오버) / **at your**(앳 유얼 ➡ 애츄얼)

Pattern #2 같은 소리의 중복
Tip 같은 소리가 중복될 경우 한번만 말음
예) **bus stop**(버스 스탑 ➡ 버스탑)/ **nice system**(나이쓰 씨스틈 ➡ 나이씨스틈)

Pattern #3 N + T = N
Tip "n" 과 "t" 가 붙어있을 경우 "t" 소리 생략 가능
예) **internet**(인터넷 ➡ 이너넷)/ **entertainment**(엔털테인먼트 ➡ 에널테인먼트)

Pattern #4 자음 세 자매
Tip 자음 세 개가 연속되는 경우 가운데 자음이 약화 혹은 생략됨
예) **last time**(라스트 타임 ➡ 라스타임)/ **Grand Canyon**(그랜드 캐넌 ➡ 그랜캐년)

Pattern #5 'd
Tip 'd의 다음 단어가 자음소리로 시작하는 경우 'd 소리가 굉장히 약화됨
예) **I'd do**…(아이드 두 ➡ 아이두)/ **she'd better**(쉬드 베럴 ➡ 쉬베럴)

Pattern #6 won't, couldn't, shouldn't, wouldn't, hadn't, didn't
Tip 우오운, 쿠른, 슈른, 우른, 해른, 디른
예) **she couldn't do it**(쉬 쿠든트 두잇 ➡ 쉬 쿠른 두잇)

Pattern #7 qui, que, quo
Tip 쿠이, 쿠에 혹은 쿠이, 쿠오우
예) **qui**ck(퀵 ➡ 쿠익)/ **que**stion(퀘스쳔 ➡ 쿠에스쳔)/ **quo**te(콧 ➡ 쿠오웃)

Pattern #8 TR과 DR이 모음을 만났을 때
Tip "tr + 모음"은 마치 "ㅊ"처럼/ "dr + 모음"은 마치 "ㅈ"처럼 발음
예) **tree**(트리 ➡ 츄뤼)/ **trio**(트리오우 ➡ 츄뤼오우)/ **drama**(드라마 ➡ 쥬롸마)

Pattern #9 S가 T/P/K를 만났을 때

Tip "s" 뒤에 곧바로 "t", "p", "k" 소리가 따라오면 된소리로 발음 가능

예 **sk**y(스카이 ➡ 스까이)/ **sp**ace(스패이쓰 ➡ 스빼이쓰)

Pattern #10 you'll/ I'll/ we'll/ they'll/ she'll/ he'll/ it'll/ that'll

Tip 율, 알, 윌, 데일, 쉴, 힐, 이럴, 대럴

예 **that'll** be mine(댓 윌 비 마인/ 대럴 비 마인)

Pattern #11 D와 T는 형제

Tip "d"의 뒤에 "t"가 왔을 경우 "t"만 발음

예 ha**d t**o(해드 투 ➡ 해투)/ suppose**d t**o(써포우즈드 투 ➡ 써포우즈투)

Pattern #12 튼 = 은

Tip "튼"처럼 소리 나는 단어는 "은"처럼 발음 가능

예 moun**tain**(마운튼 ➡ 마운은)/ ki**tten**(킷튼 ➡ 킷은)

Pattern #13 aw, au, on, off

Tip 어, 어, 언, 어프

예 **law**(로 ➡ 러)/ **lau**d (로드 ➡ 러드)/ power **on**(파월 온 ➡ 파월 언)

Pattern #14 all/ al

Tip "all/ al" 소리는 "올" 이 아닌 "얼" 로 발음

예 baseb**all** (배이스볼 ➡ 배이스벌)/ c**all**(콜 ➡ 컬)/ m**all**(몰/ 멀)

Pattern #15 "ge"로 끝나는 단어

Tip 억지로 "쥐"라고 하기보다는 힘을 살짝 빼고 "쉬"에 가깝게 발음

Tip 강세는 "ge"가 아닌 단어 앞쪽에 위치

예 chan**ge**(체인쥐 ➡ 체인쉬)/ hu**ge**(휴쥐 ➡ 휴쉬)

Pattern #16 예상을 빗나가는 단어

Tip 기존의 예상과는 전혀 다른 발음들이 있으므로 앞으로 사전을 사용하는 목적을 단어의 뜻을 알아보는 것만이 아닌 정확한 발음을 이해하는 것에 둘 것

예 aloe(알로에 ➡ 앨로우)/ collagen(콜라겐 ➡ 칼뤼줜)

How to Cure a Hangover

훈련일지

First Training	y/m/d	:
Second Training	y/m/d	:
Third Training	y/m/d	:

 　　페이지를 넘기기 전에 mp3 파일을 들어보세요.　▶ 02-01.mp3

훈련에 앞서 귀와 머리를 따끈하게 데워주는 단계입니다.
세부적 내용 파악보다는 전체적으로 어떤 이야기를 전하고 있는지 음성 파일을 들으며 추측해 봅니다.

Warm Yourself Up

본격적인 직청직해 훈련에 앞서, 생소한 표현을 직접 영작해 봄으로써 머리를 따끈하게 Warm-up합니다. 앞의 두 예문을 분석하고, 마지막 문장은 직접 채워 넣습니다.

Expressions & Example Sentences

1. feel sick: 토할 것 같다/ 구역질이 나다

A. 소주를 좀 마신 후 토할 것 같았다. I felt sick after I drank some soju.

B. 이 장면을 보면 넌 구역질이 날지도 몰라. If you watch this scene, you might feel sick.

C. 이 보드카를 마신 후 토할 것 같았니? _____

2. feel better: 기분이 나아지다/ 아픈 것이 좋아지다

A. 기분 좀 나아졌어? Are you feeling better now?

B. Tylenol을 먹었더니, 좀 나아졌다. I felt better after I took some Tylenol.

C. 이걸 마시면 기분이 나아질 거야. _____

3. plenty of: 많은/ 충분한

A. 물은 충분히 있어요. We have plenty of water.

B. 콘서트까지 남은 시간이 충분히 있어요. There's plenty of time left until the concert.

C. 우리 음식은 충분히 있나? _____

4. contrary to something: ~와는 정반대로

A. 내가 기대했었던 것과는 정반대로, Jasmine은 귀여웠다.
Jasmine was cute contrary to what I had expected.

B. 사람들의 생각과는 반대로, TOEIC이 그렇게 어렵지는 않다.
Contrary to popular belief, TOEIC isn't so difficult.

C. 그녀의 귀여운 얼굴과는 반대로, Stella는 터프 하다. _____

5. get sober: 술이 깨다

A. 물을 충분히 마셨더니 술이 깼다. I got sober after I drank plenty of water.

B. 지금 잠을 자면 술이 깰 거야. If you go to bed now, you'll get sober.

C. 어떻게 술이 빨리 깰 수 있죠? _____

6. give something a shot: ~을 시도해보다

A. 이 술 한번 마셔봐. Give this drink a shot.

B. 그건 그렇게 어렵진 않아. 한번 해봐! It's not that difficult. Give it a shot!

C. 이 라면 안 매워. 한번 먹어봐. _____

7. take a rest: 쉬다

A. 출근하기 전에 푹 쉬어. Take a good rest before you go to work.

B. 술을 마신 후에는 쉬어야 해. You have to take a rest after you drink.

C. 난 그 시험을 마치고 나서 쉬었다. _____

Key Vocabulary 훈련에 앞서 필요한 핵심어들을 큰소리로 읽어봅니다.

- minimize = 최소화하다
- greasy = 기름진
- absorb = 흡수하다
- cure = 치료법, 치료제
- nauseous = 속이 울렁거리는

Step 2

Super Listening Training 직청직해 훈련

긴 문장을 소리만 듣는 것이 아닌, "이해"를 하려면 어순대로 실시간 직청직해하는 것만이 진리입니다.
이 단계에서는 Speedy한 훈련을 위해 SLT에 도전합니다.
1. 반복되는 의미 절을 들으며 어순대로 질문에 답하고 진행합니다.
2. 답은 영어 혹은 한글 중 더 편하고 빠르게 떠오르는 것으로 합니다.
3. 모르는 답은 들리는 대로라도 최대한 추측하여 채워 넣습니다.
   예시 지문: I bumped into my girlfriend. ➜ 예시 답 1: 나는 …했다 내 여자친구에게.
   　　　　　　　　　　　　　　　　　　　　예시 답 2: I bumped into … girlfriend.
   　　　　　　　　　　　　　　　　　　　　예시 답 3: I 범프 … my girlfriend.
4. 마지막으로 통문장을 담고 있는 mp3 파일을 들어본 후, 다음 문장으로 넘어갑니다.

1 1-a 어떻다?

　　　1-b 무엇보다?

　　　1-c 누구와?

2 2-a 그건 물론 언제까지만?

3 3-a 무엇 하라?

　　　3-b 무엇 하기 위해?

　　　3-c 그리고 무엇 하기 위해?

　　　3-d 언제?

4 4-a 필요한 것은 무엇이다?

　　　4-b 또?

　　　4-c 또?

　　　4-d 또?

　　　4-e 그리고?

5 5-a 무엇 하라?

6 **6-a** 어떻다?

6-b 무엇에?

7 **7-a** 무엇도 한다?

7-b 어디로?

8 **8-a** 무엇은?

8-b 예를 들어?

8-c 무엇을 한다?

8-d 왜?

9 **9-a** 무엇 하라?

10 **10-a** 어떻게?

10-b 무엇은?

10-c 무엇 한다?

10-d 무엇 하게?

11 **11-a** 어떻다?

11-b 그리고?

11-c 무엇을?

12 **12-a** 무엇 하라?

12-b 혹은?

13   **13-a** 어떨 것이다?

        13-b 무엇 하는 것은?

        13-c 하지만?

14   **14-a** 무엇 하라?

15   **15-a** 어떻다?

        15-b 무엇 하는 것이?

        15-c 언제?

        15-d 무엇 한다고?

        15-e 무엇을?

16   **16-a** 이봐요! 무엇 하라?

17   **17-a** 어떻다?

        17-b 무엇을?

        17-c 어디에 묻은?

        17-d 무엇으로?

18   **18-a** 무엇 하라?

19   **19-a** 어떠면?

        19-b 무엇 하라?

20 **20-a** 무엇은?

20-b 어디에 든?

20-c 무엇 한다?

20-d 무엇을?

21 **21-a** 무엇 하라?

22 **22-a** 무엇은 없다?

22-b 무엇을 위한?

22-c 무엇 하는 것보다?

23 **23-a** 무엇 하라?

23-b 그리고?

Listen Again and Confirm

스크립트를 전체적으로 다시 들어보며 전체적인 흐름과 내용을 재확인합니다.

Analyze

스크립트 분석을 통하여, 어휘, 문법, 덩어리 표현, 문화, 뉘앙스 등을 고르게 파악합니다.

How to Cure a Hangover

Nothing's more fun than having a few [1]**drinks** with friends.
That is, of course, until you feel sick.
Use these tricks to minimize the pain and feel better the next day.

Requirements:
Plenty of water
Greasy food
Sports drinks
A cup of cola
And some rest

Step 1: Drink a lot of water.
Water [2]**rehydrates** your body.
It also [3]**flushes** alcohol out of your body.
Sports drinks, such as Gatorade and PowerAde, work better than water because your body absorbs them faster.

Step 2: Eat some greasy food.
Contrary to [4]**popular belief**, greasy foods actually help you [5]**get sober**.
Fat absorbs alcohol and salt [6]**replenishes** your body's [7]**depleted** [8]**sodium**.
Try an egg sandwich or a slice of pizza.
It won't be easy to swallow them, but give it a shot.

Step 3: Follow [9]**common sense**.
Some people believe that drinking more alcohol in the morning helps [10]**relieve** the condition.
Come on! Think [11]**rationally**.
That's like trying to remove a [12]**stain** on your shirt with [13]**dirt**.

Step 4: Drink soda.
If you feel [14]**nauseous**, drink soda.
The [15]**phosphoric acid** in soda helps control the [16]**urge** to [17]**vomit**.

Step 5: Take a rest
There's no better cure for a [18]**hangover** than resting.
Just go back to bed and sleep.

26

Analysis

1. drink: "음료"라는 뜻이지만 대개의 경우 "술"을 나타냄
2. rehydrate: "hydrate"는 "수분을 주다"라는 뜻으로 "re"가 붙어서 "~에 수분을 재공급하다"로 해석
3. flush = 물을 내리다/ ~을 씻어내다
4. popular belief = 많은 사람들이 사실이라고 생각하는 것
5. get sober = sober up = 술이 깨다
6. replenish = 다시 채우다, 보충하다
7. depleted = 고갈된
8. sodium = 염분/ 나트륨
9. common sense = general knowledge = 상식
10. relieve = alleviate = relax = ease = 완화시키다
11. rationally = 이성적으로
12. stain = 얼룩
13. dirt: 먼지가 아닌 "흙"으로 해석
14. nauseous = 속이 울렁거리는
15. phosphoric acid = 인산(꼭 외울 필요는 없으나, soda의 성분이라는 것만 알면 됨)
16. urge = 충동/ 욕구
17. vomit = throw up = puke = 구토하다(오바이트는 콩글리쉬)
18. hangover = 숙취

 **Speed Note-Taking**

- 스크립트를 1회 들어보며 내용의 핵심이 되는 부분을 최대한 빠르게 노트합니다.
- 스크립트 전체를 받아쓰기할 시간이 없으므로, 핵심 단어 위주로 전략적인 Note-Taking을 합니다.

Key Questions

Note-Taking한 것을 바탕으로 문제를 풉니다. 제한 시간은 문제당 30초입니다.

1. **What is NOT helpful to cure a hangover?**

    A. A lot of water

    B. Gatorade

    C. Pizza

    D. More drinks in the morning

2. **Why do sports drink work better than water?**

    A. Because they absorb sodium faster

    B. Because they deplete water faster

    C. Because the body absorbs them faster

    D. Because they are easier to drink

3. **What would you have in order to get sober fast?**

    A. A greasy sandwich

    B. A coup of coffee

    C. A bowl of soup only

    D. Nothing

4. **What's the best cure for a hangover?**

    A. Drinking more alcohol

    B. Drinking some soda

    C. Taking a good rest

    D. Taking a warm shower

Read It Out Loud

낭독훈련을 통해 발음을 교정하고 자연스럽게 문장 구조에 익숙해지는 단계입니다.
1회: 발음과 Pace가 완벽하지 않더라도 너무 느리지 않게 그리고 크게 읽습니다.
2회: Pronunciation Tips를 이용하여 단어 및 연음 단위로 연습합니다.
3회: 훈련한 발음을 신경 써서 스크립트 전체를 읽습니다.
4회: 전체적으로 발음에 신경 쓰며 앞서보다 빠른 Pace로 한 번 낭독합니다.
5회: Native Speaker의 음성을 들으며 최대한 같은 속도로 동시 낭독합니다.

파란색: 단어 / 빨간색: 연음

How to Cure a Hangover

Nothing's more fun than having a few drinks with friends.
That is, of course, until you feel sick.
Use these tricks to minimize the pain and feel better the next day.

Requirements:
Plenty of water
Greasy food
Sports drinks
A cup of cola
And some rest

Step 1: Drink a lot of water.
Water rehydrates your body.
It also flushes alcohol out of your body.
Sports drinks, such as Gatorade and PowerAde, work better than water because your body absorbs them faster.

Pronunciation Tips

1. drinks: "dr" + 모음은 "ㅈ"으로 발음하여 (드륑스→쥬륑스)
2. that is: "t"를 flap 처리하여 (댓 이즈→대리즈)
3. tricks: "tr" + 모음은 "ㅊ"처럼 발음하여 (트뤽스→츄뤽스)
4. next day: "xt d" 중 "t"가 약화되어 (넥스트 데이→넥스데이)
5. plenty: "nt" 가 붙어있으므로 "t"를 약화시킬 경우 (플렌티→플레니)
6. rehydrates: "dr" + 모음은 "ㅈ"처럼 발음하여 (뤼하드뤠이츠→뤼하이쥬뤠이츠)
7. also: (올쏘→얼쏘우)
8. alcohol: (알콜→앨커헐)
9. out of: "t"를 flap 처리하여 (아웃 오브→아우럽)
10. Gatorade: "t"를 flap 처리하여 (개토뤠이드→개로뤠잇)
11. PowerAde: "r"와 "a"가 붙어서 (파월 애이드→파워뤠잇)

Chapter 1

Step 2: Eat some greasy food.
Contrary to popular belief, greasy foods actually help you get sober.
Fat absorbs alcohol and salt replenishes your body's depleted sodium.
Try an egg sandwich or a slice of pizza.
It won't be easy to swallow them, but give it a shot.

Step 3: Follow common sense.
Some people believe that drinking more alcohol in the morning helps relieve the condition.
Come on! Think rationally.
That's like trying to remove a stain on your shirt with dirt.

Step 4: Drink soda.
If you feel nauseous, drink soda.
The phosphoric acid in soda helps control the urge to vomit.

Step 5: Take a rest.
There's no better cure for a hangover than resting.
Just go back to bed and sleep.

Pronunciation Tips

12. **contrary**: "co"에 강세를 주고, "tr" + 모음은 "ㅊ"처럼 발음하여 (콘트뤄뤼 → 칸츄뤄뤼)
13. **salt**: (쏠트 → 썰트)
14. **depleted**: "t"를 flap 처리하여 (디플리티드 → 디플리릿)
15. **sodium**: "d"를 flap 처리하여 (쏘듐 → 쏘리엄)
16. **sandwich**: "ndw" 중 가운데 "d"가 약화되어 (쌘드위치 → 쌘위치)
17. **pizza**: (피자 → 핏짜)
18. **give it a**: 세 단어가 붙고, "t"를 flap 처리하여 (기브 잇 어 → 기비러)
19. **common**: "co"에 강세를 주어 (커먼 → 커먼)
20. **morning**: "r"을 신경 써서 발음할 것
21. **drink soda**: "nk s" 중 가운데 "k"가 약화되고, 뒤의 "d"는 flap 처리하여 (드륑크 소다 → 쥬륑소러)
22. **nauseous**: (너셔쓰)
23. **phosphoric**: 두 개의 "ph" 모두 다 "f"로 발음
24. **control**: "tr" + 모음은 "ㅊ"처럼 발음하여 (콘트롤 → 컨츄롤)
25. **vomit**: "vo"에 강세를 주어 (보밋 → 바밋)
26. **just go**: "st g" 중 가운데 "t"가 약화되어 (저스트 고우 → 저스고우)

Chapter 2

How to Look Great in Photographs

훈련일지

First Training	y/m/d	:
Second Training	y/m/d	:
Third Training	y/m/d	:

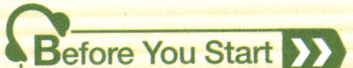 페이지를 넘기기 전에 mp3 파일을 들어보세요.

훈련에 앞서 귀와 머리를 따끈하게 데워주는 단계입니다.
세부적 내용 파악보다는 전체적으로 어떤 이야기를 전하고 있는지 음성 파일을 들으며 추측해 봅니다.

Step 1 Warm Yourself Up

본격적인 직청직해 훈련에 앞서, 생소한 표현을 직접 영작해 봄으로써 머리를 따끈하게 Warm-up합니다. 앞의 두 예문을 분석하고, 마지막 문장은 직접 채워 넣습니다.

Expressions & Example Sentences

1. go with: ~을 추구하다/ 택하다

   A. 난 유진 선생님 수업으로 할래(들을래). I'm going with Eugene's class.

   B. 저는 세 번째 참가자를 택하겠습니다. I'm going to go with the third contestant.

   C. 난 그 하얀 드레스 대신 그 핑크 드레스를 택했다. _____

2. chances are: 아마 ~일 것이다/ ~일 가능성이 크다

   A. 그녀는 아마 받아들일 것이다. Chances are she'll say yes.

   B. 그녀가 바람 피웠을 가능성이 커. Chances are she probably cheated on you.

   C. 내일 비가 올 가능성이 커. _____

3. have 명사 + pp: 명사가 pp 되게끔 하다(내가 하는 것이 아니라, 남을 시켜서)

   A. 나 어제 세차장에서 세차했어. I had my car washed yesterday.

   B. 오늘 미용실에서 머리 자를 거야. I'm going to have my hair cut today.

   C. 나 오늘 정비소에서 차 수리할 거야. _____

4. flattering: 돋보이게 하는/ 기분 좋게 하는/ 아첨하는

   A. 이 동네 사람들은 참 사람을 기분 좋게 한다. Everyone is so flattering in this town.

   C. 이건 정말 사람을 돋보이게 하는 구두야. These are such flattering shoes.

   C. 이건 사람을 돋보이게 하는 드레스야. _____

5. next to something/ someone: ~옆에

   A. 난 그 예쁜 여자 옆에 서 있었다. I was standing next to the pretty girl.

   B. 네 옆에 귀여운 그 남자는 누구니? Who is that guy next to you?

   C. 민지는 민우 옆에 앉았다. _____

6. all of a sudden: 갑자기

   A. 그녀는 갑자기 마음을 바꾸었다. She changed her mind all of a sudden.

   B. 그는 갑자기 소리를 지르기 시작했다. He started screaming all of a sudden.

   C. 내 여자친구가 갑자기 울기 시작했다. _____

7. get rid of something/ someone: ~을 제거하다/ 처분하다

A. 그 짜증나는 남자를 어떻게 떼어놓지? How can I get rid of the annoying guy?

B. 난 내 오래된 차를 처분했다. I got rid of my old car.

C. 그 오래된 휴대폰을 처분하는 게 어때? _____

8. make fun of someone: ~를 놀리다

A. 날 그만 놀려. Stop making fun of me.

B. 내 바보 같은 말 때문에 내 친구들이 날 계속 놀려.
My friends keep making fun of me because of my stupid comment.

C. 나는 그의 못생긴 얼굴을 놀렸다. _____

Key Vocabulary 훈련에 앞서 필요한 핵심어들을 큰소리로 읽어봅니다.

□ dark colored = 어두운 색의   □ eye level = 눈 높이   □ awkward = 어색한
□ puffy = 얼굴이 부은   □ imperfection = 결점

 **Super Listening Training** 직청직해 훈련

긴 문장을 소리만 듣는 것이 아닌, "이해"를 하려면 어순대로 실시간 직청직해하는 것만이 진리입니다.
이 단계에서는 **Speedy**한 훈련을 위해 **SLT**에 도전합니다.
1. 반복되는 의미 절을 들으며 어순대로 질문에 답하고 진행합니다.
2. 답은 영어 혹은 한글 중 더 편하고 빠르게 떠오르는 것으로 합니다.
3. 모르는 답은 들리는 대로라도 최대한 추측하여 채워 넣습니다.
　　예시 지문: I bumped into my girlfriend. ➔ 예시 답 1: 나는 …했다 내 여자친구에게.
　　　　　　　　　　　　　　　　　　　　예시 답 2: I bumped into … girlfriend.
　　　　　　　　　　　　　　　　　　　　예시 답 3: I 범프 … my girlfriend.
4. 마지막으로 통문장을 담고 있는 mp3 파일을 들어본 후, 다음 문장으로 넘어갑니다.

1　**1-a** 무엇 하지 마라?

　　1-b 또?

　　1-c 혹은?

　　1-d 무엇에 대해?

2　**2-a** 무엇 하라?

　　2-b 어떻게?

3　**3-a** 필요한 것은 무엇이다?

　　3-b 또?

　　3-c 또?

　　3-d 그리고?

4　**4-a** 무엇 하라?

　　4-b 무엇을?

5　**5-a** 무엇에도 불구하고?

　　5-b 그건 무엇을 만든다?

　　5-c 어떻게도?

6-a 무엇 하라?

6-b 예를 들어?

7-a 무엇 하라?

8-a 어떻다?

8-b 어떤?

9-a 무엇 하라?

9-b 무엇 하기 위해?

10-a 무엇 해봐라?

10-b 어디에서?

10-c 언제?

10-d 혹은 언제?

11-a 어떻다?

11-b 언제?

12-a 무엇을 확실히 해라?

13-a 어떤 것은?

13-b 무엇 할 것이다?

14-a 뭐 하라?

15   **15-a** 우리도 어떨 것을 안다?

        15-b 하지만 무엇 하는 것은?

        15-c 무엇 한다?

16   **16-a** 무엇 하라?

17   **17-a** 무엇 하라?

        17-b 어떤?

        17-c 혹은?

        17-d 혹은?

18   **18-a** 당신은 어떨 것이다?

        18-b 어디에서?

        18-c 언제?

19   **19-a** 무엇 하라?

        19-b 무엇을?

20   **20-a** 무엇 할 수 있다?

        20-b 무엇을?

        20-c 또?

        20-d 그리고?

        20-e 어떻게?

21   **21-a** 무엇 할 수도 있다?

       21-b 또?

22   **22-a** 무엇을 하라?

       22-b 언제?

23   **23-a** 무엇 하면?

       23-b 무엇을?

       23-c 그들은 무엇 할 것이다?

       23-d 얼마 동안?

Listen Again and Confirm

스크립트를 전체적으로 다시 들어보며 전체적인 흐름과 내용을 재확인합니다.

Analyze

스크립트 분석을 통하여, 어휘, 문법, 덩어리 표현, 문화, 뉘앙스 등을 고르게 파악합니다.

How to Look Great in Photographs

Don't blame the camera, the [1]**lighting**, or the angle for an ugly picture of yourself. [2]**Transform** your photo using these tricks.

Requirements:
Dark colored clothes
[3]**Natural light**
A big smile
And photo-editing software

Step 1: Choose the right colored clothes.
Although black makes you [4]**look slim**, it also makes the whole picture look very depressing. Go with [5]**neutral colors**, such as beige and light grey.

Step 2: Avoid morning shots.
Chances are your puffy face will make you look fatter.

Step 3: Choose the right time to [6]**take pictures**.
Try to have your pictures taken outside in the morning or before [7]**sunset**.
The light is soft and flattering at these times.

Step 4: Make sure the camera is at eye level.
[8]**Anything lower** will make you look fat.

Step 5: Smile.
Yes, we know you'll feel awkward but saying "cheese" or "kimchi" really [9]**makes a difference**.

Step 6: [10]**Sacrifice** your friends.
Stand [11]**next to** someone who is fatter, shorter, or uglier than you.
You'll look incredibly charming in the photo [12]**all of a sudden**.

Step 7: [13]**Worship** the power of technology.
You can [14]**get rid of** your pimples, [15]**black heads**, and any other imperfections using photo-editing software.
You can even make your eyes bigger and face slimmer.
Make sure you do a good job when you do this.
If anyone finds out you've edited your photos, they'll [16]**make fun of** you for the rest of your life.

Analysis

1. lighting = 조명
2. transform = 변형시키다/ 완전히 바꾸다
3. natural light = 자연광
4. look slim = 날씬해 보이다
5. neutral colors = 무채색
6. take pictures = shoot pictures = 사진을 찍다
7. sunset = 일몰(반대말: sunrise = 일출)
8. anything lower: 여기서는 "눈 높이보다 낮은 그 어떤 높이"를 나타냄
9. make a difference = 차이를 만들다, 변화시키다
10. sacrifice = 희생시키다/ 희생하다
11. next to = beside = by = 옆에
12. all of a sudden = suddenly = out of the blue = out of nowhere = 갑자기/ 불현듯
13. worship = 찬양하다/ 숭배하다
14. get rid of = rid of = remove = eliminate = 제거하다
15. black heads: 블랙헤드(피지가 쌓여 모낭이 막혔을 때 생기는 것)
16. make fun of = tease = 놀리다

Speed Note-Taking

- 스크립트를 1회 들어보며 내용의 핵심이 되는 부분을 최대한 빠르게 노트합니다.
- 스크립트 전체를 받아쓰기할 시간이 없으므로, 핵심 단어 위주로 전략적인 Note-Taking을 합니다.

Key Questions

Note-Taking한 것을 바탕으로 문제를 풉니다. 제한 시간은 문제당 30초입니다.

1. **What is NOT helpful to look great in pictures?**

    A. Beige clothes

    B. Photo-editing tools

    C. Saying "Cheese!"

    D. Dark lighting

2. **What color of clothes would you NOT wear to look great in photos?**

    A. Black

    B. Beige

    C. Light grey

    D. Light beige

3. **Whom would you stand next to if you want to look great in pictures?**

    A. Someone taller than you

    B. Someone handsomer than you

    C. Someone fatter than you

    D. Someone slimmer than you

4. **How do photo-editing tools help?**

    A. They can remove your pimples.

    B. They can make you look fatter.

    C. They get rid of nothing.

    D. They make your face puffy.

Read It Out Loud

낭독훈련을 통해 발음을 교정하고 자연스럽게 문장 구조에 익숙해지는 단계입니다.
1회: 발음과 Pace가 완벽하지 않더라도 너무 느리지 않게 그리고 크게 읽습니다.
2회: Pronunciation Tips를 이용하여 단어 및 연음 단위로 연습합니다.
3회: 훈련한 발음을 신경 써서 스크립트 전체를 읽습니다.
4회: 전체적으로 발음에 신경 쓰며 앞서보다 빠른 Pace로 한 번 낭독합니다.
5회: Native Speaker의 음성을 들으며 최대한 같은 속도로 동시 낭독합니다.

파란색: 단어 / 빨간색: 연음

How to Look Great in Photographs

Don't blame the camera, the lighting, or the angle for an ugly picture of yourself. Transform your photo using these tricks.

Requirements:
Dark colored clothes
Natural light
A big smile
And photo-editing software

Step 1: Choose the right colored clothes.
Although black makes you look slim, it also makes the whole picture look very depressing.
Go with neutral colors, such as beige and light grey.

Step 2: Avoid morning shots.
Chances are your puffy face will make you look fatter.

Pronunciation Tips

1. camera: (카메라 → 캐머롸)
2. lighting: "t"를 flap 처리하여 (라이팅 → 라이링)
3. the: 모음 앞에서는 "디"로 발음
4. transform: "tr" + 모음은 "ㅊ"처럼 발음하고, "rm" 발음에 유의 (트렌스폼 → 츄렌스폼)
5. photo: "t"를 flap 처리하여 (포토 → 포로)
6. tricks: "tr" + 모음은 "ㅊ"처럼 발음하여 (트릭스 → 츄릭스)
7. clothes: (클로드스 → 클로우즈)
8. photo-editing: "t", "d", "t"를 모두 flap 처리하여 (포토 에디팅 → 포로에리링)
9. neutral: "tr" + 모음은 "ㅊ" 발음하여 (뉴트뤌 → 누츄뤌)
10. puffy: "p"와 "f"를 구분하여 발음할 것

Step 3: Choose the right time to take pictures.
Try to have your pictures taken outside in the morning or before sunset.
The light is soft and flattering at these times.

Step 4: Make sure the camera is at eye level.
Anything lower will make you look fat.

Step 5: Smile.
Yes, we know you'll feel awkward but saying "cheese" or "kimchi" really makes a difference.

Step 6: Sacrifice your friends.
Stand next to someone who is fatter, shorter, or uglier than you.
You'll look incredibly charming in the photo all of a sudden.

Step 7: Worship the power of technology.
You can get rid of your pimples, black heads, and any other imperfections using photo-editing software.
You can even make your eyes bigger and face slimmer.
Make sure you do a good job when you do this.
If anyone finds out you've edited your photos, they'll make fun of you for the rest of your life.

Pronunciation Tips

11. try to: "t"를 flap 처리하여 (츄라이 투 → 츄라이루)
12. flattering: "t"를 flap 처리하여 (플래터링 → 플래러링)
13. level: (레벨 → 레벌)
14. awkward: (어꿜드)
15. really: (뤼얼리 → 륄리)
16. stand next to: "nd n"과 "xt t"의 가운데 소리가 약화되어 (스탠드 넥스트 투 → 스탠넥스투)
17. shorter: "t"를 flap 처리하여 (숄털 → 숄럴)
18. you'll: (유월 → 율)
19. incredibly: "d"를 flap 처리하여 (인크뤠더블리 → 인크뤠러블리)
20. all: (올 → 얼)
21. sudden: "dd"를 flap 처리하여 (써든 → 써른)
22. rid of: "d"를 flap 처리하여 (뤼드 오브 → 뤼럽)
23. imperfections: "p"와 "f"를 구분하여 발음 할 것
24. edited your: "d"와 "t"를 flap 처리하고, "d"와 "your"가 붙어서 (에디티드 유얼 → 에리리쥬얼)
25. they'll: (데이윌 → 데일)

Chapter 3

How to Choose the Right Gift for Your Man

훈련일지

First Training		y/m/d	:
Second Training		y/m/d	:
Third Training		y/m/d	:

 >>> 페이지를 넘기기 전에 mp3 파일을 들어보세요. ▶ 02-03.mp3

훈련에 앞서 귀와 머리를 따끈하게 데워주는 단계입니다.
세부적 내용 파악보다는 전체적으로 어떤 이야기를 전하고 있는지 음성 파일을 들으며 추측해 봅니다.

Step 1. Warm Yourself Up

본격적인 직청직해 훈련에 앞서, 생소한 표현을 직접 영작해 봄으로써 머리를 따끈하게 Warm-up합니다.
앞의 두 예문을 분석하고, 마지막 문장은 직접 채워 넣습니다.

Expressions & Example Sentences

1. a great deal of: 많은

   A. Eugene은 이 책을 쓰기 위해 많은 노력을 투자했다.
   Eugene put in a great deal of effort to write this book.

   B. 나는 새집에 많은 돈을 쓰고 있다. I'm spending a great deal of money on my new house.

   C. Alison은 이 목도리를 짜는 데 많은 시간을 썼다. _____

2. picky about something: ~에 대해 까다로운

   A. Warren은 여자를 보는 눈이 까다롭다. Warren is picky about girls.

   B. 넌 옷에 대해 얼마나 까다롭니? How picky are you about clothes?

   C. 저는 음식에 대해 까다롭지 않아요. _____

3. A goes with B: A는 B와 어울린다

   A. Janice의 구두는 치마와 잘 어울린다. Janice's heels go well with her skirt.

   B. 이 색이 내 자동차와 어울리는 것 같니? Do you think this color goes with my car?

   C. 이 목걸이는 너의 드레스와 어울려. _____

4. work: 효과가 있다/ 작동하다/ 되다

   A. 문장을 외우는 것은 어느 정도 효과가 있다. Memorizing sentences somewhat works.

   B. 이 컴퓨터가 작동하길 바래. I hope this computer works.

   C. 이 기술이 정말 효과가 있니? _____

5. go the extra mile: 각별히 더 애쓰다

   A. 저는 남자친구를 위해 그의 생일날 더 애썼어요. I went the extra mile for my boyfriend on his birthday.

   B. 손님을 위해 각별히 더 애쓸 의향이 있습니다. We are willing to go the extra mile for you.

   C. 저희는 고객님들을 위해 각별히 더 애씁니다. _____

6. A is worth B: A는 B의 가치를 한다/ 가치가 있다

   A. 이 스포츠카는 돈을 쓸 만한 가치가 있습니다. This sports car is worth the money.

   B. 이 자격증은 노력의 가치가 있다. This certificate is worth the effort.

   C. 영어를 공부하는 것은 노력의 가치가 있다. _____

7. time-consuming: 시간이 많이 걸리는

A. 여자친구를 행복하게 만드는 것은 시간이 많이 걸리는 절차야.
　　Making your girlfriend happy is a time-consuming process.

B. 목도리를 짜는 것은 시간이 많이 걸린다. Knitting a scarf is time consuming.

C. 너의 차를 수리하는 것은 시간이 많이 걸리는 과정이었어. _____

8. sincere: 진심 어린

A. Katherine에게 진심 어린 사과를 하는 게 좋을 거야. You'd better give Katherine a sincere apology.

B. 자기가 나한테 진심 어린 편지를 줘본 적이나 있어? Have you ever given me a sincere letter?

C. 그의 진심 어린 선물이 날 감동시켰다. _____

Key Vocabulary 훈련에 앞서 필요한 핵심어들을 큰소리로 읽어봅니다.

- appreciation = 고마움, 감사
- cosmetics = 화장품
- instructions = 사용 설명서
- risky = 위험한
- go for = ~을 택하다

Step 2 Super Listening Training 직청직해 훈련

긴 문장을 소리만 듣는 것이 아닌, "이해"를 하려면 어순대로 실시간 직청직해하는 것만이 진리입니다.
이 단계에서는 **Speedy**한 훈련을 위해 **SLT**에 도전합니다.

1. 반복되는 의미 절을 들으며 어순대로 질문에 답하고 진행합니다.
2. 답은 영어 혹은 한글 중 더 편하고 빠르게 떠오르는 것으로 합니다.
3. 모르는 답은 들리는 대로라도 최대한 추측하여 채워 넣습니다.
   예시 지문: I bumped into my girlfriend. ➡ 예시 답 1: 나는 …했다 내 여자친구에게.
   예시 답 2: I bumped into … girlfriend.
   예시 답 3: I 범프 … my girlfriend.
4. 마지막으로 통문장을 담고 있는 mp3 파일을 들어본 후, 다음 문장으로 넘어갑니다.

1

1-a 어떻다?

1-b 무엇을?

1-c 또?

1-d 그리고?

1-e 무엇 하기 위해?

1-f 언제?

2

2-a 무엇 하는 게 어떤가?

2-b 무엇을?

2-c 언제?

2-d 어떻게?

3

3-a 필요한 것은 무엇이다?

3-b 또?

3-c 또?

3-d 또?

3-e 그리고?

🎧 **4**   **4-a** 무엇 하라?

🎧 **5**   **5-a** 어떨 필요는 없다?

🎧 **6**   **6-a** 무엇이라도?

         6-b 무엇 할 것이다?

🎧 **7**   **7-a** 무엇은 어떨까?

         7-b 혹은?

🎧 **8**   **8-a** 무엇 해봐라?

🎧 **9**   **9-a** 누구는?

         9-b 무엇이 없다?

         9-c 무엇에 대한?

🎧 **10**   **10-a** 무엇 하라?

         10-b 예를 들어?

         10-c 혹은?

         10-d 혹은?

         10-e 혹은?

         10-f 아니면?

🎧 **11**   **11-a** 무엇 하라?

         11-b 무엇을?

         11-c 무엇에 대한?

12-a 무엇 하라?

13-a 어떤 반면에?

13-b 누구는?

13-c 어떻지는 않다?

13-d 무엇에 대해?

14-a 무엇 하라?

14-b 왜?

15-a 무엇은?

15-b 어떻다?

16-a 무엇 하라?

16-b 무엇을?

16-c 혹은?

17-a 누구는?

17-b 어떻다?

17-c 무엇을?

17-d 언제?

18-a 무엇은?

18-b 무엇 할 것이다?

🎧 **19** **19-a** 무엇이?

19-b 어떻다?

19-c 무엇보다?

🎧 **20** **20-a** 무엇 하라?

20-b 무엇으로?

🎧 **21** **21-a** 어떻다?

21-b 하지만?

🎧 **22** **22-a** 어떻다?

22-b 무엇에 대해?

22-c 무엇보다 더?

22-d 무엇의?

🎧 **23** **23-a** 무엇 하라?

23-b 예를 들어 무엇 하라?

23-c 혹은?

23-d 무엇이 있는?

23-e 혹은?

23-f 누구의?

Listen Again and Confirm

스크립트를 전체적으로 다시 들어보며 전체적인 흐름과 내용을 재확인합니다.

스크립트 분석을 통하여, 어휘, 문법, 덩어리 표현, 문화, 뉘앙스 등을 고르게 파악합니다.

How to Choose the Right Gift for Your Man

Guys spend a great deal of money, effort, and time to impress you on Valentine's Day.
Why don't you show him some appreciation this Valentine's Day by giving him the right gift?

Requirements:

[1]**Electronics**
[2]**Cosmetic** products
[3]**Sneakers**
A love letter
And a handmade gift

Step 1: Give him electronics.
It doesn't have to be a [4]**pricey** laptop.
Even a simple MP3 player will keep him busy [5]**for days**.
How about a [6]**game console** or an [7]**external hard drive**?

Step 2: [8]**Consider** [9]**grooming products**.
Most guys don't have a lot of knowledge on cosmetics.
Start with something basic such as a toner, an essence, a lotion, a cream, or a [10]**sunscreen**.
Give him hand-written instructions on how to use them.

Step 3: Get him sneakers.
While clothes can be risky, most guys aren't too [11]**picky about** sneakers.
Go for white ones just to be safe.
White sneakers go nicely with anything.

Step 4: Write him a sincere letter or a card.
Most guys don't expect to receive a big gift on Valentine's Day.
A simple but sincere love letter will melt his heart.
A card without a gift works better than a gift without a card.

Step 5: Go the extra mile with a handmade gift.
It's [12]**time-consuming** but it's worth the effort.
Guys [13]**appreciate** the idea of sincerity more than the [14]**monetary** value of a gift.
Be creative; [15]**knit** him a [16]**scarf**, bake a cake with his name on it, or make a photo album of the two of you.

Analysis

1. electronics: 복수로 사용하며 "전자기기, 전자제품"으로 해석
2. cosmetic = 미용의/ 성형의
3. sneakers: 운동화(운동화도 shoes라고 부를 수는 있으나, 사용 빈도가 떨어짐)
4. pricey = expensive = 값비싼
5. game console = 게임기
6. for days: 복수형 날짜 단위(days, weeks, months, years) 앞에 일정한 숫자가 없으면 "오랜 날짜"로 해석함.
   예) for months = 수 개월간
7. external hard drive = 외장 하드 드라이브
8. consider: "~에 대해 고려하다"라는 뜻으로 "about"을 함께 쓰지 않음
9. grooming products = 미용제품
10. sunscreen = sun cream = sun block = 자외선차단제
11. picky about: be동사와 함께 "~에 대해 까다롭다"라고 해석 가능하며 "have high standards for something" 또한 쓸 수 있음
12. time-consuming: "오랜 시간을 잡아먹는"이란 뉘앙스가 배어있는 표현으로, "시간이 오래 걸리는"으로 해석
13. appreciate: "~에게/~을 감사하다"라는 뜻으로 "about"을 함께 쓰지 않음
14. monetary = 돈의/ 통화의
15. knit = 옷 등을 뜨다/ 짜다
16. scarf: "muffler"라는 말은 자동차부품을 지칭하는 단어로만 쓰이며, 우리가 흔히 부르는 "머플러/마후라/목도리"는 "scarf"로 표현

 ## Speed Note-Taking

- 스크립트를 1회 들어보며 내용의 핵심이 되는 부분을 최대한 빠르게 노트합니다.
- 스크립트 전체를 받아쓰기할 시간이 없으므로, 핵심 단어 위주로 전략적인 Note-Taking을 합니다.

 **Key Questions**

Note-Taking한 것을 바탕으로 문제를 풉니다. 제한 시간은 문제당 30초입니다.

1. **What is a risky Valentine's Day gift for your boyfriend?**

    A. Clothes

    B. A lotion set

    C. An MP3 player

    D. Something handmade

2. **Why would you choose white sneakers for him?**

    A. Because they represent pure love

    B. Because they are not pricey

    C. Because they are less risky than other gifts

    D. Because they are guys' favorite

3. **Why wouldn't you buy him clothes?**

    A. Because they don't last long

    B. Because they are too pricey

    C. Because some guys are picky about those

    D. Because clothes don't show sincerity

4. **If you get your man grooming products, you need to also give him…**

    A. Electronics

    B. A handmade gift

    C. A photo album

    D. Hand-written instructions

Step 7 Read It Out Loud

낭독훈련을 통해 발음을 교정하고 자연스럽게 문장 구조에 익숙해지는 단계입니다.
1회: 발음과 Pace가 완벽하지 않더라도 너무 느리지 않게 그리고 크게 읽습니다.
2회: Pronunciation Tips를 이용하여 단어 및 연음 단위로 연습합니다.
3회: 훈련한 발음을 신경 써서 스크립트 전체를 읽습니다.
4회: 전체적으로 발음에 신경 쓰며 앞서보다 빠른 Pace로 한 번 낭독합니다.
5회: Native Speaker의 음성을 들으며 최대한 같은 속도로 동시 낭독합니다.

파란색: 단어 / 빨간색: 연음

How to Choose the Right Gift for Your Man

Guys spend a great deal of money, effort, and time to impress you on Valentine's Day.

Why don't you show him some appreciation this Valentine's Day by giving him the right gift?

Requirements:

Electronics

Cosmetic products

Sneakers

A love letter

And a handmade gift

Step 1: Give him electronics.

It doesn't have to be a pricey laptop.

Even a simple MP3 player will keep him busy for days.

How about a game console or an external hard drive?

Pronunciation Tips

1. effort: "e"에 강세를 주어 (에폴트 → 에펄트)
2. Valentine's: "s"를 잊지 말고 반드시 발음할 것
3. electronics: "tr" + 모음은 "ㅊ"처럼 발음하고, "tro"에 강세를 주어 (일렉트로닉스 → 일렉츄롸닉스)
4. cosmetic: "t"를 flap 처리하여 (코스메틱 → 코스메릭)
5. handmade: "ndm" 중 가운데 "d"가 약화되어 (핸드메이드 → 핸매이드)
6. external: "r"과 "l" 둘 다 신경 써서 발음할 것
7. hard drive: "d" 발음이 중복되므로 (할드 드라이브 → 할쥬롸입)

Step 2: Consider grooming products.
Most guys don't have a lot of knowledge on cosmetics.
Start with something basic such as a toner, an essence, a lotion, a cream, or a sunscreen.
Give him hand-written instructions on how to use them.

Step 3: Get him sneakers.
While clothes can be risky, most guys aren't too picky about sneakers.
Go for white ones just to be safe.
White sneakers go nicely with anything.

Step 4: Write him a sincere letter or a card.
Most guys don't expect to receive a big gift on Valentine's Day.
A simple but sincere love letter will melt his heart.
A card without a gift works better than a gift without a card.

Step 5: Go the extra mile with a handmade gift.
It's time-consuming but it's worth the effort.
Guys appreciate the idea of sincerity more than the monetary value of a gift.
Be creative; knit him a scarf, bake a cake with his name on it, or make a photo album of the two of you.

Pronunciation Tips

8. consider: "d"를 flap 처리하여 (컨씨덜→컨씨럴)
9. most guys: "st g" 중 가운데 "t"가 약화되어 (모스트 가이스→모스가이스)
10. start with: "rt w" 중 가운데 "t"가 약화되어 (스탈트 위드→스탈윗)
11. basic: (베이직→베이씩)
12. hand-written: "nd w" 중 가운데 "d"가 약화되고, "튼" 소리는 "은"으로 발음하여 (핸드뤼튼→핸륏은)
13. clothes: (클로우드스→클로우즈)
14. aren't too: "t" 발음이 중복되므로 (아른트 투→아른투)
15. white: (화이트→와잇)
16. melt his: "h"가 약화되어 (멜트 히즈→멜티즈)
17. without a: "t"를 flap 처리하여 (윗아웃 어→윗아우러)
18. the: 모음소리 앞에서는 "디"로 발음할 것
19. extra: "tr" + 모음은 "ㅊ"처럼 발음하여 (엑스트라→엑스츄롸)
20. idea: 실수로 "r" 소리를 끝에 내지 말 것 (아이디얼→아이디어)
21. sincerity: "t"을 flap 처리하고, "ce"에 강세를 주어 (씬쎄뤼티→씬쎄뤄리)
22. creative: "t"를 flap 처리하여 (크뤼에이티브→크뤼에이립)
23. knit him: "h"가 약화되고, "t"를 flap 처리하여 (닛 힘→니림)
24. on: (온→언)
25. album: "al"에 강세를 주어 (앨범→앨븜)

Chapter 4

How to Relieve Constipation Naturally

훈련일지

First Training	y/m/d	:
Second Training	y/m/d	:
Third Training	y/m/d	:

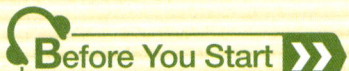 페이지를 넘기기 전에 mp3 파일을 들어보세요. ▶ 02-04.mp3

훈련에 앞서 귀와 머리를 따끈하게 데워주는 단계입니다.
세부적 내용 파악보다는 전체적으로 어떤 이야기를 전하고 있는지 음성 파일을 들으며 추측해 봅니다.

Step 1: Warm Yourself Up

본격적인 직청직해 훈련에 앞서, 생소한 표현을 직접 영작해 봄으로써 머리를 따끈하게 Warm-up합니다. 앞의 두 예문을 분석하고, 마지막 문장은 직접 채워 넣습니다.

Expressions & Example Sentences

1. tried and true: 결과가 입증된

　A. 그 문제를 풀기 위해 이 결과가 입증된 방법을 시도해봐. Try this tried and true method to solve the problem.

　B. 이것은 A를 받을 수 있는 결과가 입증된 방법이야. This is a tried and true way of getting an A.

　C. 결과가 입증된 이 테크닉을 사용해봤니? _____

2. on a regular basis: 정기적으로/ 주기적으로

　A. 주기적으로 운동을 해야 살이 빠진다. You have to work out on a regular basis to lose weight.

　B. 너는 규칙적으로 화장실을 가니? Do you go to the bathroom on a regular basis?

　C. 저는 부모님을 정기적으로 방문합니다. _____

3. pay a visit to someone/somewhere: ~를 방문하다 / ~에 가보다

　A. 난 어제 의사를 방문했어. I paid a visit to my doctor.

　B. 시간이 될 때, 부모님을 방문해라. When you have time, pay a visit to your parents.

　C. Jason Mraz는 작년에 한국을 방문했다. _____

4. make it a habit to: ~하는 것을 습관화하다

　A. 영어를 공부하는 것을 습관화해라. Make it a habit to study English.

　B. 야채를 먹는 것을 습관으로 하는 게 좋을 거야. You'd better make it a habit to eat vegetable.

　C. 운동하는 것을 습관화해라. _____

5. even if: ~일지라도/ ~할지라도

　A. 네가 날 좋아하지 않을지라도, 난 널 싫어하지 않을 거야. Even if you don't like me, I won't hate you.

　B. 네가 날 떠날지라도, 난 널 영원히 사랑할 거야. Even if you leave me, I will always love you.

　C. 네가 슬플지라도 울지 마. _____

6. feel the urge: 충동을 느끼다/ 소변이나 대변이 마렵다

　A. 대변이 마려우면 알려주세요. If you feel the urge, let me know.

　B. 소변이 마려우면 화장실에 가. If you feel the urge to urinate, go to the bathroom.

　C. 대변이 마려우면 곧바로 의사에게 말하세요. _____

7. A is rich in B: A는 B가 풍부하다

   A. 이 음식은 단백질이 풍부합니다. This food is rich in protein.

   B. 비타민 C가 풍부한 음식은 비싼 편이다. Foods rich in vitamin C are usually expensive.

   C. 칼슘이 풍부한 음료는 찾기 힘들다. _____

8. move the bowels: 변을 보다

   A. 마지막으로 변을 본 게 언제죠? When was the last time you moved the bowels?

   B. 변을 보지 못하면, 몸이 문제가 있다는 뜻이다.
   If you can't move the bowels, that means your body has a problem.

   C. 변을 본다면, 그것은 좋은 신호입니다. _____

🎙 **Key Vocabulary** 훈련에 앞서 필요한 핵심어들을 큰소리로 읽어봅니다.

   ☐ remedy = 치료 ☐ constipation = 변비 ☐ irregular = 불규칙한
   ☐ intestines = 장, 내장 ☐ fiber = 섬유질

Super Listening Training 직청직해 훈련

긴 문장을 소리만 듣는 것이 아닌, "이해"를 하려면 어순대로 실시간 직청직해하는 것만이 진리입니다.
이 단계에서는 **Speedy**한 훈련을 위해 **SLT**에 도전합니다.

1. 반복되는 의미 절을 들으며 어순대로 질문에 답하고 진행합니다.
2. 답은 영어 혹은 한글 중 더 편하고 빠르게 떠오르는 것으로 합니다.
3. 모르는 답은 들리는 대로라도 최대한 추측하여 채워 넣습니다.

   예시 지문: I bumped into my girlfriend. ➡ 예시 답 1: 나는 …했다 내 여자친구에게.
   예시 답 2: I bumped into … girlfriend.
   예시 답 3: I 범프 … my girlfriend.
4. 마지막으로 통문장을 담고 있는 mp3 파일을 들어본 후, 다음 문장으로 넘어갑니다.

1 1-a 무엇 하고 있나?

　　 1-b 어디에서?

　　 1-c 무엇 하면서?

2 2-a 무엇 하라?

　　 2-b 무엇으로?

3 3-a 필요한 것은 무엇이다?

　　 3-b 또?

　　 3-c 그리고?

4 4-a 무엇 하라?

5 5-a 많은 경우, 무엇은?

　　 5-b 어떻게 된다?

6 6-a 누가?

　　 6-b 무엇 한다?

　　 6-c 왜?

🎧 **7** **7-a** 무엇 하라?

　　　7-b 어디로?

　　　7-c 어떻게?

🎧 **8** **8-a** 무엇 하라?

　　　8-b 무엇 하는 것을?

　　　8-c 언제?

🎧 **9** **9-a** 무엇 하라?

　　　9-b 어떨지라도?

🎧 **10** **10-a** 무엇 하라?

🎧 **11** **11-a** 무엇은?

　　　11-b 어떻다?

　　　11-c 무엇 하도록?

🎧 **12** **12-a** 무엇이 있다?

　　　12-b 어떤?

🎧 **13** **13-a** 무엇 하라?

🎧 **14** **14-a** 무엇 하라?

　　　14-b 어떻게?

15 　15-a 그리고 나서, 무엇 하라?

　　　15-b 어떻게?

　　　15-c 얼마 동안?

16 　16-a 어떻다?

　　　16-b 무엇을?

　　　16-c 어떻게?

17 　17-a 무엇 하라?

18 　18-a 무엇 하라?

　　　18-b 또?

　　　18-c 또?

　　　18-d 그리고?

19 　19-a 대신, 무엇 하라?

　　　19-b 또?

　　　19-c 또?

　　　19-d 그리고?

20 　20-a 무엇은?

　　　20-b 그리고?

　　　20-c 무엇 한다?

　　　20-d 무엇으로부터?

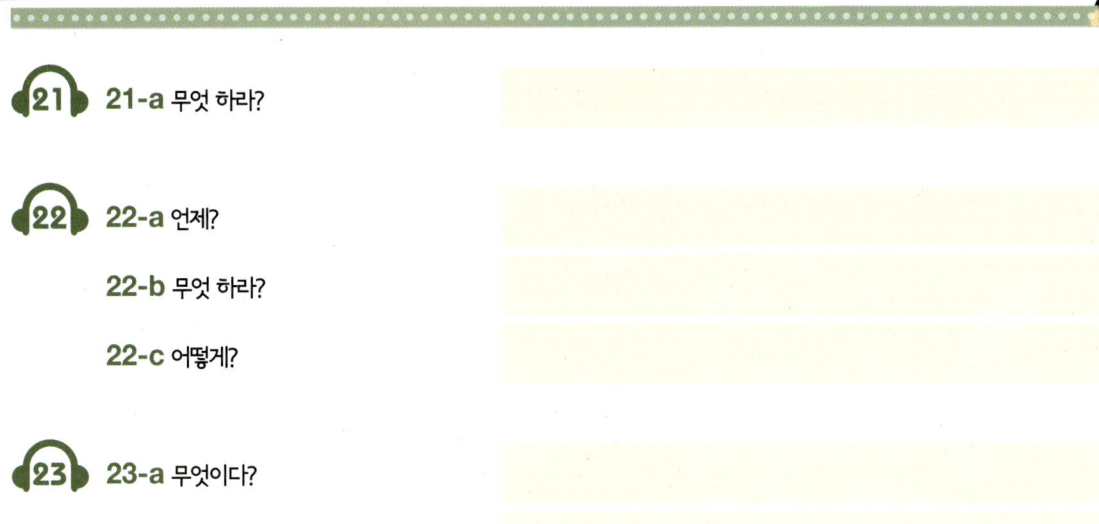

21-a 무엇 하라?

22-a 언제?

22-b 무엇 하라?

22-c 어떻게?

23-a 무엇이다?

23-b 무엇 하기 위한?

Listen Again and Confirm

스크립트를 전체적으로 다시 들어보며 전체적인 흐름과 내용을 재확인합니다.

Analyze

스크립트 분석을 통하여, 어휘, 문법, 덩어리 표현, 문화, 뉘앙스 등을 고르게 파악합니다.

How to Relieve Constipation Naturally

Are you spending too much time on a [1]**toilet** expecting miracles to happen?
Create your own miracle with these tried and true [2]**remedies**.

Requirements:
A bathroom
[3]**Acupressure**
And Exercise

Step 1: Eat [4]**on a regular basis**.
Many times, constipation is caused by an irregular eating pattern.
More women than men have this problem because they [5]**go on strict diets**.

Step 2: Pay a visit to the bathroom as often as possible.
Make it a habit to go to the bathroom 10 to 20 minutes after you eat.
Do this even if you don't feel the urge.

Step 3: [6]**Exercise**.
Many yoga moves are designed to naturally stimulate your intestines.
There are many yoga videos [7]**available** online.

Step 4: Try acupressure.
Hold your hands up with your [8]**palms** toward you.
Then, [9]**tap** the sides of your hands against each other for 5 to 10 minutes.
This induces [10]**a bowel movement** by stimulating your colon.

Step 5: [11]**Watch** what you eat.
Get rid of instant food, white bread, cheese, and [12]**hard-boiled eggs**.
Instead, try [13]**seaweed**, sweet potatoes, taro, and plain yogurt.
Foods rich in fiber and plenty of water prevent constipation from getting worse.

Step 6: Raise your knees.
When you're sitting on a toilet, raise your knees higher than your [14]**bottom**.
This is an [15]**ideal** [16]**posture** to move the bowels.

Analysis

1. toilet: "화장실"보다는 "변기"로 해석할 것. 화장실은 보통 "restroom/ bathroom"으로 많이 쓰임
2. remedy = treatment = 치료(법)
3. acupressure = 지압
4. on a regular basis = 규칙적으로
5. go on strict diets: "go on a diet"은 "다이어트를 하다/시작하다"로 해석
6. exercise = work out = 운동하다
7. available = 사용할 수 있는/ 구할 수 있는/ 시간이 되는
8. palms = 손바닥
9. tap = 가볍게 툭툭 치다
10. a bowel movement = 배변
11. watch: 여기선 "보다"가 아닌 "조심하다"로 해석
12. hard-boiled eggs: "완숙계란"으로 해석하며 참고로 "반숙계란"은 "half-boiled 혹은 soft-boiled eggs"로 표기
13. seaweed = 해초
14. bottom = butt = buttocks = rear = behind = buns = ass = 엉덩이
15. ideal = 이상적인
16. posture = "포즈/폼"이 아닌 "자세"로 해석

Speed Note-Taking   02-04.mp3

- 스크립트를 1회 들어보며 내용의 핵심이 되는 부분을 최대한 빠르게 노트합니다.
- 스크립트 전체를 받아쓰기할 시간이 없으므로, 핵심 단어 위주로 전략적인 Note-Taking을 합니다.

Step 6 Key Questions

Note-Taking한 것을 바탕으로 문제를 풉니다. 제한 시간은 문제당 30초입니다.

1. What is NOT helpful to relieve constipation?

   A. A cupressure moves
   B. Some exercise
   C. Yoga moves
   D. Strict diets

2. Why do more women than men have constipation?

   A. Because women don't go to the bathroom often
   B. Because men eat much more
   C. Because women go on strict diets
   D. Because men exercise more

3. How does acupressure help?

   A. By stimulating your colon
   B. By making you eat on a regular basis
   C. By helping you eat more
   D. By stimulating the nerves in your brain

4. Which one of the following is NOT recommended to relieve constipation?

   A. Seaweed
   B. Sweet potatoes
   C. Cheese
   D. Plain yogurt

Step 7 Read It Out Loud

낭독훈련을 통해 발음을 교정하고 자연스럽게 문장 구조에 익숙해지는 단계입니다.
1회: 발음과 Pace가 완벽하지 않더라도 너무 느리지 않게 그리고 크게 읽습니다.
2회: Pronunciation Tips를 이용하여 단어 및 연음 단위로 연습합니다.
3회: 훈련한 발음을 신경 써서 스크립트 전체를 읽습니다.
4회: 전체적으로 발음에 신경 쓰며 앞보다 빠른 Pace로 한 번 낭독합니다.
5회: Native Speaker의 음성을 들으며 최대한 같은 속도로 동시에 낭독합니다.

파란색: 단어 / 빨간색: 연음

How to Relieve Constipation Naturally

Are you spending too much time on a toilet expecting miracles to happen?
Create your own miracle with these tried and true remedies.

Requirements:
A bathroom
Acupressure
And Exercise

Step 1: Eat on a regular basis.
Many times, constipation is caused by an irregular eating pattern.
More women than men have this problem because they go on strict diets.

Step 2: Pay a visit to the bathroom as often as possible.
Make it a habit to go to the bathroom 10 to 20 minutes after you eat.
Do this even if you don't feel the urge.

Pronunciation Tips

1. miracles: "mi"에 강세를 주고 발음할 것
2. tried: "tr" + 모음은 "ㅊ"처럼 발음 (트라이드 → 츄롸잇)
3. true: "tr" + 모음은 "ㅊ"처럼 발음 (트루 → 츄루)
4. constipation: "co"에 강세를 주고 (콘스티패이션 → 칸스티패이션)
5. caused: "au"는 "어"처럼 발음하여 (코즈드 → 커즈드)
6. pattern: "tt"를 flap 처리하고, "rn"을 신경써서 발음할 것 (패턴 → 패런)
7. women: "wo"에 강세를 주고 (워먼 → 위민)
8. strict diets: "tr" + 모음은 "ㅊ"처럼 발음하고 "ct d" 중 가운데 "t"가 약화되어 (스트릭트 다이어츠 → 스츄뤽다이에츠)
9. the: 모음 앞에서는 "디"로 발음

Chapter 4 65

Step 3: Exercise.

Many yoga moves are designed to naturally stimulate your intestines.

There are many yoga videos available online.

Step 4: Try acupressure.

Hold your hands up with your palms toward you.

Then, tap the sides of your hands against each other for 5 to 10 minutes.

This induces a bowel movement by stimulating your colon.

Step 5: Watch what you eat.

Get rid of instant food, white bread, cheese, and hard-boiled eggs.

Instead, try seaweed, sweet potatoes, taro, and plain yogurt.

Foods rich in fiber and plenty of water prevent constipation from getting worse.

Step 6: Raise your knees.

When you're sitting on a toilet, raise your knees higher than your bottom.

This is an ideal posture to move the bowels.

Pronunciation Tips

10. designed to: "d"와 "t"가 붙어서 (디자인드 투 → 디자인투)
11. online: (온라인 → 언라인)
12. palms: "l"은 묵음 처리하여 (팔름스 → 팜스)
13. toward you: "d"와 "you"가 붙어서 (토월드 유 → 토월쥬)
14. against: (어개인스트 → 어갠스트)
15. bowel: (바월)
16. colon: "co"에 강세를 주어 (콜론 → 콜른)
17. what you: "t"와 "y"가 붙어서 (왓유 → 와츄)
18. instant food: "nt f" 중 가운데 "t"가 약화되어 (인스턴트 푸드 → 인스턴푸드)
19. white: (화이트 → 와잇)
20. hard-boiled: "rd b" 중 가운데 "d"가 약화되어 (할드 보일드 → 할보일드)
21. potatoes: ta"에 강세를 주고 두 번째 "t"를 flap 처리하여 (포테이토스 → 포테이로스)
22. plenty: "nt"가 붙어 있으므로 "t"를 약화시킬 경우 (플랜티 → 플래니)
23. bottom: "tt"를 flap 처리하여 (보톰 → 바럼)
24. posture: "po" 에 강세를 주고 (포스쳘 → 파스쳘)

Chapter 5

How to Write a Resume

훈련일지

First Training	y/m/d	:
Second Training	y/m/d	:
Third Training	y/m/d	:

 페이지를 넘기기 전에 mp3 파일을 들어보세요.  02-05.mp3

훈련에 앞서 귀와 머리를 따끈하게 데워주는 단계입니다.
세부적 내용 파악보다는 전체적으로 어떤 이야기를 전하고 있는지 음성 파일을 들으며 추측해 봅니다.

STEP 1 Warm Yourself Up

본격적인 직청직해 훈련에 앞서, 생소한 표현을 직접 영작해 봄으로써 머리를 따끈하게 Warm-up합니다. 앞의 두 예문을 분석하고, 마지막 문장은 직접 채워 넣습니다.

Expressions & Example Sentences

1. sick of something: ~에 질린/ ~이 지긋지긋한

A. 너의 바보 같은 아이디어들이 지긋지긋하다. I'm sick of your stupid ideas.

B. 난 그의 거짓말에 질렸다. I'm sick of his lies.

C. 넌 이 노래가 질리지 않니? _____

2. move on: 나아가다/ 넘어가다/ 극복하고 나아가다

A. 다음 장으로 넘어갑시다. Let's move on to the next chapter.

B. 너무 슬퍼하지 마. 어떻게든 잊고 나아가야지. Don't be so sad. You have to move on somehow.

C. 다른 토픽으로 넘어갑시다. _____

3. stand out: 돋보이다/ 튀다/ 눈에 띄다

A. Grace의 의상은 정말 튀었다. Grace's outfit really stood out.

B. 나는 다른 사람들보다 돋보이고 싶어. I want to stand out from the crowd.

C. Claire의 이력서는 다른 사람들의 것보다 눈에 띄었다. _____

4. in chronological order: 연대순으로

A. 당신의 경험을 연대순으로 나열하시오. List your experience in chronological order.

B. 다음 사건들을 연대순으로 배열하시오. Arrange the following events in chronological order.

C. 나는 나의 교육배경(학력)을 연대순으로 나열했다. _____

5. look something up: ~을 조회해보다/ ~을 찾아보다

A. 난 그것을 사전에서 찾아봤어. I looked it up in the dictionary.

B. 그걸 인터넷에서 찾아봤니? Did you look it up on the Internet?

C. 그의 이름을 Google에서 조회해 봐. _____

6. a variety of: 다양한

A. 저희 가게는 다양한 옷을 취급합니다. Our store carries a variety of clothes.

B. 그는 에세이에 다양한 단어들을 사용했다. He used a variety of words on his essay.

C. 이 앨범은 다양한 곡들을 담고 있습니다. _____

7. when it comes to -ing: ~에/ ~하는 것에 관해서라면

A. 살을 빼는 것에 관해서라면, 운동이 아주 효과적이야.

When it comes to losing weight, exercise is very effective.

B. 춤추는 법을 배우는 것에 관해서라면, 이 학교가 최고야.

When it comes to learning how to dance, this school is the best.

C. 수학 문제들에 관해서라면 그는 항상 내게 전화해. _____

8. apply for something: ~을 신청하다/ ~에 지원하다

A. 난 최근에 매니저 자리에 지원했다. I recently applied for a managerial position.

B. 너 그 멤버십을 신청했니? Did you apply for the membership?

C. Ellie는 그 학교에 지원했어. _____

🎙 Key Vocabulary 훈련에 앞서 필요한 핵심어들을 큰소리로 읽어봅니다.

- ☐ impressive = 인상적인
- ☐ job duty = 담당 업무
- ☐ educational background = 학력
- ☐ major = 전공
- ☐ achievement = (업무의) 성과

Super Listening Training 직청직해 훈련

긴 문장을 소리만 듣는 것이 아닌, "이해"를 하려면 어순대로 실시간 직청직해하는 것만이 진리입니다.
이 단계에서는 **Speedy**한 훈련을 위해 **SLT**에 도전합니다.

1. 반복되는 의미 절을 들으며 어순대로 질문에 답하고 진행합니다.
2. 답은 영어 혹은 한글 중 더 편하고 빠르게 떠오르는 것으로 합니다.
3. 모르는 답은 들리는 대로라도 최대한 추측하여 채워 넣습니다.
   예시 지문: I bumped into my girlfriend. ➡ 예시 답 1: 나는 …했다 내 여자친구에게.
   예시 답 2: I bumped into … girlfriend.
   예시 답 3: I 범프 … my girlfriend.
4. 마지막으로 통문장을 담고 있는 mp3 파일을 들어본 후, 다음 문장으로 넘어갑니다.

1 1-a 무엇 하는가?

2 2-a 무엇 하라?

2-b 그리고 무엇 하라?

2-c 어디로?

3 3-a 필요한 것은 무엇이다?

3-b 그리고?

4 4-a 무엇이?

4-b 어때야 한다?

5 5-a 무엇 하라?

5-b 어떻게?

5-c 어디에?

6 6-a 그리고 나서, 무엇 하라?

6-b 또?

6-c 그리고?

7 **7-a** 무엇 하라?

8 **8-a** 무엇 하라?

8-b 어떻게?

8-c 무엇을?

8-d 어디에 둔 채?

9 **9-a** 무엇 하다?

9-b 무엇이?

9-c 또?

9-d 또?

9-e 그리고?

10 **10-a** 무엇 하라?

11 **11-a** 무엇 하라?

11-b 어떤?

11-c 어디에?

12 **12-a** 무엇 하라?

12-b 또?

12-c 그리고?

12-d 또?

12-e 혹은?

12-f 어떤?

13-a 무엇도?

13-b 무엇의?

13-c 어떨 수 있다?

14-a 무엇 하라?

14-b 무엇을?

15-a 무엇은?

15-b 어떻다?

15-c 또 어떻게?

16-a 무엇 하지 마라?

16-b 무엇을?

17-a 무엇 하라?

17-b 어디에서?

17-c 그리고?

18-a 무엇 하라?

18-b 무엇이 있는지?

19-a 무엇이다?

19-b 무엇에 관해서라면?

20 20-a 무엇은?

20-b 무엇 한다?

20-c 어떤지?

20-d 무엇에 대해?

20-e 어떤?

21 20-a 무엇 하라?

20-b 무엇 하게?

22 22-a 무엇 하지 마라?

23 23-a 현실적으로, 누구는?

23-b 무엇 하지도 않는다?

23-c 무엇을?

Listen Again and Confirm

스크립트를 전체적으로 다시 들어보며 전체적인 흐름과 내용을 재확인합니다.

Chapter **5**

Analyze

스크립트 분석을 통하여, 어휘, 문법, 덩어리 표현, 문화, 뉘앙스 등을 고르게 파악합니다.

How to Write a Resume

Are you ¹**sick of** your ²**boss**?
Write an impressive resume and move on to a new job.

Requirements:
A computer
And a printer

Step 1: Your name must stand out.
Write your name ³**in bold** at the top of the page.
Then, type in your address, phone numbers, and email address.

Step 2: Start with your work experience.
List your work history in chronological order with the most recent position at the top.
You need the names of the companies, the dates of your employment, your job titles, and your job duties.

Step 3: List your educational background.
Type the highest education you received at the top.
Include your major, ⁴**GPA**, and any achievements, ⁵**certificates**, or awards you received.

⁶**Proficiency** in a foreign language can be ⁷**a big plus** as well.
Step 4: Throw in some ⁸**references**.
A resume with references looks professional and ⁹**trustworthy**.

Step 5: Don't repeat the same words.
Look up ¹⁰**synonyms** in your dictionary and use ¹¹**a variety of** words.

Step 6: Check your work for any errors.
This is the most important part when it comes to writing a resume.
An ¹²**error-free** resume shows how serious you are about the position you're applying for.
¹³**Have** a couple of your friends ¹⁴**proofread** it for you.

Step 7: Don't go over one page.
Realistically, interviewers don't even ¹⁵**get to** read the second page.

Analysis

1. sick of = tired of = sick and tired of = fed up with = ~에 질리다
2. boss: "직장상사"는 "senior"보다는 "boss"가 흔히 쓰임
3. in bold = 굵은 글씨체로
4. GPA = 평점(Grade Point Average)
5. certificates = 자격증
6. proficiency = 능숙/ 숙련
7. a big plus: "a plus"는 "플러스 요인"으로 해석
8. references: 복수로 "추천서"로 해석
9. trustworthy = 믿을 만한
10. synonyms = 동의어/ 유의어
11. a variety of = various = 다양한
12. error-free: "명사-free"는 "~가 없는"으로 해석. 예) fat-free = 무지방, duty-free = 면세의
13. have: 여기서는 "시키다"로 해석
14. proofread = 오류가 있는지 재확인하다/ 교정하다
15. get to: "get to" + 동사는 "동사하게 되다"로 해석

Step 5 Speed Note-Taking

- 스크립트를 1회 들어보며 내용의 핵심이 되는 부분을 최대한 빠르게 노트합니다.
- 스크립트 전체를 받아쓰기할 시간이 없으므로, 핵심 단어 위주로 전략적인 Note-Taking을 합니다.

Key Questions

Note-Taking한 것을 바탕으로 문제를 풉니다. 제한 시간은 문제당 30초입니다.

1. What is NOT required to write a resume?

    A. A computer

    B. A printer

    C. A proofreader

    D. A cover letter

2. Which one of the following is NOT required on your resume?

    A. Your name

    B. Your phone number

    C. Your work history

    D. Your current income

3. What is NOT a big plus to your resume?

    A. Any certificates you have

    B. Proficiency in your own language

    C. An outstanding GPA

    D. Any awards you received

4. What is NOT a smart thing to do when it comes to writing your resume?

    A. Typing your name in bold

    B. Writing a multi-page resume

    C. Having someone proofread your resume

    D. Using a variety of words

Step 7 Read It Out Loud

낭독훈련을 통해 발음을 교정하고 자연스럽게 문장 구조에 익숙해지는 단계입니다.
1회: 발음과 Pace가 완벽하지 않더라도 너무 느리지 않게 그리고 크게 읽습니다.
2회: Pronunciation Tips를 이용하여 단어 및 연음 단위로 연습합니다.
3회: 훈련한 발음을 신경 써서 스크립트 전체를 읽습니다.
4회: 전체적으로 발음에 신경 쓰며 앞서보다 빠른 Pace로 한 번 낭독합니다.
5회: Native Speaker의 음성을 들으며 최대한 같은 속도로 동시 낭독합니다.

파란색: 단어 / 빨간색: 연음

How to Write a Resume

Are you sick of your boss?
Write an impressive resume and move on to a new job.

Requirements:
A computer
And a printer

Step 1: Your name must stand out.
Write your name in bold at the top of the page.
Then, type in your address, phone numbers, and email address.

Step 2: Start with your work experience.
List your work history in chronological order with the most recent position at the top.
You need the names of the companies, the dates of your employment, your job titles, and your job duties.

Pronunciation Tips

1. write an: "t"를 flap 처리하여 (롸이트 언 → 롸이런)
2. resume: (레쥬메 → 레쥬메이)
3. printer: "nt"가 붙어있으므로 "t"가 약화되어 (프린터 → 프뤼널)
4. must stand: "st s" 중 가운데 "t"가 약화되어 (머스트 스탠드 → 머스탠드)
5. write your: "te"와 "your"가 붙어서 (롸이트 유얼 → 롸이츄얼)
6. start with: "rt w" 중 가운데 "t"가 약화되어 (스탈트 위드 → 스탈윗)
7. chronological: "lo"에 강세를 주어 발음
8. with the: "th"가 중복되어 (위드 더 → 윗더)
9. most recent: "st r" 중에 가운데 "t"가 약화되어 (모스트 뤼슨트 → 모스뤼슨)
10. duties: "t"를 flap 처리하여 (듀티스 → 듀리스)

Step 3: List your educational background.

Type the highest education you received at the top.

Include your major, GPA, and any achievements, certificates, or awards you received.

Proficiency in a foreign language can be a big plus as well.

Step 4: Throw in some references.

A resume with references looks professional and trustworthy.

Step 5: Don't repeat the same words.

Look up synonyms in your dictionary and use a variety of words.

Step 6: Check your work for any errors.

This is the most important part when it comes to writing a resume.

An error-free resume shows how serious you are about the position you're applying for.

Have a couple of your friends proofread it for you.

Step 7: Don't go over one page.

Realistically, interviewers don't even get to read the second page.

Pronunciation Tips

11. certificates: "ti"에 강세를 주어 (썰티피캐이츠 → 썰티피컷츠)
12. awards: "wa"에 강세를 주어 발음
13. proficiency: "p"와 "f"를 구분하여 발음할 것
14. language: "ge"에 힘을 조금 빼고 (랭귀지 → 랭구이쉬)
15. references: (뤼퍼뤈씨스 → 뤠퍼뤈씨스)
16. trustworthy: "stw" 중 가운데 "t"가 약화되어 (트러스트월씨 → 츄뤄스월씨)
17. dictionary: (딕셔너뤼 → 딕셔내뤼)
18. variety: "t"를 flap 처리하여 (버라이어티 → 버롸이어리)
19. errors: "r" 발음을 신경 써서 발음할 것
20. important part: "nt p" 중 가운데 "t"가 약화되어 (임폴턴트 팔트 → 임폴턴팔트)
21. have a: "ve"와 "a"가 붙어서 (해브 어 → 해버)
22. proofread it: "p"와 "f"를 구분하고, "d"를 flap 처리하여 (프루프뤼드 잇 → 프루프뤼릿)
23. realistically: "r"과 "l" 소리를 신경 써서 발음
24. read the: "d"와 "th" 중 앞에 위치한 "d"가 약화되어 (뤼드 더 → 뤼더)
25. second: "se"에 강세를 주어 (쎄컨드 → 쎄큰)

Chapter 6

How to Help Your Baby Fall Asleep

훈련일지

First Training	y/m/d	:
Second Training	y/m/d	:
Third Training	y/m/d	:

 페이지를 넘기기 전에 mp3 파일을 들어보세요. ▶ 02-06.mp3

훈련에 앞서 귀와 머리를 따끈하게 데워주는 단계입니다.
세부적 내용 파악보다는 전체적으로 어떤 이야기를 전하고 있는지 음성 파일을 들으며 추측해 봅니다.

Step 1 Warm Yourself Up

본격적인 직청직해 훈련에 앞서, 생소한 표현을 직접 영작해 봄으로써 머리를 따끈하게 Warm-up합니다. 앞의 두 예문을 분석하고, 마지막 문장은 직접 채워 넣습니다.

Expressions & Example Sentences

1. be supposed to: ~해야 한다/ ~하기로 되어있다

　A. 여기서 담배 피시면 안 됩니다. You are not supposed to smoke here.

　B. 남자들은 여자들을 보호하기로 되어있다. Men are supposed to protect women.

　C. 난 오늘 내 여자친구를 만나기로 되어있어. _____

2. take a look at something: ~을 살펴보다/ 조사하다

　A. Michael Jackson의 인생을 살펴봅시다. Let's take a look at the life of Michael Jackson.

　B. 이 노란 차량도 보셨나요? Did you take a look at this yellow car as well?

　C. 그 리포트를 나중에 살펴볼게. _____

3. fall asleep: 잠들다

　A. Allen은 5초 만에 잠들었다. Allen fell asleep in 5 seconds.

　B. 어제 너무 더워서 잠이 안 오더라. It was so hot last night that I couldn't fall asleep.

　C. 난 집에 오자마자 잠들었어. _____

4. make sure + to 부정사 혹은 that 절: 꼭 to 부정사 혹은 that절 해라/ 하는 것을 확실히 하다

　A. 숙제를 꼭 끝내. Make sure to finish your homework.

　B. 숙제를 꼭 끝내. Make sure that you finish your homework.

　C. 내게 그 이 메일을 꼭 보내. _____

5. not only A but (also) B: A뿐만이 아니라 B마저도

　A. 내 남자친구는 못생겼을 뿐만 아니라, 게으르기도 하다. My boyfriend is not only ugly but also lazy.

　B. Eugene은 한국어뿐만이 아니라 영어도 구사한다. Eugene not only speaks Korean but English.

　C. Sienna는 귀여울 뿐만 아니라, 착하기도 하다. _____

6. next to something/ someone: ~의 옆에

　A. 컴퓨터 옆에 열쇠를 뒀어. I left the key next to the computer.

　B. 네 옆에 앉아도 되겠니? Can I sit next to you?

　C. 그 귀여운 소녀는 내 옆에 서있었다. _____

7. at all times: 항상/ 어떤 경우에도

A. 항상 좌석에 앉아 계십시오. Please remain seated at all times.

B. 항상 휴대폰을 가지고 있으세요. Keep your cell phone with you at all times.

C. 당신의 안전벨트를 항상 매십시오. _____

Key Vocabulary 훈련에 앞서 필요한 핵심어들을 큰소리로 읽어봅니다.

- peacefully = 편안하게
- clean = 치우다, 청소하다
- relaxed = 편안한, 나른한
- adjust = 조정하다, 조절하다
- setting = 설정

Step 2 Super Listening Training 직청직해 훈련

긴 문장을 소리만 듣는 것이 아닌, "이해"를 하려면 어순대로 실시간 직청직해하는 것만이 진리입니다.
이 단계에서는 Speedy한 훈련을 위해 SLT에 도전합니다.

1. 반복되는 의미 절을 들으며 어순대로 질문에 답하고 진행합니다.
2. 답은 영어 혹은 한글 중 더 편하고 빠르게 떠오르는 것으로 합니다.
3. 모르는 답은 들리는 대로라도 최대한 추측하여 채워 넣습니다.
   예시 지문: I bumped into my girlfriend. ➜ 예시 답 1: 나는 …했다 내 여자친구에게.
   예시 답 2: I bumped into … girlfriend.
   예시 답 3: I 범프 … my girlfriend.
4. 마지막으로 통문장을 담고 있는 mp3 파일을 들어본 후, 다음 문장으로 넘어갑니다.

1
1-a 누구는?
1-b 무엇 해야 한다?
1-c 얼마 동안?

2
2-a 무엇 하라?
2-b 무엇 하기 위해?
2-c 무엇 하게끔?

3
3-a 필요한 것은 무엇이다?
3-b 또?
3-c 또?
3-d 그리고?

4
4-a 무엇 하라?
4-b 무엇을?

5
5-a 무엇 하라?
5-b 그리고?
5-c 언제?

6-a 무엇 하라?

6-b 무엇을?

6-c 무엇 하기 위해?

7-a 무엇 하라?

8-a 무엇이다?

8-b 무엇 하는 것이?

8-c 어떻게?

9-a 어떻다?

9-b 무엇을?

9-c 누구와 누구 사이의?

10-a 무엇 하라?

10-b 무엇을 가진?

11-a 무엇 하라?

11-b 무엇을?

11-c 어디에서?

11-d 언제?

12-a 무엇 하라?

12-b 무엇으로?

13-a 무엇 할 뿐만 아니라?

13-b 어떻게?

13-c 어떻게도 할 것이다?

14-a 무엇도 하라?

14-b 무엇을?

14-c 무엇으로?

15-a 무엇 하라?

15-b 누구를 위해?

16-a 어떻다?

16-b 어떨지라도?

17-a 누구에게는?

17-b 무엇할 것이다?

17-c 무엇처럼?

18-a 무엇 하지 마라?

18-b 어디에?

19-a 무엇 하라?

19-b 어디 안에?

19-c 언제?

20-a 누구는?

20-b 무엇 한다?

20-c 어떻게?

20-d 무엇 때문에?

 21-a 무엇이 되어라?

Listen Again and Confirm

스크립트를 전체적으로 다시 들어보며 전체적인 흐름과 내용을 재확인합니다.

Chapter 6

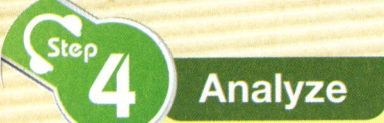

Analyze

스크립트 분석을 통하여, 어휘, 문법, 덩어리 표현, 문화, 뉘앙스 등을 고르게 파악합니다.

How to Help Your Baby Fall Asleep

Newborn babies are supposed to sleep 16 hours or more a day.
[1]**Take a look at** these tips to help them fall asleep peacefully.

Requirements:
A fresh bath
A baby massage
A blanket
And a [2]**crib**

Step 1: Make sure your baby is feeling comfortable.
[3]**Feed** her and clean her [4]**diaper** before she's ready to sleep.
Give her a fresh [5]**bath** to [6]**comfort** her.

Step 2: Give her a baby massage.
It's a great idea to make her feel relaxed and [7]**drowsy**.
This also provides a special [8]**bonding** time between you and your baby.
Use lotion with a lavender [9]**scent**.
Make sure to [10]**warm** the lotion in your hands before you put it on your baby.

Step 3: [11]**Swaddle** your baby with a blanket.
Not only will this make your baby feel [12]**warm but very relaxed**.
Adjust the [13]**room temperature** to a warmer setting as well.

Step 4: Sing a song for your baby.
It's ok even if you're not the best singer.
To your baby, your voice will sound like a beautiful orchestra.

Step 5: Never leave your baby alone in her room.
Keep your baby next to your bed in her crib at all times.
Babies wake up from sleep [14]**frequently** for many reasons.
Be her [15]**guardian angel**.

Analysis

1. take a look at = check out = ~을 살펴보다/ 조사하다/ 봐보다
2. crib = 아기침대
3. feed = 우유 혹은 먹이를 먹이다/ 먹여 살리다
4. diaper = 기저귀
5. bath = 목욕
6. comfort = 위안하다/ 편하게 하다
7. drowsy = 졸린/ 나른한
8. bonding = 유대감 형성
9. scent = 향
10. warm: "따뜻한"이라는 형용사가 아닌 "따뜻하게 만들다"라는 동사로 쓰임
11. swaddle = 이불 등으로 아기를 단단히 싸다
12. but의 앞뒤로는 같은 품사를 쓴다: warm과 (very) relaxed 둘 다 형용사
13. room temperature: 한 단어처럼 "실온"으로 해석
14. frequently = often = 자주
15. guardian angel: 한 단어처럼 "수호천사"로 해석

Speed Note-Taking

- 스크립트를 1회 들어보며 내용의 핵심이 되는 부분을 최대한 빠르게 노트합니다.
- 스크립트 전체를 받아쓰기할 시간이 없으므로, 핵심 단어 위주로 전략적인 Note-Taking을 합니다.

Key Questions

Note-Taking한 것을 바탕으로 문제를 풉니다. 제한 시간은 문제당 30초입니다.

1. For how many hours are newborn babies supposed to sleep a day?

    A. Less than 8 hours

    B. More than 8 hours but less than 12 hours

    C. Exactly 16 hours

    D. 16 hours or more

2. What is NOT helpful to make your baby fall asleep?

    A. A massage

    B. A warm blanket

    C. A clean diaper

    D. A small toy

3. A massage will make your baby…

    A. Drowsy

    B. Awake

    C. Uncomfortable

    D. Sad

4. Where should you keep your baby when she's sleeping?

    A. In her room

    B. Under your bed

    C. In her crib next to your bed

    D. Wherever

Read It Out Loud

낭독훈련을 통해 발음을 교정하고 자연스럽게 문장 구조에 익숙해지는 단계입니다.
1회: 발음과 Pace가 완벽하지 않더라도 너무 느리지 않게 그리고 크게 읽습니다.
2회: Pronunciation Tips를 이용하여 단어 및 연음 단위로 연습합니다.
3회: 훈련한 발음을 신경 써서 스크립트 전체를 읽습니다.
4회: 전체적으로 발음에 신경 쓰며 앞보다 빠른 Pace로 한 번 낭독합니다.
5회: Native Speaker의 음성을 들으며 최대한 같은 속도로 동시에 낭독합니다.

파란색: 단어 / 빨간색: 연음

How to Help Your Baby Fall Asleep

Newborn babies are supposed to sleep 16 hours or more a day.
Take a look at these tips to help them fall asleep peacefully.

Requirements:
A fresh bath
A baby massage
A blanket
And a crib

Step 1: Make sure your baby is feeling comfortable.
Feed her and clean her diaper before she's ready to sleep.
Give her a fresh bath to comfort her.

Step 2: Give her a baby massage.
It's a great idea to make her feel relaxed and drowsy.
This also provides a special bonding time between you and your baby.
Use lotion with a lavender scent.
Make sure to warm the lotion in your hands before you put it on your baby.

Pronunciation Tips

1. newborn: "r"을 신경 써서 발음할 것
2. supposed to: "d"와 "t"가 중복되어 (써포우즈드 투→써포우즈투)
3. massage: "ssa"에 강세를 주어 발음
4. blanket: (블랭켓→블랭킷)
5. comfortable: "or" 발음을 묵음 처리하여 (컴폴터블→컴프터벌)
6. feed her: "h"가 약화되고, "d"를 flap 처리하여 (피드 헐→피럴)
7. diaper: (다이어펄→다이펄)
8. ready to: "d"와 "t"를 flap 처리하여 (뤠디 투→뤠리루)
9. idea: 실수로 "idear"로 발음하지 말 것
10. drowsy: (드로우지→드라우지)
11. bonding: (본딩→반딩)
12. put it on: 두 개의 "t" 모두 flap 처리하여 (풋 잇 온→푸리런)

Chapter 6 89

Step 3: **Swaddle** your baby with a blanket.
Not only will this make your baby feel **warm** but very relaxed.
Adjust the room **temperature** to a warmer **setting** as well.

Step 4: Sing a **song** for your baby.
It's ok even if you're not the **best singer**.
To your baby, your voice will **sound like** a beautiful **orchestra**.

Step 5: Never leave your baby alone in her room.
Keep your baby **next to** your bed in her crib **at all** times.
Babies wake up from sleep **frequently** for many reasons.
Be her guardian **angel**.

Pronunciation Tips

13. swaddle: (스와들 → 스웨럴)
14. warm: "r"을 신경 써서 발음할 것
15. adjust the: "ɑt th" 중 가운데 "t"가 약화되어 (언저스트 더 → 언저스더)
16. temperature: 중간의 "a" 발음이 약화되어 (템퍼뤠철 → 템펄철)
17. setting: "tt"를 flap 처리하여 (세팅 → 쎄링)
18. song: (쏭 → 썽)
19. best singer: "st s" 중 가운데 "t"가 약화되어 (베스트 씽얼 → 베스씽얼)
20. sound like: "nd l" 중 가운데 "d"가 약화되어 (싸운드 라이크 → 싸운라잌)
21. orchestra: "tr" + 모음은 "ㅊ"처럼 발음하여 (올케스트라 → 올케스츄롸)
22. next to: "t"가 중복되어 (넥스트 투 → 넥스투)
23. at all: "t"를 flap 처리하고, "all"은 "얼"로 발음하여 (앳 올 → 애럴)
24. frequently: "ntl" 중 가운데 "t"가 약화되면 (프뤼퀀틀리 → 프뤼퀀리)
25. angel: (엔젤 → 에인젤)

Chapter 7

How to Treat a Mosquito Bite

훈련일지

First Training		y/m/d	:
Second Training		y/m/d	:
Third Training		y/m/d	:

 페이지를 넘기기 전에 mp3 파일을 들어보세요. ▶ **02-07.mp3**

훈련에 앞서 귀와 머리를 따끈하게 데워주는 단계입니다.
세부적 내용 파악보다는 전체적으로 어떤 이야기를 전하고 있는지 음성 파일을 들으며 추측해 봅니다.

Warm Yourself Up

본격적인 직청직해 훈련에 앞서, 생소한 표현을 직접 영작해 봄으로써 머리를 따끈하게 Warm-up합니다. 앞의 두 예문을 분석하고, 마지막 문장은 직접 채워 넣습니다.

Expressions & Example Sentences

1. in return: 대가로/ 보답으로

   A. Mindy는 대가로 그 가수의 사인을 받았다. Mindy got the singer's autograph in return.

   B. 날 위해 그녀에게 전화해주면, 네 숙제를 도와줄게.
   If you call her for me, I'll help you with your homework in return.

   C. 날 도와주면, 보답으로 이 책을 줄게. _____

2. check something out: ~을 살펴보다/ 조사하다

   A. 나는 그 차의 상태를 살펴보았다. I checked out the condition of the car.

   B. 내 새 명품 구두를 살펴봤니? Did you check my new designer shoes out?

   C. 너의 에세이를 나중에 살펴볼게. _____

3. go away: 사라지다/ 떠나가다

   A. 그 냄새는 10초 후에 사라졌다. The smell went away in 10 seconds.

   B. 썩 꺼져! Go away!

   C. 그 악취는 절대 사라지지 않을 거야. _____

4. have something ready: ~을 준비해두다

   A. 여권을 준비해두세요. Please have your passport ready.

   B. 프레젠테이션을 준비해두는 것이 좋을 것이다. You'd better have your presentation ready.

   C. 그 서류들을 준비해둬라. _____

5. to make matters worse: 엎친 데 덮친 격으로

   A. 엎친 데 덮친 격으로 그녀는 나를 어제 찼어. To make matters worse, she dumped me yesterday.

   B. 엎친 데 덮친 격으로, 숙제를 까맣게 잊었어.
   To make matters worse, I totally forgot about the homework.

   C. 엎친 데 덮친 격으로 내 지갑을 잃어버렸어. _____

6. apply something: 약이나 화장품 등을 바르다

   A. 나는 자외선차단제를 피부에 발랐다. I applied some sunscreen on my skin.

   B. 그 아이크림을 눈 아래에 발라. Apply the eye cream under your eyes.

   C. 그것을 절대 네 피부에 바르지 마. _____

7. work like a charm: 정말 잘 듣는다

   A. 이 약은 정말 잘 들어. This medicine works like a charm.

   B. 이 이상한 방법이 사실상 정말 잘 들었다. This weird method actually worked like a charm.

   C. 그의 바보 같은 아이디어가 정말 잘 들었다. _____

8. get rid of something/someone: ~을 제거하다/ ~을 처분하다

   A. 내 오래된 핸드백을 어제 처분했어. I got rid of my old handbag yesterday.

   B. 이 얼룩을 어떻게 제거하지? How can I get rid of this stain?

   C. 우리는 그를 제거해야 했다. _____

Key Vocabulary 훈련에 앞서 필요한 핵심어들을 큰소리로 읽어봅니다.

- sensation = 감각
- itch = 가려움; 가렵다
- itching = 가려운; 가려움
- scratch = 긁다
- fingernail = 손톱

Chapter 7   93

Super Listening Training 직청직해 훈련

긴 문장을 소리만 듣는 것이 아닌, "이해"를 하려면 어순대로 실시간 직청직해하는 것만이 진리입니다.
이 단계에서는 **Speedy**한 훈련을 위해 **SLT**에 도전합니다.

1. 반복되는 의미 절을 들으며 어순대로 질문에 답하고 진행합니다.
2. 답은 영어 혹은 한글 중 더 편하고 빠르게 떠오르는 것으로 합니다.
3. 모르는 답은 들리는 대로라도 최대한 추측하여 채워 넣습니다.
   예시 지문: I bumped into my girlfriend. ➔ 예시 답 1: 나는 …했다 내 여자친구에게.
   　　　　　　　　　　　　　　　　　　　　　예시 답 2: I bumped into … girlfriend.
   　　　　　　　　　　　　　　　　　　　　　예시 답 3: I 범프 … my girlfriend.
4. 마지막으로 통문장을 담고 있는 mp3 파일을 들어본 후, 다음 문장으로 넘어갑니다.

1-a 무엇 했나?

1-b 무엇을?

1-c 누구에게?

2-a 어땠을 것이다?

2-b 무엇을?

2-c 무엇으로?

3-a 무엇 하라?

3-b 무엇 하기 위해?

4-a 필요한 것은 무엇이다?

4-b 또?

4-c 또?

4-d 또?

4-e 또?

4-f 또?

4-g 그리고?

🎧 5 **5-a** 무엇 하라?

🎧 6 **6-a** 무엇 하라?

6-b 그러면?

6-c 언제?

🎧 7 **7-a** 무엇 하라?

🎧 8 **8-a** 무엇 하라?

8-b 그러면?

8-c 무엇을 위한?

🎧 9 **9-a** 무엇 하라?

9-b 어디에?

9-c 무엇 하기 위해?

🎧 10 **10-a** 무엇 하지 마라?

🎧 11 **11-a** 무엇은?

11-b 무엇 할 것이다?

🎧 12 **12-a** 어떻게?

12-b 무엇 할 수 있다?

🎧 13 **13-a** 무엇 하라?

🎧 **14**   **14-a** 어떻다?

        14-b 무엇 하는 데에?

        14-c 어떻게?

🎧 **15**   **15-a** 무엇과 무엇이?

        15-b 어떻다?

🎧 **16**   **16-a** 무엇 하라?

🎧 **17**   **17-a** 무엇 하는 것은?

        17-b 어디에?

        17-c 무엇으로?

        17-d 어떻다?

🎧 **18**   **18-a** 무엇 할 뿐이다?

        18-b 그리고?

Listen Again and Confirm

스크립트를 전체적으로 다시 들어보며 전체적인 흐름과 내용을 재확인합니다.

스크립트 분석을 통하여, 어휘, 문법, 덩어리 표현, 문화, 뉘앙스 등을 고르게 파악합니다.

How to Treat a Mosquito Bite

Did you just [1]**donate** your precious blood to the [2]**tiny** vampires?
Then you probably got some itching in return.
[3]**Check out** these tips to [4]**relieve** such [5]**sensations**.

Requirements:
Ice
Baking soda
A glass of water
Patience
Toothpaste
Aloe
And saltwater

Step 1: Go get some [6]**ice cubes**.
Place one on the [7]**bite** and the itch will go away [8]**instantly**.

Step 2: Have some baking soda and water ready.
Mix them together and you've got yourself a magical [9]**solution** for bug bites.
Put a little bit of it on the bite to relieve the itching sensation.

Step 3: Never scratch the bite.
Scratching will only make the itchiness worse.
To make matters worse, it could [10]**possibly** [11]**leave** a [12]**scar**.

Step 4: [13]**Apply** toothpaste.
This works like a charm for getting rid of the itching quickly.
Aloe and saltwater may work as well.

Step 5: [14]**Stop being** an artist.
Making a cross on the bite with your fingernail won't help.
You'll only want to do it more and [15]**worsen** the itching.

Analysis

1. donate = 기부하다/ 기증하다
2. tiny = 아주 작은
3. check out = take a look at = ~을 살펴보다
4. relieve = alleviate = ease = 완화시키다
5. sensations = 감각/ 느낌
6. ice cubes = (음료에 넣는 용도의) 네모난 얼음 조각
7. bite = 벌레 물린 곳
8. instantly = instantaneously = 즉시/ 즉각
9. solution = 해결책/ 용액
10. possibly: 의문문에서는 "혹시"로, 평서문에서는 "어쩌면"으로 해석
11. leave: "떠나다"가 아닌 "~ 상태로 남기다"로 해석
12. scar = 흉터
13. apply = put on = wear = 바르다
14. stop being: stop to 동사는 하던 일을 멈추는 것을 말하지만 여기서는 행위 자체를 중단하라는 의미로, 어감 차이가 있다
15. worsen something = make something worse = 악화시키다

 **Speed Note-Taking**

- 스크립트를 1회 들어보며 내용의 핵심이 되는 부분을 최대한 빠르게 노트합니다.
- 스크립트 전체를 받아쓰기할 시간이 없으므로, 핵심 단어 위주로 전략적인 Note-Taking을 합니다.

Step 6 Key Questions

Note-Taking한 것을 바탕으로 문제를 풉니다. 제한 시간은 문제당 30초입니다.

1. **What do you NOT need to relieve itching?**

   A. Ice cubes

   B. Some patience

   C. Toothpaste

   D. A toothbrush

2. **What should you NOT do when you get a mosquito bite?**

   A. Scratching it

   B. Applying toothpaste

   C. Putting some ice on it

   D. Putting some saltwater

3. **What can you use to get rid of the itching other than toothpaste?**

   A. Aloe

   B. Some lotion

   C. Pure water

   D. Some sugar

4. **If you make a cross on the bite…**

   A. It will relieve the itching

   B. You'll become an artist

   C. You will start bleeding

   D. It will make the itching worse

 **Read It Out Loud**

낭독훈련을 통해 발음을 교정하고 자연스럽게 문장 구조에 익숙해지는 단계입니다.
1회: 발음과 Pace가 완벽하지 않더라도 너무 느리지 않게 그리고 크게 읽습니다.
2회: Pronunciation Tips를 이용하여 단어 및 연음 단위로 연습합니다.
3회: 훈련한 발음을 신경 써서 스크립트 전체를 읽습니다.
4회: 전체적으로 발음에 신경 쓰며 앞서보다 빠른 Pace로 한 번 낭독합니다.
5회: Native Speaker의 음성을 들으며 최대한 같은 속도로 동시 낭독합니다.

파란색: 단어 / 빨간색: 연음

How to Treat a Mosquito Bite

Did you just donate your precious blood to the tiny vampires?
Then you probably got some itching in return.
Check out these tips to relieve such sensations.

Requirements:
Ice
Baking soda
A glass of water
Patience
Toothpaste
Aloe
And saltwater

Step 1: Go get some ice cubes.
Place one on the bite and the itch will go away instantly.

Pronunciation Tips

1. precious: (프리셔스 → 프뤠셔스)
2. blood to: "d"와 "t"가 중복되어 (블러드 투 → 블러투)
3. vampires: "v" 소리를 "b"로 혼동하지 말 것
4. return: "r" 소리를 신경 써서 발음할 것
5. soda: "d"를 flap 처리하여 (소다 → 소러)
6. aloe: (알로에 → 앨로우)
7. saltwater: "salt"를 "썰트"로 발음할 것
8. the: 모음 앞에서는 "디"로 발음할 것
9. instantly: "in"에 강세를 주어 (인스턴틀리 → 인스턴리)

Chapter 7 101

Step 2: Have some baking soda and water ready.
Mix them together and you've got yourself a magical solution for bug bites.
Put a little bit of it on the bite to relieve the itching sensation.

Step 3: Never scratch the bite.
Scratching will only make the itchiness worse.
To make matters worse, it could possibly leave a scar.

Step 4: Apply toothpaste.
This works like a charm for getting rid of the itching quickly.
Aloe and saltwater may work as well.

Step 5: Stop being an artist.
Making a cross on the bite with your fingernail won't help.
You'll only want to do it more and worsen the itching.

Pronunciation Tips

10. ready: "d"를 flap 처리하여 (뤠디 → 뤠리)
11. you've: "ve" 소리를 생략하지 말 것
12. put a: "t"를 flap 처리하여 (풋 어 → 푸러)
13. bit of it: 세 단어가 붙어서 (빗 오브 잇 → 비러빗)
14. leave: 입을 옆으로 벌려서 발음하여 "live"와 구분할 것
15. charm: "r"을 신경 써서 발음할 것
16. rid of: "d"를 flap 처리하여 (뤼드 오브 → 뤼럽)
17. quickly: (퀵클리 → 쿠이클리)
18. artist: "t"를 flap 처리하여 (알티스트 → 알리스트)
19. cross: (크로쓰 → 크뤄쓰)
20. you'll: (유윌 → 율)

How to Grow Hair Faster

First Training	y/m/d	:
Second Training	y/m/d	:
Third Training	y/m/d	:

Before You Start 〉〉 페이지를 넘기기 전에 mp3 파일을 들어보세요. ▶ 02-08.mp3

훈련에 앞서 귀와 머리를 따끈하게 데워주는 단계입니다.
세부적 내용 파악보다는 전체적으로 어떤 이야기를 전하고 있는지 음성 파일을 들으며 추측해 봅니다.

STEP 1 Warm Yourself Up

본격적인 직청직해 훈련에 앞서, 생소한 표현을 직접 영작해 봄으로써 머리를 따끈하게 Warm-up합니다. 앞의 두 예문을 분석하고, 마지막 문장은 직접 채워 넣습니다.

Expressions & Example Sentences

1. fall asleep: 잠들다

  A. Alison은 소파에서 잠들었다. Alison fell asleep on the sofa.

  B. Eugene은 그 지루한 영화를 보다가 잠들었다. Eugene fell asleep while watching the boring movie.

  C. 어젯밤 잠들지 못했어. _____

2. get tangled: 엉클어지다

  A. 내 긴 머리가 엉클어졌어. My long hair got tangled.

  B. 머리가 엉클어졌을 때 나는 못생겨 보였다. When my hair got all tangled, I looked ugly.

  C. 내 머리가 엉클어져서 화가 났었어. _____

3. possibly: 어쩌면(평서문)/ 혹시(의문문)

  A. 혹시 답을 알고 계세요? Do you possibly know the answer?

  B. 그는 어쩌면 답을 알지도 몰라. He might possibly know the answer.

  C. 그녀는 어쩌면 오늘 내게 전화할지도 몰라. _____

4. strengthen: 강화하다

  A. 어떻게 하면 내 복근을 강하게 할 수 있을까? How can I strengthen my abs?

  B. 이 콘테스트에서 이기기 위해 어깨를 강화시켜야 해.
  You must strengthen your shoulders to win this competition.

  C. 우리는 그 시스템을 강화해야 한다. _____

5. fall out: 머리카락 등이 빠지다

  A. 스트레스 때문에 머리가 빠지기 시작했어. My hair started falling out due to stress.

  B. 무엇이 머리를 빠지게 하는 걸까? What makes hair fall out?

  C. 내 머리가 빠졌다는 것을 믿을 수 있니? _____

6. even if: ~일지라도/ ~할지라도

  A. 내가 널 떠날지라도 울지는 마. Don't cry even if I leave you.

  B. 그가 맘에 안 들지라도, 그와 데이트를 해줘. Even if you don't like him, please date him.

  C. 그녀가 돌아오지 않더라도, 난 슬프지 않을 거야. _____

7. it doesn't hurt to try: 해서 손해 볼 것 없다

A. 그냥 그녀에게 전화해. 해서 손해 볼 것 없잖아. Just call her. It doesn't hurt to try.

B. 그녀에게 데이트 신청을 해봐. 해서 손해 볼 건 없잖아. Ask her out on a date. It doesn't hurt to try.

C. 이 다이어트 주스를 마셔봐. 해서 손해 볼 것 없어. _____

Key Vocabulary 훈련에 앞서 필요한 핵심어들을 큰소리로 읽어봅니다.

- ☐ stimulate = 자극하다
- ☐ brush = 빗
- ☐ tangled = 엉킨, 헝클어진
- ☐ contain = 함유하다
- ☐ calcium = 칼슘

Super Listening Training 직청직해 훈련

긴 문장을 소리만 듣는 것이 아닌, "이해"를 하려면 어순대로 실시간 직청직해하는 것만이 진리입니다.
이 단계에서는 Speedy한 훈련을 위해 SLT에 도전합니다.

1. 반복되는 의미 절을 들으며 어순대로 질문에 답하고 진행합니다.
2. 답은 영어 혹은 한글 중 더 편하고 빠르게 떠오르는 것으로 합니다.
3. 모르는 답은 들리는 대로라도 최대한 추측하여 채워 넣습니다.
   예시 지문: I bumped into my girlfriend. ➜ 예시 답 1: 나는 …했다 내 여자친구에게.
   예시 답 2: I bumped into … girlfriend.
   예시 답 3: I 범프 … my girlfriend.
4. 마지막으로 통문장을 담고 있는 mp3 파일을 들어본 후, 다음 문장으로 넘어갑니다.

1 1-a 어땠나?

1-b 그리고?

1-c 어떻게?

2 2-a 무엇 하나?

2-b 무엇을 위해?

3 3-a 무엇 하라?

3-b 무엇 하기 위해?

4 4-a 필요한 것은 무엇이다?

4-b 또?

4-c 또?

4-d 그리고?

5 5-a 무엇 하라?

5-b 어떻게?

6 6-a 무엇 하라?

7 **7-a** 무엇 한다?

7-b 무엇을?

7-c 어디의?

7-d 그리고?

7-e 무엇을?

8 **8-a** 무엇 하라?

9 **9-a** 무엇 하는 것은?

9-b 무엇 한다?

9-c 무엇을?

9-d 어디로?

10 **10-a** 무엇도?

10-b 어떻게 될 것이다?

11 **11-a** 무엇 하지 마라?

11-b 무엇과 함께?

12 **12-a** 어떻다?

12-b 무엇 하게?

12-c 그리고?

12-d 무엇 하게?

13 **13-a** 무엇 하라?

14   **14-a** 무엇 하라?

         14-b 무엇 하는?

         14-c 무엇을?

         14-d 또?

         14-e 또?

         14-f 그리고?

15   **15-a** 어떻다?

         15-b 무엇을?

16   **16-a** 무엇 하라?

         16-b 무엇을?

17   **17-a** 어떻다?

         17-b 어떻다고?

         17-c 무엇을?

         17-d 왜?

18   **18-a** 무엇 할지라도?

         18-b 무엇을?

         18-c 어떨 것이다?

Step 3 Listen Again and Confirm

스크립트를 전체적으로 다시 들어보며 전체적인 흐름과 내용을 재확인합니다.

Analyze

스크립트 분석을 통하여, 어휘, 문법, 덩어리 표현, 문화, 뉘앙스 등을 고르게 파악합니다.

How to Grow Hair Faster

Did your [1]**hairdresser** fall asleep and [2]**leave** your hair 1ridiculously short?
Do you want your hair longer for your wedding photos?
[3]**Check out** these [4]**tricks** to help your hair grow fast.

Requirements:
A [5]**scalp** massage
A hairbrush
A [6]**multivitamin** [7]**supplement**
And a sexual fantasy

Step 1: Massage your scalp gently.
Use your [8]**fingertips**.
This helps [9]**blood circulation** in your scalp and stimulates hair growth.

Step 2: Brush your hair often.
Brushing brings the hair's natural oils to dry, [10]**split ends**.
Your scalp will automatically be massaged as well.

Step 3: Don't sleep with wet hair.
It can cause your hair to get tangled and [11]**possibly** make your hair fall out.

Step 4: Take a vitamin supplement.
Take a daily multivitamin that contains [12]**antioxidants**, B vitamins, calcium, and [13]**iron**.
Vitamins help [14]**strengthen** your hair.

Step 5: [15]**Visualize** something sexual.
Some people believe this helps hair growth because it stimulates hormones.
Even if this doesn't help hair growth, it won't hurt to try.

Analysis

1. hairdresser = hairstylist = hair designer = 미용사
2. leave: "떠나다"가 아닌 "어떤 상태로 남기다"로 해석
3. check out = take a look at = ~을 살펴보다/ 봐보다
4. tricks: "속임수"가 아닌 "요령/비결"로 해석
5. scalp = 두피
6. multivitamin = 종합비타민제
7. supplement = 보충제
8. fingertips: "tip"은 "끝부분"이란 뜻으로, "fingertip"은 "손가락 끝"으로 해석
9. blood circulation = 혈액순환
10. split ends = "split"은 "갈라진"이란 뜻으로, "split end"는 "머리카락이 상해서 갈라진 끝부분"으로 해석
11. possibly: 평서문에서는 "어쩌면"으로, 의문문에서는 "혹시"로 해석
12. antioxidants = 산화 혹은 노화를 방지해주는 성분이나 음식 = 항산화 음식
13. iron = 철/ 다리미
14. strengthen something = make something strong = 강화하다
15. visualize = 상상하다/ 머리에 그리다

Speed Note-Taking

- 스크립트를 1회 들어보며 내용의 핵심이 되는 부분을 최대한 빠르게 노트합니다.
- 스크립트 전체를 받아쓰기할 시간이 없으므로, 핵심 단어 위주로 전략적인 Note-Taking을 합니다.

Step 6 Key Questions

Note-Taking한 것을 바탕으로 문제를 풉니다. 제한 시간은 문제당 30초입니다.

1. What is NOT helpful to grow your hair faster?

    A. Pulling your hair

    B. A scalp massage

    C. Brushing often

    D. Taking a daily multivitamin

2. How can a scalp massage help?

    A. It helps blood circulation.

    B. It stimulates hormone.

    C. It brings the hair's natural oils to dry ends.

    D. It cuts off blood circulation.

3. Which of the following must be contained in your multivitamin supplement to help hair growth?

    A. Protein

    B. Vitamin B

    C. Fat

    D. Magnesium

4. Why shouldn't you sleep with wet hair?

    A. Because it makes your hair thin

    B. Because your hair may fall out

    C. Because it gives your hair split ends

    D. Because it stops your hair from growing

Read It Out Loud

낭독훈련을 통해 발음을 교정하고 자연스럽게 문장 구조에 익숙해지는 단계입니다.
1회: 발음과 Pace가 완벽하지 않더라도 너무 느리지 않게 그리고 크게 읽습니다.
2회: Pronunciation Tips를 이용하여 단어 및 연음 단위로 연습합니다.
3회: 훈련한 발음을 신경 써서 스크립트 전체를 읽습니다.
4회: 전체적으로 발음에 신경 쓰며 앞서보다 빠른 Pace로 한 번 낭독합니다.
5회: Native Speaker의 음성을 들으며 최대한 같은 속도로 동시 낭독합니다.

파란색: 단어 / 빨간색: 연음

How to Grow Hair Faster

Did your hairdresser fall asleep and leave your hair ridiculously short?
Do you want your hair longer for your wedding photos?
Check out these tricks to help your hair grow fast.

Requirements:
A scalp massage
A hairbrush
A multivitamin supplement
And a sexual fantasy

Step 1: Massage your scalp gently.
Use your fingertips.
This helps blood circulation in your scalp and stimulates hair growth.

Step 2: Brush your hair often.
Brushing brings the hair's natural oils to dry, split ends.
Your scalp will automatically be massaged as well.

Pronunciation Tips

1. fall: "all"은 "올"이 아닌 "얼"로 발음하여 (폴→펄)
2. ridiculously: "di"에 강세를 주어 발음
3. wedding: "dd"를 flap 처리하여 (웨딩→웨링)
4. photos: "ph"를 "f"로 발음하고, "t"를 flap 처리하여 (포토스→포로스)
5. tricks: "tr" + 모음은 "ㅊ"처럼 발음하여 (트릭스→츄뤽스)
6. help your: "p"와 "your"가 붙어서 (헬프 유얼→헬퓨얼)
7. massage: "ssa"에 강세를 주어 발음
8. multivitamin: 뒤의 "t"를 flap 처리하여 (멀티바이타민→멀타이바이러민)
9. fantasy: "nt"가 붙어서 "t"를 약화시켜 (판타지→패너씨)
10. gently: "ntl" 중 가운데 "t"가 약화되어 (젠틀리→젠리)
11. dry: "dr" + 모음은 "ㅈ"처럼 발음하여 (드라이→쥬라이)
12. automatically: 두 개의 "t"를 모두 flap 처리하여 (오토매티컬리→어로매리컬리)

Chapter 8

Step 3: Don't sleep with wet hair.
It can cause your hair to get tangled and possibly make your hair fall out.

Step 4: Take a vitamin supplement.
Take a daily multivitamin that contains antioxidants, B vitamins, calcium, and iron.
Vitamins help strengthen your hair.

Step 5: Visualize something sexual.
Some people believe this helps hair growth because it stimulates hormones.
Even if this doesn't help hair growth, it won't hurt to try.

Pronunciation Tips

13. make your: "ke"와 "your"가 붙어서 (매이크 유얼 → 매이큐얼)
14. antioxidants: (앤티악씨던츠 혹은 앤타이악시던츠)
15. calcium: (칼슘 → 캘씨엄)
16. iron: (아이론 → 아이언)
17. strengthen: "th" 소리를 신경 써서 발음할 것
18. because: (비코우즈 → 비커즈)
19. hurt to: "t"가 중복되어 (헐트 투 → 헐투)
20. try: "tr" + 모음은 "ㅊ"처럼 발음하여 (트라이 → 츄라이)

How to Choose the Right Gift for Your Woman

훈련일지

First Training		y/m/d	:
Second Training		y/m/d	:
Third Training		y/m/d	:

 페이지를 넘기기 전에 mp3 파일을 들어보세요.

훈련에 앞서 귀와 머리를 따끈하게 데워주는 단계입니다.
세부적 내용 파악보다는 전체적으로 어떤 이야기를 전하고 있는지 음성 파일을 들으며 추측해 봅니다.

Step 1 Warm Yourself Up

본격적인 직청직해 훈련에 앞서, 생소한 표현을 직접 영작해 봄으로써 머리를 따끈하게 Warm-up합니다. 앞의 두 예문을 분석하고, 마지막 문장은 직접 채워 넣습니다.

Expressions & Example Sentences

1. treat A to B: A에게 B를 대접하다

 A. 오늘 당신에게 로맨틱한 저녁을 대접하고 싶은데요. I'd like to treat you to a romantic dinner.

 B. 그 로맨틱한 남자는 내게 뭔가 특별한 것을 대접했다. The romantic guy treated me to something special.

 C. 어머니께 멋진 쇼를 대접해. _____

2. can afford something: ~을 살 여유가 되다/ ~의 여유가 되다

 A. 난 그 집을 살 여유가 못 돼. I can't afford the house.

 B. 어떻게 그런 비싼 차를 살 여유가 되세요? How can you afford such an expensive car?

 C. 그는 가난하기 때문에 휴대폰을 살 여유가 안 돼. _____

3. based on something: ~에 근거하여/ ~을 바탕으로

 A. 당신의 실적에 근거하여 승진시켜 주겠어요. We're going to promote you based on your performance.

 B. 이 영화는 실화를 바탕으로 만들어졌다. This movie was made based on a true story.

 C. 너의 경험에 근거하여 에세이를 써 봐. _____

4. break the bank: 빈털터리가 되게 만들다

 A. 한번 휴가 간다고 내가 거지가 되진 않을 거야. It won't break the bank if I go on a vacation once.

 B. 너의 지출 패턴이 빈털터리로 만들 것이다. Your spending pattern will break the bank.

 C. 이 자동차는 비싸긴 하지만, 빈털터리로 만들지는 않을 거야.
 _____

5. invite someone over: ~를 집으로 초대하다

 A. 그는 나를 집에 초대했습니다. He invited me over.

 B. 그녀를 초대해서 요리를 해줘. Invite her over and cook for her.

 C. 당신을 오늘 집으로 초대하고 싶습니다. _____

6. have something ready: ~을 준비해두다

 A. 3D 안경을 꼭 준비해 둬. Make sure to have 3D glasses ready.

 B. 그 리포트를 준비해두는 것을 깜박했어. I forgot to have the report ready.

 C. 항상 여분의 배터리들을 준비해둬. _____

116

7. light up something: ~에 불을 붙이다/ ~을 환하게 밝히다

A. 그녀는 런웨이를 환하게 밝혔다. She lit up the runway.

B. 나는 촛불에 불을 붙여야 한다. I have to light up the candle.

C. 그는 그 담배에 불을 붙였다. _____

8. one-of-a-kind: 유일무이한

A. 이것은 세상에 하나밖에 없는 드레스야. This is a one-of-a-kind dress.

B. 그의 유일무이한 아이디어가 그를 부자로 만들었다. His one-of-a-kind idea made him rich.

C. 그녀는 내게 세상에 하나밖에 없는 선물을 주었다. _____

🎤 Key Vocabulary 훈련에 앞서 필요한 핵심어들을 큰소리로 읽어봅니다.

- designer handbag = 명품 핸드백
- home-made = 집에서 만든
- once-a-year = 1년에 한 번 있는
- shop around = (가격 비교 등을 위해) 가게를 다녀보다
- light = 조명

Step 2 — Super Listening Training 직청직해 훈련

긴 문장을 소리만 듣는 것이 아닌, "이해"를 하려면 어순대로 실시간 직청직해하는 것만이 진리입니다.
이 단계에서는 **Speedy**한 훈련을 위해 **SLT**에 도전합니다.

1. 반복되는 의미 절을 들으며 어순대로 질문에 답하고 진행합니다.
2. 답은 영어 혹은 한글 중 더 편하고 빠르게 떠오르는 것으로 합니다.
3. 모르는 답은 들리는 대로라도 최대한 추측하여 채워 넣습니다.
   예시 지문: I bumped into my girlfriend. ➔ 예시 답 1: 나는 …했다 내 여자친구에게.
   예시 답 2: I bumped into … girlfriend.
   예시 답 3: I 범프 … my girlfriend.
4. 마지막으로 통문장을 담고 있는 mp3 파일을 들어본 후, 다음 문장으로 넘어갑니다.

 1-a 무엇하고 있나?

   1-b 누구에게?

   1-c 언제?

2-a 무엇 하지 마라?

   2-b 무엇을?

3-a 어떨지도 모른다?

   3-b 하지만?

4-a 무엇 하라?

   4-b 무엇 하기 전에?

5-a 필요한 것은 무엇이다?

   5-b 또?

   5-c 또?

   5-d 그리고?

🎧 **6-a** 무엇 하라?

6-b 어떻게?

🎧 **7-a** 어떻다?

7-b 무엇을?

7-c 그리고?

🎧 **8-a** 무엇도?

8-b 어떻다?

8-c 하지만?

🎧 **9-a** 무엇 하지 마라?

9-b 무엇이다?

🎧 **10-a** 무엇 하라?

10-b 무엇처럼?

🎧 **11-a** 무엇 하라?

11-b 또?

11-c 그리고?

🎧 **12-a** 그리고 나서, 무엇 하라?

🎧 **13-a** 무엇 하는 것은?

13-b 무엇 한다?

14-a 무엇 하라?

14-b 어떤 것을?

14-c 하지만?

15-a 그렇다. 무엇 하라?

15-b 무엇을?

16-a 무엇 하라?

16-b 무엇을?

17-a 무엇 하라?

17-b 그리고?

18-a 누구는?

18-b 무엇 한다?

18-c 무엇 하는 것을?

18-d 무엇 하여?

18-e 무엇에?

19-a 무엇은?

19-b 무엇 할지도 모른다?

19-c 하지만?

19-d 무엇을?

19-e 언제?

20 20-a 무엇이 되라?

21 21-a 무엇을 가지는 것 대신에?

21-b 무엇 하라?

21-c 그리고?

22 22-a 무엇 하라?

22-b 언제?

23 23-a 무엇 하라?

23-b 무엇에?

23-c 그리고?

23-d 그러면?

23-e 무엇을?

Listen Again and Confirm

스크립트를 전체적으로 다시 들어보며 전체적인 흐름과 내용을 재확인합니다.

Analyze

스크립트 분석을 통하여, 어휘, 문법, 덩어리 표현, 문화, 뉘앙스 등을 고르게 파악합니다.

How to Choose the Right Gift for Your Woman

What are you planning to give your girlfriend this Valentine's Day?
Don't just trust your own [1]**judgment**.
You might like it but she [2]**might not**.
Read through these tips before you buy anything.

Requirements:
A hand-written letter
[3]**Tickets to** a spa or a nail shop
A designer handbag
And a home-cooked meal

Step 1: Write a sincere letter [4]**by hand**.
Girls automatically [5]**visualize** you writing the letter and [6]**appreciate** it.
A simple card isn't bad either but a letter usually [7]**works** better.
Don't be lazy; it's only a once-a-year thing.

Step 2: Treat her like a queen.
Treat her to a spa, a nail shop, [8]**etc**.
Then, take her to a romantic restaurant.
Treating her like a queen automatically makes you a king.

Step 3: Get her something that she's always wanted but [9]**couldn't afford**.
That's right; give her [10]**a designer handbag**.
Ask your female friends what brands are women's favorites.
Visit the nearest department stores and shop around.
[11]**Sales clerks** can usually help you find one based on your budget and her age.
The gift might break the bank but imagine [12]**the look on her face** when she opens [13]**it**.

Step 4: Be her [14]**chef**.
Instead of having the same boring Valentine's Day dinner, invite her over and cook for her.
Have dinner ready before she arrives.
Light up some candles, [15]**dim** the lights, and there you have a one-of-a-kind romantic dinner.

Analysis

1. judgment = 판단/ 심판
2. might not: 뒤에 "like it"이 생략 된 것으로, 풀어내면 "but she might not like your own judgment"가 됨
3. tickets to: "~로 가는 입장권"을 표현할 때 "to"를 쓸 것
4. by hand = 손으로 직접
5. visualize = 머리에 그리다/ 상상하다
6. appreciate: "~에 대해 감사하다"라는 뜻이며 "about"이 함께 오지 않음
7. works = 효과가 있다/ 작동하다/ 된다
8. etc = et cetera = 기타 등등
9. couldn't afford: "afford"란 단어는 "can/ can't"와 항상 함께 쓰는 버릇을 기를 것
10. a designer handbag: "designer"는 형용사로 "명품의/ 유명 브랜드의"로 해석
11. sales clerks = 점원/ 판매원
12. the look on her face: "the look on one's face"는 "표정"으로 해석
13. it: 여기서는 "the gift"를 나타냄
14. chef = 요리사, 특히 주방장
15. dim = 조명 등을 약하게 줄이다

Speed Note-Taking 02-09.mp3

- 스크립트를 1회 들어보며 내용의 핵심이 되는 부분을 최대한 빠르게 노트합니다.
- 스크립트 전체를 받아쓰기할 시간이 없으므로, 핵심 단어 위주로 전략적인 Note-Taking을 합니다.

Key Questions

Note-Taking한 것을 바탕으로 문제를 풉니다. 제한 시간은 문제당 30초입니다.

1. **What is NOT a recommended Valentine's Day gift?**

    A. A hand-written card

    B. Tickets to a nail shop

    C. A brand name handbag

    D. A typed letter

2. **How can you choose the right designer handbag for her?**

    A. Ask your male friends

    B. Ask the sales clerk

    C. Ask your girlfriend

    D. Trust your own judgment

3. **If you get her a designer handbag…**

    A. It might break the bank.

    B. She won't open the gift.

    C. You won't spend much money.

    D. She will return it.

4. **Why would you want to cook for her at home?**

    A. Because restaurants are not romantic

    B. Because you can have a one-of-a-kind romantic dinner

    C. Because you are a good cook

    D. Because restaurant foods aren't delicious

Read It Out Loud

낭독훈련을 통해 발음을 교정하고 자연스럽게 문장 구조에 익숙해지는 단계입니다.
1회: 발음과 Pace가 완벽하지 않더라도 너무 느리지 않게 그리고 크게 읽습니다.
2회: Pronunciation Tips를 이용하여 단어 및 연음 단위로 연습합니다.
3회: 훈련한 발음을 신경 써서 스크립트 전체를 읽습니다.
4회: 전체적으로 발음에 신경 쓰며 앞서보다 빠른 Pace로 한 번 낭독합니다.
5회: Native Speaker의 음성을 들으며 최대한 같은 속도로 동시 낭독합니다.

파란색: 단어 / 빨간색: 연음

How to Choose the Right Gift for Your Woman

What are you planning to give your girlfriend this Valentine's Day?
Don't just trust your own judgment.
You might like it but she might not.
Read through these tips before you buy anything.

Requirements:
A hand-written letter
Tickets to a spa or a nail shop
A designer handbag
And a home-cooked meal

Step 1: Write a sincere letter by hand.
Girls automatically visualize you writing the letter and appreciate it.
A simple card isn't bad either but a letter usually works better.
Don't be lazy; it's only a once-a-year thing.

Pronunciation Tips

1. girlfriend this: "d"와 "th" 소리가 중복되어 (걸프렌드 디스 → 걸프렌디스)
2. trust: "tr" + 모음은 "ㅊ"처럼 발음하여 (트러스트 → 츄뤼스트)
3. judgment: 스펠링에 관계없이 (저쥐먼트)
4. read through: "d"와 "th" 소리가 중복되어 (뤼드 뜨루 → 뤼뜨루)
5. hand-written: "nd wr" 중 가운데 "d"가 약화되고, "튼" 소리는 "은"처럼 발음하여 (핸드 뤼튼 → 핸뤗은)
6. tickets: (티켓츠 → 티킷츠)
7. handbag: "ndb" 중 가운데 "n"이 약화되어 (핸드백 → 핸백)
8. girls: "r"과 "l" 소리 모두 신경 써서 발음 할 것
9. appreciate it: "t"를 flap 처리하여 (어프뤼쉬애잇 잇 → 어프뤼쉬에이릿)
10. lazy: "z" 소리를 신경 써서 발음할 것

Step 2: Treat her like a queen.
Treat her to a spa, a nail shop, etc.
Then, take her to a romantic restaurant.
Treating her like a queen automatically makes you a king.

Step 3: Get her something that she's always wanted but couldn't afford.
That's right; give her a designer handbag.
Ask your female friends what brands are women's favorites.
Visit the nearest department stores and shop around.
Sales clerks can usually help you find one based on your budget and her age.
The gift might break the bank but imagine the look on her face when she opens it.

Step 4: Be her chef.
Instead of having the same boring Valentine's Day dinner, invite her over and cook for her.
Have dinner ready before she arrives.
Light up some candles, dim the lights, and there you have a one-of-a-kind romantic dinner.

Pronunciation Tips

11. queen: (퀸 → 쿠인)
12. treat her: "tr" + 모음은 "ㅊ"처럼 발음하고, "h"가 약화되고, "t"를 flap 처리하여 (트리트 헐 → 츄뤼럴)
13. get her: "h"가 약화되고, "t"를 flap 처리하여 (겟 헐 → 게럴)
14. wanted: "nt"가 붙어서 "t"가 약화되면 (원티드 → 워닛)
15. couldn't: (쿠든트 → 쿠른)
16. favorites: "f"와 "v" 소리를 모두 신경 써서 발음할 것
17. nearest department stores: "st d" 중 가운데 "t", "rtm" 중 가운데 "t", "nt s" 중 가운데 "t"가 모두 약화되어 (니어뤼스트 디팔트먼트 스토얼스 → 니어뤼스디팔먼스토얼스)
18. based on: "d"와 "on"이 붙어서 (베이스드 온 → 베이스던)
19. budget: (버젯 → 버쥇)
20. chef: (취프 → 셰프)
21. instead of: "d"를 flap 처리하여 (인스테드 오브 → 인스테럽)
22. invite her: "h"가 약화되고 "t"를 flap 처리하여 (인바이트 헐 → 인바이럴)
23. ready: "d"를 flap 처리하여 (뤠디 → 뤠리)
24. light up: "t"를 flap 처리하여 (라이트 업 → 라이럽)
25. one-of-a-kind: "f"와 "a"가 붙어서 (원 오브 어 카인드 → 원오버카인드)

Chapter 10

How to Speed Up Your Metabolism

훈련일지

First Training		y/m/d	:
Second Training		y/m/d	:
Third Training		y/m/d	:

Before You Start ▶▶ 페이지를 넘기기 전에 mp3 파일을 들어보세요. ▶ 02-10.mp3

훈련에 앞서 귀와 머리를 따끈하게 데워주는 단계입니다.
세부적 내용 파악보다는 전체적으로 어떤 이야기를 전하고 있는지 음성 파일을 들으며 추측해 봅니다.

Step 1 Warm Yourself Up

본격적인 직청직해 훈련에 앞서, 생소한 표현을 직접 영작해 봄으로써 머리를 따끈하게 Warm-up합니다. 앞의 두 예문을 분석하고, 마지막 문장은 직접 채워 넣습니다.

Expressions & Example Sentences

1. boost something: ~을 신장시키다/ ~을 증가시키다

  A. 신진대사를 증가시키려면 주기적으로 먹어야 한다.
  You must eat on a regular basis if you want to boost your metabolism.

  B. 그 새로운 아이디어가 매출을 증가시켰다. The new idea boosted sales.

  C. 이 음료가 너의 에너지를 끌어올려줄 거야. _____

2. in no time: 아주 곧

  A. 쇼가 곧 시작됩니다. The show is starting in no time.

  B. 난 거기 아주 금방 갈 수 있어. I can get there in no time.

  C. 우리의 CEO가 곧 이 오피스를 방문할 것입니다. _____

3. contrary to: ~과는 정반대로

  A. 그녀의 기대와는 정반대로, 그는 그 파티에 나타나지 않았다.
  Contrary to her expectation, he did not show up to the party.

  B. 많은 사람들의 생각과는 반대로, 인삼을 너무 많이 먹는 것은 건강에 좋지 않다.
  Contrary to popular belief, eating too much ginseng is not good for health.

  C. 많은 사람들의 생각과는 반대로, 남자들은 로맨틱하다. _____

4. for emergency use: 비상용으로

  A. 이 배터리를 비상용으로 가지고 있어. Keep this battery for emergency use.

  B. 그 열쇠들을 비상용으로 가지고 있을래. I want those keys for emergency use.

  C. 이 전화기를 비상용으로 가지고 있어. _____

5. cut down on something/-ing: ~을 줄이다/ ~하는 것을 줄이다

  A. 이번 달 지출을 줄여야 해. We should cut down on expenses this month.

  B. 지방이 많은 음식을 줄이는 게 좋을 거야. You'd better cut down on fatty food.

  C. 제발 술 마시는 것을 줄이세요. _____

6. take a nap: 낮잠을 자다

A. Theresa는 한 시간 동안 낮잠을 잤다. Theresa took a nap for an hour.

B. 낮잠을 자서 얼굴이 퉁퉁 부었다. My face is all puffy because I took a nap.

C. 피곤하면, 낮잠을 자렴. _____

7. on a daily basis: 매일

A. 이 식물에 매일 물을 줘라. Water this plant on a daily basis.

B. 나는 매일 운동을 한다. I work out on a daily basis.

C. Liz는 영어를 공부를 매일 합니다. _____

8. unless: ~하지 않는 이상/ ~이 아닌 이상

A. 네가 이걸 원치 않는 이상 내가 먹을게. Unless you want this, I'll eat it.

B. 그가 네게 먼저 전화하지 않는 이상, 그에게 전화하지 마. Don't call him unless he calls you first.

C. 이 지갑이 네 것이 아닌 이상, 선생님께 그걸 드려. _____

Key Vocabulary 훈련에 앞서 필요한 핵심어들을 큰소리로 읽어봅니다.

- metabolism = 신진대사
- dieter = 다이어트를 하는 사람
- slow down = 늦추다
- skip a meal = 식사를 거르다
- reserve = 남겨두다

Step 2 Super Listening Training 직청직해 훈련

 02-10-slt.mp3 파일 활용

긴 문장을 소리만 듣는 것이 아닌, "이해"를 하려면 어순대로 실시간 직청직해하는 것만이 진리입니다.
이 단계에서는 **Speedy**한 훈련을 위해 **SLT**에 도전합니다.
1. 반복되는 의미 절을 들으며 어순대로 질문에 답하고 진행합니다.
2. 답은 영어 혹은 한글 중 더 편하고 빠르게 떠오르는 것으로 합니다.
3. 모르는 답은 들리는 대로라도 최대한 추측하여 채워 넣습니다.
   예시 지문: I bumped into my girlfriend. ➜ 예시 답 1: 나는 …했다 내 여자친구에게.
   예시 답 2: I bumped into … girlfriend.
   예시 답 3: I 범프 … my girlfriend.
4. 마지막으로 통문장을 담고 있는 mp3 파일을 들어본 후, 다음 문장으로 넘어갑니다.

🎧 **1**
1-a 무엇은?

1-b 무엇 한다?

🎧 **2**
2-a 무엇 하라?

2-b 무엇으로?

2-c 그리고?

2-d 어떻게?

🎧 **3**
3-a 필요한 것은 무엇이다?

3-b 또?

3-c 또?

3-d 또?

3-e 그리고?

🎧 **4**
4-a 무엇 하라?

🎧 **5**
5-a 어떻게?

5-b 무엇은?

5-c 어떻다?

5-d 무엇을 위해?

6 **6-a** 무엇 할 것이다?

6-b 무엇에?

7 **7-a** 그래도 무엇 하라?

7-b 무엇 하지 않게?

8 **8-a** 무엇 하지 마라?

9 **9-a** 누구는?

9-b 무엇 하는 것이?

9-c 무엇 할 것이라고?

9-d 무엇 하게?

9-e 하지만?

10 **10-a** 무엇 하면?

10-b 무엇 한다?

10-c 무엇으로?

11 **11-a** 무엇 한다?

11-b 무엇을?

11-c 어떤 용으로?

12 **12-a** 무엇 하라?

12-b 무엇을?

🎧 **13** **13-a** 무엇 한다?

13-b 무엇이라고?

13-c 무엇보다?

13-d 무엇을 위해?

🎧 **14** **14-a** 무엇 하라?

14-b 예를 들어?

14-c 또?

14-d 또?

14-e 그리고?

🎧 **15** **15-a** 무엇 하라?

15-b 언제?

🎧 **16** **16-a** 무엇 하는 것은?

16-b 얼마 동안?

16-c 무엇 할 것이다?

16-d 무엇을?

16-e 어떻게?

🎧 **17** **17-a** 무엇 하라?

17-b 언제?

🎧 **18** **18-a** 무엇 하라?

18-b 어떻게?

🎧 **19**　19-a 무엇 하는 것은?

19-b 얼마 동안?

19-c 무엇 할 것이다?

19-d 얼마 동안?

🎧 **20**　20-a 무엇은?

20-b 어떻다?

20-c 무엇 하는 것만큼?

20-d 어떻게?

🎧 **21**　21-a 무엇 하지 마라?

21-b 무엇을?

🎧 **22**　22-a 어떻다?

22-b 어떻게?

22-c 무엇 하지 않는 이상?

22-d 얼마 동안?

🎧 **23**　23-a 어떠면?

23-b 무엇 한다?

23-c 어떻게?

Step 3 Listen Again and Confirm

스크립트를 전체적으로 다시 들어보며 전체적인 흐름과 내용을 재확인합니다.

Chapter **10** 133

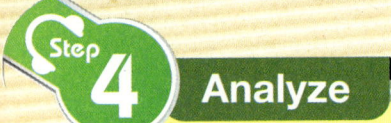

Analyze

스크립트 분석을 통하여, 어휘, 문법, 덩어리 표현, 문화, 뉘앙스 등을 고르게 파악합니다.

How to Speed up Your Metabolism

A slow [1]**metabolism** means slow weight loss.
Boost your metabolism with these tips and lose weight in no time.

Requirements:
Cold showers
A good breakfast
A low-[2]**carb** diet
Regular exercise
And [3]**weight lifting**

Step 1: Take a cold shower.
Contrary to [4]**popular belief**, cold water is actually better for [5]**blood circulation**.
It will [6]**speed up** your metabolism.
Be careful [7]**not to have** a heart attack, [8]**though**.

Step 2: Never skip a meal.
Many dieters think not eating will help them lose weight but it's actually the opposite.
If you skip a meal, your body goes into something called a Fasting Mode.
It means that your body will reserve fat for emergency use.

Step 3: Cut down on carbohydrates.
Research indicates that eating a steak is better than eating bread for your diet.
Avoid white foods, such as bread, rice, noodles, [9]**and so on**.

Step 4: Stay awake during the day.
Taking a nap for too long will slow down your metabolism [10]**significantly**.
Also, move after every meal.

Step 5: [11]**Work out** on a daily basis.
Working out for 40 minutes to an hour will keep your metabolism high for hours.
Daily exercise can be as easy as simply walking [12]**at a fast pace**.

Step 6: Don't [13]**be afraid of lifting** weights.
It's not going to make you [14]**muscular** unless you do it [15]**intensively** for a long period of time.
If you have more muscle, your body burns fat faster.

Analysis

1. metabolism = 신진대사
2. carb = carbohydrate = 탄수화물
3. weight lifting: 흔히 우리가 "웨이트 트레이닝"이라고 부르는 기구를 이용한 근력 운동
4. popular belief = 많은 사람들이 사실이라고 생각하는 것
5. blood circulation = 혈액순환
6. speed up: "~에 속도를 더하다"로 해석되며 반대 의미의 표현은 "slow down"
7. not to have: "to 부정사"를 부정하려면 "to" 앞에 "not"을 붙임
8. though: 문장 뒤에 위치하여 "그런데/그래도/그러나" 정도로 해석
9. and so on = etc = et cetera = and so forth = 기타 등등
10. significantly: 여기서는 "중요하게"가 아닌 "상당히"로 해석
11. work out = exercise = 운동하다
12. at a fast pace: "pace"는 "속도"로 해석되어 "at a face pace"는 "빠른 속도로"라고 해석
13. be afraid of lifting: "be afraid of -ing"는 "-ing하는 것을 겁내다"로 해석
14. muscular = 근육질의/ 근육의
15. intensively = 집중적으로/ 강하게

Speed Note-Taking

 02-10.mp3

- 스크립트를 1회 들어보며 내용의 핵심이 되는 부분을 최대한 빠르게 노트합니다.
- 스크립트 전체를 받아쓰기할 시간이 없으므로, 핵심 단어 위주로 전략적인 Note-Taking을 합니다.

Step 6 Key Questions

Note-Taking한 것을 바탕으로 문제를 풉니다. 제한 시간은 문제당 30초입니다.

1. What is NOT needed to lose weight quickly?

　　A. Skipping a meal

　　B. Daily exercise

　　C. Cold showers

　　D. A good breakfast

2. What does cold water do?

　　A. It slows down your metabolism.

　　B. It cuts off blood circulation.

　　C. It boosts your metabolism.

　　D. It prevents you from having a heart attack.

3. What is recommended for your diet?

　　A. A steak

　　B. White bread

　　C. Noodles

　　D. Rice

4. What happens if you skip a meal?

　　A. You will lose weight quickly.

　　B. Your body will reserve fat.

　　C. It will boost your metabolism.

　　D. Your body will burn fat faster.

Step 7 Read It Out Loud

낭독훈련을 통해 발음을 교정하고 자연스럽게 문장 구조에 익숙해지는 단계입니다.
1회: 발음과 Pace가 완벽하지 않더라도 너무 느리지 않게 그리고 크게 읽습니다.
2회: Pronunciation Tips를 이용하여 단어 및 연음 단위로 연습합니다.
3회: 훈련한 발음을 신경 써서 스크립트 전체를 읽습니다.
4회: 전체적으로 발음에 신경 쓰며 앞보다 빠른 Pace로 한 번 낭독합니다.
5회: Native Speaker의 음성을 들으며 최대한 같은 속도로 동시에 낭독합니다.

파란색: 단어 / 빨간색: 연음

How to Speed up Your Metabolism

A slow metabolism means slow weight loss.
Boost your metabolism with these tips and lose weight in no time.

Requirements:
Cold showers
A good breakfast
A low-carb diet
Regular exercise
And weight lifting

Step 1: Take a cold shower.
Contrary to popular belief, cold water is actually better for blood circulation.
It will speed up your metabolism.
Be careful not to have a heart attack, though.

Pronunciation Tips

1. metabolism: "ta"에 강세를 주어 발음할 것
2. loss: (로쓰 → 러쓰)
3. with these: "th" 소리가 중복되어 (위드 디즈 → 윗디즈)
4. cold showers: "ld sh" 중 가운데 "d"가 약화되어 (콜드 샤월스 → 콜샤월스)
5. diet: (다이어트 → 다이엣)
6. contrary: "tr" + 모음은 "ㅊ"처럼 발음하여 (컨트뤄뤼 → 칸츄뤠뤼)
7. cold water: "ld w" 중 가운데 "d"가 약화되어 (콜드 워럴 → 콜워럴)
8. actually: "t"에 힘을 살짝 빼고 발음 하여 (액츄얼리 → 액슈얼리)
9. speed up: "d"를 flap 처리하여 (스피드 업 → 스피럽)
10. careful: "r"과 "l" 모두 신경 써서 발음할 것
11. heart attack: "r" 뒤의 "t"를 flap 처리하여 (할트 어택 → 할러택)

Step 2: Never skip a meal.

Many dieters think not eating will help them lose weight but it's actually the opposite.

If you skip a meal, your body goes into something called a Fasting Mode.

It means that your body will reserve fat for emergency use.

Step 3: Cut down on carbohydrates.

Research indicates that eating a steak is better than eating bread for your diet.

Avoid white foods, such as bread, rice, noodles, and so on.

Step 4: Stay awake during the day.

Taking a nap for too long will slow down your metabolism significantly.

Also, move after every meal.

Step 5: Work out on a daily basis.

Working out for 40 minutes to an hour will keep your metabolism high for hours.

Daily exercise can be as easy as simply walking at a fast pace.

Step 6: Don't be afraid of lifting weights.

It's not going to make you muscular unless you do it intensively for a long period of time.

If you have more muscle, your body burns fat faster.

Pronunciation Tips

12. dieters: "t"를 flap 처리하여 (다이에털스 → 다이에럴스)
13. the: 모음소리 앞에서는 "디"로 발음
14. opposite: 첫 "o"에 강세를 주고 발음하여 (오포짓 → 아퍼짓)
15. use: 명사로 쓰였으므로 (유즈 → 유스)
16. white: (화이트 → 와잇)
17. noodles: "d"를 flap 처리하여 (누들스 → 누를스)
18. long: 입을 조금만 벌려서 (롱 → 렁)
19. significantly: "ni"에 강세를 주고 발음하여 (씨그니피컨틀리 → 씨그니피컨리)
20. fast pace: "st p" 중 가운데 "t"가 약화되고, "f"와 "p"를 잘 구분하여 (패스트 페이스 → 패스페이스)
21. afraid of: "f" 발음에 유의하고, "d"를 flap 처리하여 (어프래이드 오브 → 어프래이럽)
22. period of: "d"를 flap 처리하여 (피리어드 오브 → 피리어럽)
23. muscle: "mu"에 강세를 주고 발음하여 (머슬 → 멋쓸)
24. body: "d"를 flap 처리하여 (바디 → 바리)
25. burns: "r" 소리를 신경 써서 발음할 것

Chapter 11

How to Make Yogurt

훈련일지

First Training	y/m/d	:
Second Training	y/m/d	:
Third Training	y/m/d	:

 페이지를 넘기기 전에 mp3 파일을 들어보세요. ▶ 02-11.mp3

훈련에 앞서 귀와 머리를 따끈하게 데워주는 단계입니다.
세부적 내용 파악보다는 전체적으로 어떤 이야기를 전하고 있는지 음성 파일을 들으며 추측해 봅니다.

Step 1 Warm Yourself Up

본격적인 직청직해 훈련에 앞서, 생소한 표현을 직접 영작해 봄으로써 머리를 따끈하게 Warm-up합니다. 앞의 두 예문을 분석하고, 마지막 문장은 직접 채워 넣습니다.

Expressions & Example Sentences

1. Fahrenheit: 화씨의

　A. 이것을 화씨 300도에서 구우세요. Bake this at 300 degrees Fahrenheit.

　B. 오늘의 기온은 거의 화씨 100도에 가까웠다. Today's temperature was nearly 100 degrees Fahrenheit.

　C. 이 수프를 화씨 150도에서 데우세요. _____

2. peace of mind: 마음의 평안

　A. 나는 하루 종일 마음이 편했다. I had peace of mind all day long.

　B. 나는 하루라도 마음의 평화를 원해. I want peace of mind for at least one day.

　C. 그 경찰은 내게 마음의 평안을 주었다. _____

3. cool something down: ~을 식히다

　A. 엔진을 식혔니? Did you cool down the engine?

　B. 그것을 약간만 식혀봐. Cool it down a little bit.

　C. 이 뜨거운 물을 5분간 식혀라. _____

4. mix in something: ~을 넣고 섞다

　A. 아이스크림과 우유를 넣고 섞어라. Mix in some ice cream and milk.

　B. 나는 다양한 종류의 견과를 넣고 섞어봤다. I mixed in many different nuts.

　C. 그 빨간 페인트를 넣고 섞어라. _____

5. up to something: 최대 ~까지

　A. 나는 최대 피자 일곱 조각까지 먹을 수 있어. I can eat up to 7 slices of pizza.

　B. 최대 80%까지 할인해드릴 수 있어요. I can give you a discount of up to 80%.

　C. 나는 너에게 최대 5시간까지 줄 수 있어. _____

6. nice and 형용사: 매우 형용사한 (긍정적인 의미를 부여할 때 사용)

　A. 그녀의 피부는 매우 부드럽다. Her skin is nice and smooth.

　B. 그 부자의 방은 매우 컸다. The rich man's room was nice and big.

　C. 이 카페는 매우 조용해. _____

7. a variety of: 다양한

   A. 이 아이스크림은 맛이 다양해요. This ice cream has a variety of tastes.

   B. 다양한 자동차가 전시되어 있었다. A variety of cars were on display.

   C. 그녀는 다양한 아이디어를 가지고 있다. _____

Key Vocabulary 훈련에 앞서 필요한 핵심어들을 큰소리로 읽어봅니다.

- quart = 쿼트(액량 단위: 영국에서는 약 1.14ℓ, 미국에서는 약 0.94ℓ)
- mixture = 섞은 것, 혼합물
- serve = 음식을 상에 내다
- container = 용기, 그릇
- refrigerate = 냉장하다

Step 2 Super Listening Training 직청직해 훈련

긴 문장을 소리만 듣는 것이 아닌, "이해"를 하려면 어순대로 실시간 직청직해하는 것만이 진리입니다.
이 단계에서는 **Speedy**한 훈련을 위해 **SLT**에 도전합니다.

1. 반복되는 의미 절을 들으며 어순대로 질문에 답하고 진행합니다.
2. 답은 영어 혹은 한글 중 더 편하고 빠르게 떠오르는 것으로 합니다.
3. 모르는 답은 들리는 대로라도 최대한 추측하여 채워 넣습니다.
   예시 지문: I bumped into my girlfriend. ➔ 예시 답 1: 나는 …했다 내 여자친구에게.
   예시 답 2: I bumped into … girlfriend.
   예시 답 3: I 범프 … my girlfriend.
4. 마지막으로 통문장을 담고 있는 mp3 파일을 들어본 후, 다음 문장으로 넘어갑니다.

1   **1-a** 무엇 하라?

     1-b 그리고?

     1-c 누구에게?

2   **2-a** 무엇 할 것이다?

     2-b 어떻다는 것에?

     2-c 어떻게 된?

3   **3-a** 무엇이다?

4   **4-a** 필요한 것은 무엇이다?

     4-b 또?

     4-c 또?

     4-d 또?

     4-e 또?

     4-f 그리고?

5   **5-a** 무엇 하라?

     5-b 어디에?

🎧 **6** **6-a** 무엇 하라?

　　　6-b 몇 도로?

　　　6-c 그리고 나서?

　　　6-d 몇 도로?

🎧 **7** **7-a** 무엇 해도 된다?

🎧 **8** **8-a** 무엇 하라?

　　　8-b 무엇을?

🎧 **9** **9-a** 무엇 하라?

　　　9-b 무엇을?

　　　9-c 어디에?

　　　9-d 그리고?

　　　9-e 언제까지?

🎧 **10** **10-a** 어떻다?

　　　10-b 무엇 하는 것은?

　　　10-c 어디로부터?

🎧 **11** **11-a** 무엇 하라?

　　　11-b 어디를?

　　　11-c 혹은 무엇 하라?

🎧 **12** 12-a 무엇 하라?

🎧 **13** 13-a 무엇 하라?

　　　13-b 어디에?

　　　13-c 무엇 하기 위해?

🎧 **14** 14-a 무엇 하라?

　　　14-b 어디에?

　　　14-c 그리고?

　　　14-d 무엇으로?

🎧 **15** 15-a 무엇 하라?

　　　15-b 얼마 동안?

🎧 **16** 16-a 어떻게 될 것이다?

🎧 **17** 17-a 무엇 하라?

🎧 **18** 18-a 무엇 하라?

　　　18-b 언제?

🎧 **19** 19-a 어떻다?

　　　19-b 언제?

20-a 무엇 해도 된다?

20-b 무엇을?

20-c 무엇을 위해?

 **Listen Again and Confirm**

스크립트를 전체적으로 다시 들어보며 전체적인 흐름과 내용을 재확인합니다.

Analyze

스크립트 분석을 통하여, 어휘, 문법, 덩어리 표현, 문화, 뉘앙스 등을 고르게 파악합니다.

How to Make Yogurt

Make your own homemade yogurt and [1]**serve** it to your [2]**loved ones.**
You will have peace of mind that there are no [3]**artificial flavors** included.
It's such a great, healthy dessert.

Requirements:
1 quart of milk
1/4 cup of yogurt [4]**culture**
Some fruit or cereal
A clean container
[5]**A heating pad** and a towel
And a [6]**fridge**

Step 1: Pour the milk into a large pot.
Heat the milk to 185 degrees [7]**Fahrenheit** and then cool it down to 110 degrees.
You may use any type of milk.

Step 2: Mix in yogurt culture.
Pour [8]**unflavored** active yogurt culture into the heated milk and [9]**stir** the mixture until it's [10]**thoroughly** [11]**blended**.
It's not easy to get yogurt culture from a local store.
Check out an [12]**organic** food store or [13]**shop** online.

Step 3: [14]**Incubate** it.
Pour the mixture into a clean container to incubate it.
[15]**Set** the container on a heating pad and cover it with a towel.

Step 4: Wait for up to 12 hours.
Yogurt will become nice and firm.
Please be patient.

Step 5: Refrigerate it before serving.
Yogurt tastes best when it's cold.
You may add some fruit or cereal for a variety of flavor.

Analysis

1. serve = 서빙하다/ 음식 등을 제공하다
2. loved ones: "사랑하는 이들"로 해석하며, 대게 "가족들/ 자식들"을 많이 나타냄
3. artificial flavors: "artificial"은 "인공적인", "flavor"는 "맛/ 향"이란 뜻으로, 합쳐서 "인공조미료" 정도로 해석
4. culture: "문화"가 아닌 "배양균"으로 해석
5. a heating pad = 전기장판
6. fridge: "냉장고"라는 뜻이며, "refrigerator"보다 구어체에서 빈도가 훨씬 높음
7. Fahrenheit: "화씨의"라는 뜻이며, 반대말은 "Celsius = 섭씨의"
8. unflavored = 맛을 내지 않은
9. stir = 휘젓다
10. thoroughly = 골고루/ 철저히
11. blended: "blend"는 "섞다"로 해석
12. organic = 유기농의
13. shop = "가게"라는 뜻의 명사에서 발전하여 "사다, 쇼핑하다"라는 의미의 동사로도 쓰임
14. incubate = 균 등을 배양하다
15. set: 여기서는 "두다"로 해석

Speed Note-Taking

- 스크립트를 1회 들어보며 내용의 핵심이 되는 부분을 최대한 빠르게 노트합니다.
- 스크립트 전체를 받아쓰기할 시간이 없으므로, 핵심 단어 위주로 전략적인 Note-Taking을 합니다.

Step 6 Key Questions

Note-Taking한 것을 바탕으로 문제를 풉니다. 제한 시간은 문제당 30초입니다.

1. **What is NOT required to make yogurt?**

    A. Milk

    B. Culture

    C. A container

    D. Syrup

2. **What can you use to incubate yogurt culture?**

    A. A microwave

    B. A heating pad

    C. A refrigerator

    D. A dryer

3. **Why should you refrigerate yogurt?**

    A. Because yogurt turns into water if you don't.

    B. Because yogurt tastes best when it's cold.

    C. Because cold temperature makes yogurt smooth.

    D. Because it helps incubate yogurt culture.

4. **For how long should you leave the container with yogurt on the heating pad?**

    A. For more than 12 hours

    B. For up to 12 hours

    C. For more than a day

    D. For up to a day

Read It Out Loud

낭독훈련을 통해 발음을 교정하고 자연스럽게 문장 구조에 익숙해지는 단계입니다.
1회: 발음과 Pace가 완벽하지 않더라도 너무 느리지 않게 그리고 크게 읽습니다.
2회: Pronunciation Tips를 이용하여 단어 및 연음 단위로 연습합니다.
3회: 훈련한 발음을 신경 써서 스크립트 전체를 읽습니다.
4회: 전체적으로 발음에 신경 쓰며 앞보다 빠른 Pace로 한 번 낭독합니다.
5회: Native Speaker의 음성을 들으며 최대한 같은 속도로 동시에 낭독합니다.

파란색: 단어 / 빨간색: 연음

How to Make Yogurt

Make your own homemade yogurt and serve it to your loved ones.
You will have peace of mind that there are no artificial flavors included.
It's such a great, healthy dessert.

Requirements:
1 quart of milk
1/4 cup of yogurt culture
Some fruit or cereal
A clean container
A heating pad and a towel
And a fridge

Step 1: Pour the milk into a large pot.
Heat the milk to 185 degrees Fahrenheit and then cool it down to 110 degrees.
You may use any type of milk.

Pronunciation Tips

1. yogurt: (요구르트 → 요걸트)
2. serve it: "ve"와 "it"이 붙어서 (썰브 잇 → 썰빗)
3. peace: "ea"는 입을 옆으로 벌려서 발음할 것
4. artificial: "t"를 flap 처리하여 (알티피셜 → 알리피셜)
5. included: "d"를 flap 처리하여 (인클루디드 → 인클루릿)
6. dessert: "ser"에 강세를 주어 (디저트 → 디절트)
7. quart of: "t"를 flap 처리하여 (쿼트 오브 → 쿼럽)
8. milk: "l"을 신경 써서 발음할 것
9. 1/4: "a quarter" 혹은 "one quarter"로 읽음
10. cup of: "p"와 "of"가 붙어서 (컵 오브 → 커펍)
11. culture: "l"과 "r"을 모두 신경 써서 발음할 것
12. heating: "t"를 flap 처리하여 (히팅 → 히링)
13. Fahrenheit: "f"를 신경 써서 발음 하여 (파뤤하이트 → 패륀하잇)

Chapter 11 149

Step 2: Mix in yogurt culture.
Pour unflavored active yogurt culture into the heated milk and stir the mixture until it's thoroughly blended.
It's not easy to get yogurt culture from a local store.
Check out an organic food store or shop online.

Step 3: Incubate it.
Pour the mixture into a clean container to incubate it.
Set the container on a heating pad and cover it with a towel.

Step 4: Wait for up to 12 hours.
Yogurt will become nice and firm.
Please be patient.

Step 5: Refrigerate it before serving.
Yogurt tastes best when it's cold.
You may add some fruit or cereal for a variety of flavor.

Pronunciation Tips

14. mix in: "x"와 "in"이 붙어서 (믹스 인 → 믹씬)
15. yogurt culture: "rt c" 중 "t"가 약화되어 (요걸트 컬철 → 요걸컬철)
16. thoroughly: "th"를 신경 써서 발음할 것
17. online: (온라인 → 언라인)
18. incubate it: "t"를 flap 처리하여 (인큐배이트 잇 → 인큐배이릿)
19. firm: "r"을 신경 써서 발음할 것
20. refrigerate it: "t"를 flap 처리하고, "f"를 신경 써서 발음하여 (뤼프뤼져뤠잇 잇 → 뤼프뤼져뤠이릿)
21. yogurt tastes: "t"가 중복되어 (요걸트 태이스츠 → 요걸태이스츠)
22. variety: "t"를 flap 처리하여 (버라이어티 → 버롸이어리)

How to Ace a Job Interview

훈련일지

First Training	y/m/d	:
Second Training	y/m/d	:
Third Training	y/m/d	:

 페이지를 넘기기 전에 mp3 파일을 들어보세요. 　02-12.mp3

훈련에 앞서 귀와 머리를 따끈하게 데워주는 단계입니다.
세부적 내용 파악보다는 전체적으로 어떤 이야기를 전하고 있는지 음성 파일을 들으며 추측해 봅니다.

Step 1 Warm Yourself Up

본격적인 직청직해 훈련에 앞서, 생소한 표현을 직접 영작해 봄으로써 머리를 따끈하게 Warm-up합니다. 앞의 두 예문을 분석하고, 마지막 문장은 직접 채워 넣습니다.

Expressions & Example Sentences

1. sell oneself: 스스로를 홍보하다

A. 그 일자리를 얻기 위해선 스스로를 홍보해야 한다. You must sell yourself to get that job.

B. 네 자신을 홍보하지 않으면 아무도 널 원하지 않을 거야.
No one's going to want you if you don't sell yourself.

C. 그 인터뷰에서 네 자신을 적극적으로 홍보해라. _____

2. the 비교급, the 비교급: 더 비교급 할수록, 더 비교급 하다

A. 네가 많이 말할수록, 그녀는 더 화를 낼 거야. The more you talk, the angrier she'll get.

B. 더 많이 술을 마실수록, 넌 더 기분이 나빠질 거야. The more you drink, the worse you'll feel.

C. 더 빨리 움직일수록, 넌 더 피곤해질 거야. _____

3. on one's way to: ~로 가는 도중에/ ~로 가는 도중인

A. 학교로 가는 길에 나를 태워줄 수 있어? Can you pick me up on your way to school?

B. 여기로 오는 길에 내게 전화해. Call me on your way here.

C. 나는 출근하는 길에 내 상사에게 전화했다. _____

4. break down: ~이 망가지다

A. 여기 오는 길에 차가 망가졌어. My car broke down on my way here.

B. 네 자동차가 망가지기 전에 팔아. Sell your car before it breaks down.

C. 이 기계는 쉽게 망가진다. _____

5. crack a joke: 농담을 하다

A. 나는 그녀를 달래주기 위해 농담을 했다. I cracked a joke to cheer her up.

B. 네가 농담을 했을 때 그녀가 뭐라고 하디? What did she say when you cracked a joke?

C. 네 상사 앞에서는 절대 농담하지 마. _____

6. in the end: 결국에는

A. 그녀는 결국에는 내게 돌아올 것이다. She'll come back to me in the end.

B. 결국에는, 모든 것은 네게 달렸어. In the end, everything is up to you.

C. 우린 결국에는 모두 형제자매들이야. _____

7. be willing to: ~할 의향이 있다

A. 난 너를 도와줄 의향이 있어. I'm willing to help you.

B. 넌 내 파티에 올 의향이 있니? Are you willing to come to my party?

C. Eugene과 영어를 공부할 의향이 있니? _____

8. be familiar with something: ~에 익숙하다

A. 나는 그 용어에 익숙하지 않아요. I'm not familiar with that term.

B. 그녀는 그 새로운 시스템에 굉장히 익숙하다. She is very familiar with the new system.

C. 당신은 이 소프트웨어에 익숙한가요? _____

🎤 Key Vocabulary 훈련에 앞서 필요한 핵심어들을 큰소리로 읽어봅니다.

- □ detailed = 자세한
- □ attitude = 태도
- □ competitor = 경쟁자, 경쟁사
- □ well-prepared = 잘 준비된
- □ interpersonal = 대인관계의

Super Listening Training 직청직해 훈련

긴 문장을 소리만 듣는 것이 아닌, "이해"를 하려면 어순대로 실시간 직청직해하는 것만이 진리입니다.
이 단계에서는 **Speedy**한 훈련을 위해 **SLT**에 도전합니다.

1. 반복되는 의미 절을 들으며 어순대로 질문에 답하고 진행합니다.
2. 답은 영어 혹은 한글 중 더 편하고 빠르게 떠오르는 것으로 합니다.
3. 모르는 답은 들리는 대로라도 최대한 추측하여 채워 넣습니다.
   예시 지문: I bumped into my girlfriend. ➔ 예시 답 1: 나는 …했다 내 여자친구에게.
   　　　　　　　　　　　　　　　　　　　　예시 답 2: I bumped into … girlfriend.
   　　　　　　　　　　　　　　　　　　　　예시 답 3: I 범프 … my girlfriend.
4. 마지막으로 통문장을 담고 있는 mp3 파일을 들어본 후, 다음 문장으로 넘어갑니다.

1   **1-a** 무엇 하지 마라?

      1-b 무엇에 대해?

2   **2-a** 무엇 하라?

      2-b 그리고?

3   **3-a** 필요한 것은 무엇이다?

      3-b 또?

      3-c 또?

      3-d 또?

      3-e 또?

      3-f 그리고?

4   **4-a** 무엇 하라?

5   **5-a** 무엇 하라?

      5-b 무엇 하기 위해?

      5-c 무엇에 대한?

      5-d 예를 들어?

5-e 또?

5-f 또?

5-g 그리고?

🎧 6 **6-a** 무엇 할수록?

6-b 무엇 하다?

🎧 7 **7-a** 무엇 하라?

🎧 8 **8-a** 무엇 한다?

8-b 무엇을?

8-c 언제?

🎧 9 **9-a** 어떻다?

9-b 어떤지?

9-c 아니면 어땠는지?

🎧 10 **10-a** 무엇 하라?

10-b 그리고?

10-c 언제?

🎧 11 **11-a** 무엇 하라?

11-b 무엇을?

🎧 **12** **12-a** 무엇은?

　　　　12-a 어떨 필요는 없다?

🎧 **13** **13-a** 무엇 하라?

　　　　13-b 언제?

　　　　13-c 그리고?

　　　　13-d 무엇을?

🎧 **14** **14-a** 어때라?

🎧 **15** **15-a** 무엇 하라?

　　　　15-b 어떻다면?

🎧 **16** **16-a** 언제는?

　　　　16-b 어떻다?

　　　　16-c 누구처럼?

🎧 **17** **17-a** 누가?

　　　　17-b 무엇 한다?

　　　　17-c 무엇을?

　　　　17-d 언제?

🎧 **18** **18-a** 무엇 하라?

　　　　18-b 무엇의?

🎧 **19**   **19-a** 무엇 하라?

　　　　 19-b 언제?

🎧 **20**   **20-a** 어떨지라도?

　　　　 20-b 어떻다?

　　　　 20-c 무엇을?

🎧 **21**   **21-a** 무엇 하라?

🎧 **22**   **22-a** 무엇 하면?

　　　　 22-b 무엇을?

　　　　 22-c 무엇 하라?

　　　　 22-d 무엇을?

🎧 **23**   **23-a** 무엇은?

　　　　 23-b 무엇이다?

🎧 **24**   **24-a** 무엇 하라?

　　　　 24-b 무엇을?

🎧 **25**   **25-a** 무엇 하지 마라?

　　　　 25-b 무엇을?

Step 3 Listen Again and Confirm

스크립트를 전체적으로 다시 들어보며 전체적인 흐름과 내용을 재확인합니다.

Analyze

스크립트 분석을 통하여, 어휘, 문법, 덩어리 표현, 문화, 뉘앙스 등을 고르게 파악합니다.

How to Ace a Job Interview

Don't be nervous about your job interview.
Have some confidence and sell yourself.

Requirements:
Detailed knowledge about the company
A [1]**professional-looking** [2]**outfit**
Extra copies of your resume
A friendly attitude
Honesty
And a [3]**sincere** thank-you note

Step 1: Know the company.
Do your own research to get some [4]**essential** information about the company: what they [5]**specialize in**, recent news about the company, their major competitors, etc.
The more you know the better.

Step 2: Arrive early.
You never know what's going to happen on your way to the interview.
Interviewers don't care whether your train broke down, or there was [6]**a traffic jam**.
Give yourself enough time and arrive at least 30 minutes before the interview.

Step 3: Give yourself a professional [7]**look**.
Your [8]**dress** doesn't have to be [9]**a fancy one**.
[10]**Press** your suit the night before the interview and make sure your clothes are clean.

Step 4: Be [11]**human**.
Crack a light joke if you want to.
In the end, they are human beings too just like you.
More and more companies [12]**value** [13]**interpersonal skills** [14]**these days**.

Step 5: Bring some extra copies of your resume.
Offer to give one before the interview begins.
Even if the interviewer already has one, it shows them how well-prepared you are.

Step 6: Be honest.
If they ask you something you are not familiar with, tell them you're willing to learn.
[15]**Honesty is the best policy**.

Step 7: Send a sincere thank-you note.
Don't just sit and wait for a miracle to happen.

Analysis

1. professional-looking: "명사/형용사" + "looking"은 "명사/형용사 같아 보이는"으로 해석
2. outfit = clothes = 의상/ 옷
3. sincere = 진심 어린
4. essential = 필수의/ 기본적인
5. specialize in = ~을 전문적으로 다루다
6. a traffic jam = 교통체증
7. look = 스타일/ 외모/ 표정/ 모습
8. dress: 여성의 드레스뿐이 아닌 "옷"으로 해석
9. a fancy one: 여기서 "one"은 "dress"를 나타내며, "fancy"는 "화려한/ 값비싼"으로 해석됨
10. press: "누르다"가 아닌 "다림질하다"로 해석
11. human: "인간"이 아닌 "인간적인/ 인간미 있는"으로 해석
12. value = 가치 있다고 여기다/ 평가하다
13. interpersonal skills = 대인관계 능력
14. these days = nowadays = 요즈음
15. honesty is the best policy = 솔직함이 최선의 방책이다

 **Speed Note-Taking**

- 스크립트를 1회 들어보며 내용의 핵심이 되는 부분을 최대한 빠르게 노트합니다.
- 스크립트 전체를 받아쓰기할 시간이 없으므로, 핵심 단어 위주로 전략적인 Note-Taking을 합니다.

Step 6 Key Questions

Note-Taking한 것을 바탕으로 문제를 풉니다. 제한 시간은 문제당 30초입니다.

1. What is NOT helpful for a job interview?

   A. A professional-looking outfit

   B. A friendly attitude

   C. A thank-you email

   D. Exaggeration

2. Which one of the following do you NOT need to know about the company?

   A. What is happening to the company recently

   B. Who they compete against

   C. How successful the company is

   D. What the company's specialty is

3. Which of the following should you do before an interview?

   A. You should press your dress.

   B. You should buy fancy clothes.

   C. You should learn how to exaggerate yourself.

   D. You should buy a new dress.

4. Companies do NOT look for…

   A. Truthfulness

   B. Interpersonal skills

   C. Preparedness

   D. Dishonesty

Read It Out Loud

낭독훈련을 통해 발음을 교정하고 자연스럽게 문장 구조에 익숙해지는 단계입니다.

1회: 발음과 Pace가 완벽하지 않더라도 너무 느리지 않게 그리고 크게 읽습니다.
2회: Pronunciation Tips를 이용하여 단어 및 연음 단위로 연습합니다.
3회: 훈련한 발음을 신경 써서 스크립트 전체를 읽습니다.
4회: 전체적으로 발음에 신경 쓰며 앞서보다 빠른 Pace로 한 번 낭독합니다.
5회: Native Speaker의 음성을 들으며 최대한 같은 속도로 동시 낭독합니다.

파란색: 단어 / 빨간색: 연음

How to Ace a Job Interview

Don't be nervous about your job interview.
Have some confidence and sell yourself.

Requirements:
Detailed knowledge about the company
A professional-looking outfit
Extra copies of your resume
A friendly attitude
Honesty
And a sincere thank-you note

Step 1: Know the company.
Do your own research to get some essential information about the company: what they specialize in, recent news about the company, their major competitors, etc.
The more you know the better.

Pronunciation Tips

1. interview: "n"과 "t"가 붙어 "t"가 약화되면 (인터뷰 → 이너뷰)
2. confidence: "d"를 flap 처리하고, "f"를 신경 써서 발음 (칸피던스 → 칸피런스)
3. extra: "tr" + 모음은 "ㅊ"처럼 발음하여 (엑스트라 → 엑스츄롸)
4. resume: (뤼줌 → 뤠쥬메이)
5. friendly: "ndl" 중 가운데 "d"가 약화되어 (프렌들리 → 프렌리)
6. attitude: "tt"를 flap 처리하여 (애터튜드 → 애러튯)
7. specialize in: "ze"와 "in"이 붙어서 (스페셜라이즈 인 → 스페셜라이진)
8. recent news: "nt n" 중 가운데 "t"가 약화되어 (뤼쏜트 뉴스 → 뤼쏜뉴스)
9. competitors: "pe"에 강세를 주고, 두 개의 "t"를 모두 flap 처리하여 (컴페티털스 → 컴페리럴스)
10. etc.: "etc" 그대로 발음하거나 "et cetera"로 발음하여 (이티씨 혹은 에쎄러롸)

Step 2: Arrive early.

You never know what's going to happen on your way to the interview.

Interviewers don't care whether your train broke down, or there was a traffic jam.

Give yourself enough time and arrive at least 30 minutes before the interview.

Step 3: Give yourself a professional look.

Your dress doesn't have to be a fancy one.

Press your suit the night before the interview and make sure your clothes are clean.

Step 4: Be human.

Crack a light joke if you want to.

In the end, they are human beings too just like you.

More and more companies value interpersonal skills these days.

Step 5: Bring some extra copies of your resume.

Offer to give one before the interview begins.

Even if the interviewer already has one, it shows them how well-prepared you are.

Step 6: Be honest.

If they ask you something you are not familiar with, tell them you're willing to learn.

Honesty is the best policy.

Step 7: Send a sincere thank-you note.

Don't just sit and wait for a miracle to happen.

Pronunciation Tips

11. early: "r"과 "l"을 모두 신경 써서 발음 할 것
12. train: "tr" + 모음은 "ㅊ"처럼 발음하여 (트레인 → 츄뤠인)
13. trafflc: "tr" + 모음은 "ㅈ"처럼 발음하여 (트래픽 → 츄뤠픽)
14. yourself: "r"과 "l" 모두 신경 써서 발음할 것
15. dress: "dr" + 모음은 "ㅈ"처럼 발음하여 (드레스 → 쥬뤠스)
16. suit: (숏)
17. the: 모음소리 앞에서는 "디"로 발음할 것
18. just like: "st l" 중 가운데 "t"가 약화되어 (저스트 라이크 → 저슬라임)
19. offer to: "t"를 flap 처리하고, "f"를 신경 써서 발음하여 (어펄 투 → 어펄루)
20. already: "d"를 flap 처리하여 (올레디 → 얼뤠리)
21. familiar: (패밀리얼 → 퍼밀리얼)
22. learn: "r"을 신경 써서 발음할 것
23. best policy: "st p" 중 가운데 "t"가 약화되어 (베스트 팔러씨 → 베스팔러씨)
24. just sit: "st s" 중 가운데 "t"가 약화되어 (저스트 씻 → 저씻)
25. miracle: "mi"에 강세를 주어 발음할 것

Chapter 13

How to Teach Your Child to Read

훈련일지

First Training	y/m/d	:
Second Training	y/m/d	:
Third Training	y/m/d	:

 페이지를 넘기기 전에 mp3 파일을 들어보세요.

훈련에 앞서 귀와 머리를 따끈하게 데워주는 단계입니다.
세부적 내용 파악보다는 전체적으로 어떤 이야기를 전하고 있는지 음성 파일을 들으며 추측해 봅니다.

STEP 1 Warm Yourself Up

본격적인 직청직해 훈련에 앞서, 생소한 표현을 직접 영작해 봄으로써 머리를 따끈하게 Warm-up합니다. 앞의 두 예문을 분석하고, 마지막 문장은 직접 채워 넣습니다.

Expressions & Example Sentences

1. calm down: 침착하다/ 진정하다

A. 좀 침착하지 그러니? Why don't you calm down a little bit?

B. 나는 너무 화가 나서 진정할 수가 없었다. I was so mad that I couldn't calm down.

C. 네 남자친구를 보기 전에 침착해. _____

2. keep -ing: 계속 -ing 하다

A. 그 스토커는 내게 계속 전화했다. The stalker kept calling me.

B. 계속 내게 전화하면 경찰을 부르겠어. If you keep calling me, I'm going to call the police.

C. 그는 나를 계속 나를 쳐다봤어. _____

3. end up with 명사: 결국에는 명사와 함께하게 되다

A. Aaron은 결국 Alyssa와 결혼하게 되었다. Aaron ended up with Alyssa.

B. 공부 열심히 안 하면 결국 F를 받게 될 거야. If you don't study hard, you're going to end up with an F.

C. 나는 결국에는 내 전 여자친구와 함께하게 되었다. _____

4. point at something: ~을 가리키다

A. 그 아이는 그 단어를 가리켰다. The child pointed at the word.

B. 나를 가리키지 마! Don't point at me!

C. 그 외계인은 내 얼굴을 가리켰다. _____

5. be used to 명사/ -ing: ~에 익숙하다/ ~하는 것에 익숙하다 (be 대신 become/ get을 쓰면 '익숙해지다')

A. 나는 그녀의 말을 듣는 것에 익숙해. I'm used to listening to her.

B. 이 시스템에 금방 익숙해지실 거예요. You'll get used to this system soon.

C. 난 그의 영국 말씨에 익숙해졌다. _____

6. take something away: ~을 가져가다/ ~을 없애다/ ~을 빼다

A. 제 고통을 없애주세요. Please take away my pain.

B. 나에게서 그녀를 데려가지 마세요. Please don't take her away from me.

C. 경찰은 그의 무기를 가져갔다. _____

7. accordingly: 그에 맞추어/ 그에 따라서

   A. 피해를 살펴보고 그에 맞추어 청구를 하겠습니다.

   I will take a look at the damage and charge you accordingly.

   B. 나는 그에게 500달러를 냈고 그는 그에 맞추어 나를 대우해줬다.

   I paid him $500 and he treated me accordingly.

   C. 우리는 계획들을 세우고 그에 맞추어 행동해야 한다. _____

8. see if + that절: that절인지 확인해 봐

   A. 그가 아직 화가 나 있는지 확인해 봐. See if he's still mad.

   B. 가서 그녀가 내 편지를 받았는지 봐줘. Go see if she has received my letter please.

   C. 그가 너에게 거짓말을 하려는지 확인해 봐. _____

🎤 **Key Vocabulary** 훈련에 앞서 필요한 핵심어들을 큰소리로 읽어봅니다.

▫ expect = 기대하다   ▫ force = 강요하다   ▫ stuff = 것
▫ criticize = 비난하다, 나무라다   ▫ difference = 차이

Step 2 Super Listening Training 직청직해 훈련

긴 문장을 소리만 듣는 것이 아닌, "이해"를 하려면 어순대로 실시간 직청직해하는 것만이 진리입니다.
이 단계에서는 Speedy한 훈련을 위해 SLT에 도전합니다.
1. 반복되는 의미 절을 들으며 어순대로 질문에 답하고 진행합니다.
2. 답은 영어 혹은 한글 중 더 편하고 빠르게 떠오르는 것으로 합니다.
3. 모르는 답은 들리는 대로라도 최대한 추측하여 채워 넣습니다.
   예시 지문: I bumped into my girlfriend. ➡ 예시 답 1: 나는 …했다 내 여자친구에게.
   예시 답 2: I bumped into … girlfriend.
   예시 답 3: I 범프 … my girlfriend.
4. 마지막으로 통문장을 담고 있는 mp3 파일을 들어본 후, 다음 문장으로 넘어갑니다.

1-a 무엇 하고 있나?

1-b 누가 무엇 하기를?

1-c 무엇을?

2-a 무엇 하라?

2-b 얼마나?

3-a 무엇 할 수는 없다?

3-b 무엇 하라고?

4-a 무엇 해야 한다?

5-a 필요한 것은 무엇이다?

5-b 또?

5-c 또?

5-d 그리고?

5-e 마지막으로?

6-a 무엇 하라?

6-b 누구에게?

7-a 누가?

7-b 어떨 필요는 없다?

7-c 무엇을?

8-a 무엇 하라?

8-b 무엇을?

8-c 또?

8-d 그리고?

9-a 누구는?

9-b 누구로부터?

9-c 어떻다?

9-d 누구보다?

10-a 무엇 하라?

11-a 무엇이다?

11-b 무엇 하는?

11-c 무엇을?

12-a 무엇 하라?

12-b 누구에게?

12-c 언제까지?

🎧 **13** **13-a** 무엇 하라?

13-b 무엇을?

🎧 **14** **14-a** 무엇 하라?

🎧 **15** **15-a** 무엇 하라?

15-b 무엇 하면서?

🎧 **16** **16-a** 무엇은?

16-b 무엇일 것이다?

16-c 무엇을?

🎧 **17** **17-a** 무엇 하라?

17-b 어디에?

17-c 혹은?

🎧 **18** **18-a** 무엇 할 때에는?

18-b 무엇 하라?

18-c 무엇 하게?

18-d 무엇과?

🎧 **19** **19-a** 무엇 하라?

20 20-a 어떠면?

20-b 무엇에?

20-c 무엇 하라?

21 21-a 무엇 하라?

21-b 무엇을?

21-c 그리고?

21-d 어떤지를?

21-e 그리고 어떤지를?

22 22-a 무엇 하지 마라?

22-b 무엇 할지라도?

22-c 무엇을?

23 23-a 무엇은?

23-b 무엇이다?

23-c 무엇에 관해서라면?

Listen Again and Confirm

스크립트를 전체적으로 다시 들어보며 전체적인 흐름과 내용을 재확인합니다.

Analyze

스크립트 분석을 통하여, 어휘, 문법, 덩어리 표현, 문화, 뉘앙스 등을 고르게 파악합니다.

How to Teach Your Child to Read

Are you expecting your child to read The Wall Street Journal?
Calm down a little bit.
You can't force a little child to do anything.
¹**Rather**, you must be part of their reading experience.

Requirements:
²**Willingness** to talk to your child
Willingness to read to your child
Simple letters and words with pictures
And word games

Step 1: Keep talking to your child.
Your child doesn't have to understand everything you say.
Tell them what you are doing, why you are doing it, and what they are seeing.
Children who hear ³**things** from their parents end up with better language skills than ⁴**those who don't**.

Step 2: Read to your child.
This is one of the best ways to teach your child the target language.
Read a lot of ⁵**bedtime stories** to your child until they fall asleep.

Step 3: Teach them basic ⁶**stuff**.
Start with the alphabet.
Read the letters aloud while pointing at them.
The next step would be showing them how to read their name.
Put alphabet ⁷**magnets** on the ⁸**fridge** or where they can easily see them.
When playing with words, show ⁹**corresponding** pictures ¹⁰**so that** they can ¹¹**associate the pictures with the words**.

Step 4: Play word games.
Once they ¹²**become used to** basic letters and words, play word games with them.
Add or take away ¹³**a letter or two** and see if your child ¹⁴**recognizes** the difference and reads the word accordingly.
Never criticize your child even if he or she gives you the wrong answer.
¹⁵**Frustration** is the worst enemy when it comes to learning.

Analysis

1. rather = 차라리/ 오히려
2. willingness = 의향
3. things = 이런저런 것들
4. those who don't: 여기서는 "children who don't hear things from their parents"를 나타냄
5. bedtime stories = 잠자기 전에 아이들에게 읽어주는 동화 등의 이야기
6. stuff: "thing/ things"라는 의미의 구어체 단어
7. magnets = 자석
8. fridge = refrigerator = 냉장고
9. corresponding = 해당하는
10. so that + that절 = "that절 하도록"으로 해석
11. associate the pictures with the words: "associate A with B"는 "A를 B와 관련시키다/ 결부시키다/ 연상시키다"로 해석
12. become used to: "be used to = ~에 익숙하다"를 "used to = ~하곤 했다" 와 혼동하지 말 것
13. a letter or two: "a 명사 or two"는 "명사 한두 개 정도"로 해석
14. recognize = 인지하다/ 인정하다
15. frustration = 절망감

Speed Note-Taking

- 스크립트를 1회 들어보며 내용의 핵심이 되는 부분을 최대한 빠르게 노트합니다.
- 스크립트 전체를 받아쓰기할 시간이 없으므로, 핵심 단어 위주로 전략적인 Note-Taking을 합니다.

Step 6 Key Questions

Note-Taking한 것을 바탕으로 문제를 풉니다. 제한 시간은 문제당 30초입니다.

1. **What is NOT helpful to teach your child to read?**

    A. Talking to your child

    B. Playing word games with them

    C. Showing words with pictures

    D. Forcing your child to read

2. **Which one of the following is a great way to teach your child the target language?**

    A. Reading stories to your child before they fall asleep

    B. Expecting them to read magazines

    C. Correcting and criticizing their mistakes

    D. Letting them learn by themselves

3. **What is the purpose of showing pictures when playing with words?**

    A. To let your child have fun

    B. To help them relate the pictures to the words

    C. To help them associate the pictures with their characteristics

    D. To help them recognize differences in words

4. **If you criticize your child's mistakes, he or she will become**

    A. Angry

    B. Disappointed

    C. Confused

    D. Lonely

Read It Out Loud

낭독훈련을 통해 발음을 교정하고 자연스럽게 문장 구조에 익숙해지는 단계입니다.
1회: 발음과 Pace가 완벽하지 않더라도 너무 느리지 않게 그리고 크게 읽습니다.
2회: Pronunciation Tips를 이용하여 단어 및 연음 단위로 연습합니다.
3회: 훈련한 발음을 신경 써서 스크립트 전체를 읽습니다.
4회: 전체적으로 발음에 신경 쓰며 앞서보다 빠른 Pace로 한 번 낭독합니다.
5회: Native Speaker의 음성을 들으며 최대한 같은 속도로 동시 낭독합니다.

파란색: 단어 / 빨간색: 연음

How to Teach Your Child to Read

Are you expecting your child to read The Wall Street Journal?
Calm down a little bit.
You can't force a little child to do anything.
Rather, you must be part of their reading experience.

Requirements:
Willingness to talk to your child
Willingness to read to your child
Simple letters and words with pictures
And word games

Step 1: Keep talking to your child.
Your child doesn't have to understand everything you say.
Tell them what you are doing, why you are doing it, and what they are seeing.
Children who hear things from their parents end up with better language skills than those who don't.

Pronunciation Tips

1. street: "tr" + 모음은 "ㅊ"처럼 발음하여 (스트리트 → 스츄륏)
2. journal: "r"과 "l" 모두 신경 써서 발음 할 것
3. reading: "d"를 flap 처리하여 (리딩 → 뤼링)
4. read to: "d"와 "t"가 중복되어 (리드 투 → 뤼투)
5. letters: "tt"를 flap 처리하여 (레털스 → 레럴스)
6. word games: "rd g" 중 가운데 "d"가 약화되어 (월드 게임스 → 월게임스)
7. language: "la"에 강세를 주고, "ge"를 조금 약하게 발음하면 (랭귀지 → 랭구이쉬)

Chapter 13

Step 2: Read to your child.

This is one of the best ways to teach your child the target language.

Read a lot of bedtime stories to your child until they fall asleep.

Step 3: Teach them basic stuff.

Start with the alphabet.

Read the letters aloud while pointing at them.

The next step would be showing them how to read their name.

Put alphabet magnets on the fridge or where they can easily see them.

When playing with words, show corresponding pictures so that they can associate the pictures with the words.

Step 4: Play word games.

Once they become used to basic letters and words, play word games with them. Add or take away a letter or two and see if your child recognizes the difference and reads the word accordingly.

Never criticize your child even if he or she gives you the wrong answer.

Frustration is the worst enemy when it comes to learning.

Pronunciation Tips

8. best ways: 빠르게 읽으면 "st w" 중에 "t" 생략 (베스트 웨이스 → 베스웨이스)
9. target: (타겟 → 탈깃)
10. read a lot of: "d"와 "t" 모두 flap 처리하여 (리드 어 랏 오브 → 뤼럴라럽)
11. bedtime: "d"와 "t"가 중복되어 (베드타임 → 베타임)
12. basic: (베이직 → 베이씩)
13. stuff: "f" 소리를 신경 써서 발음할 것
14. start with: "rt w" 중 가운데 "t"가 약화되어 (스탈트 위드 → 스탈윗)
15. the: 모음소리 앞에서는 "디"로 발음할 것
16. alphabet: "ph"는 "f"처럼 발음할 것
17. read the: "d"와 "th"가 중복되어 (리드 더 → 뤼더)
18. pointing: "nt"가 붙어 있으므로 "t"를 약화시켜 (포인팅 → 포이닝)
19. next step: "xt s" 중 가운데 "t"가 약화되고, "x"와 "s"가 중복되어 (넥스트 스텝 → 넥스텝)
20. read their: "d"와 "th"가 중복되어 (리드 데얼 → 뤼데얼)
21. magnets: (마그넷츠 → 매그넛츠)
22. used to: "d"와 "t"가 중복되어 (유즈드 투 → 유즈투)
23. accordingly: "d"를 flap 처리하여 (어콜딩리 → 어콜링리)
24. criticize: "t"를 flap 처리하여 (크리티싸이즈 → 크리리싸이즈)
25. frustration: "f"를 신경 써서 발음하고, "tr" + 모음은 "ㅊ"처럼 발음하여 (프러스트레이션 → 프럭스츄뤠이션)

How to Survive from a Shark Attack

훈련일지

First Training		y/m/d	:
Second Training		y/m/d	:
Third Training		y/m/d	:

 페이지를 넘기기 전에 mp3 파일을 들어보세요. 02-14.mp3

훈련에 앞서 귀와 머리를 따끈하게 데워주는 단계입니다.
세부적 내용 파악보다는 전체적으로 어떤 이야기를 전하고 있는지 음성 파일을 들으며 추측해 봅니다.

Step 1. Warm Yourself Up

본격적인 직청직해 훈련에 앞서, 생소한 표현을 직접 영작해 봄으로써 머리를 따끈하게 Warm-up합니다. 앞의 두 예문을 분석하고, 마지막 문장은 직접 채워 넣습니다.

Expressions & Example Sentences

1. make eye contact with someone: ~와 눈을 맞추다

  A. 그 귀신과 눈을 마주치지 마라. Don't make eye contact with the ghost.

  B. 그와 눈을 맞추었을 때 나는 그와 사랑에 빠졌다.
     When I made eye contact with him, I fell in love with him.

  C. 나는 그 아름다운 여자와 눈을 맞추었다. _____

2. chances are + that절: that절 할 가능성이 높다/ 아마 that 일 것이다

  A. 아마 그녀는 당신의 가방을 살 것이다. Chances are she will buy your bag.

  B. 그가 마지막 시험을 패스했을 가능성이 높아. Chances are he probably passed the last exam.

  C. 내일 눈이 내릴 가능성이 높아. _____

3. anyway: (문장 뒤에 쓰여) 어차피

  A. 난 어차피 뉴욕에 가야 해. I have to go to New York anyway.

  B. 넌 그를 어차피 싫어하지 않니? Don't you hate him anyway?

  C. 난 어차피 내 여자친구에게 전화해야 해. _____

4. pull oneself together: 평정을 되찾다/ 정신을 다시 차리다

  A. 정신을 다시 차리고 그 면접을 잘 봐. Pull yourself together and ace the interview.

  B. 난 너무 혼란스러워서 평정을 되찾지 못하겠어. I am so confused that I can't pull myself together.

  C. 그 시험을 보기 전에 넌 평정을 되찾을 필요가 있어. _____

5. sneak up on someone: ~에게 몰래 다가가다

  A. 내가 너에게 몰래 다가간 거라면 미안해. I'm sorry if I snuck up on you.

  B. 나는 그녀에게 다가가서 그녀를 놀라게 했다. I snuck up on her and startled her.

  C. 다시는 나에게 몰래 다가오지 마. _____

6. in danger: 위험에 처한

  A. 슈퍼맨이 위험에 처해 있어요. Superman is in danger.

  B. 내 친구가 위험에 처해있어서 그를 도와주려고 했다. I tried to help my friend because he was in danger.

  C. 내 아들의 목숨이 위험에 처해 있어요. _____

7. tend to: ~하는 경향이 있다/ ~하는 편이다

   A. 어떤 남자들은 여자들을 무시하는 경향이 있다. Some men tend to ignore women.

   B. 그는 그들의 이름을 잊어버리는 경향이 있어. He tends to forget their names.

   C. 그녀는 말을 많이 하는 편이야. _____

8. pass out: 기절하다

   A. 그녀는 기절해서 병원으로 급히 후송되었다. She passed out and was rushed to a hospital.

   B. 숨을 쉬지 않으면 넌 기절할 거야. If you don't breathe, you'll pass out.

   C. 내가 그를 때렸을 때 그는 기절했다. _____

Key Vocabulary 훈련에 앞서 필요한 핵심어들을 큰소리로 읽어봅니다.

□ survive = 살아남다   □ panic = 겁 먹다   □ judgment = 판단력
□ temporarily = 일시적으로, 잠깐   □ victim = 희생자, 먹잇감

Step 2

Super Listening Training 직청직해 훈련

긴 문장을 소리만 듣는 것이 아닌, "이해"를 하려면 어순대로 실시간 직청직해하는 것만이 진리입니다.
이 단계에서는 **Speedy**한 훈련을 위해 **SLT**에 도전합니다.

1. 반복되는 의미 절을 들으며 어순대로 질문에 답하고 진행합니다.
2. 답은 영어 혹은 한글 중 더 편하고 빠르게 떠오르는 것으로 합니다.
3. 모르는 답은 들리는 대로라도 최대한 추측하여 채워 넣습니다.

    예시 지문: I bumped into my girlfriend. ➔ 예시 답 1: 나는 …했다 내 여자친구에게.
                                               예시 답 2: I bumped into … girlfriend.
                                               예시 답 3: I 범프 … my girlfriend.

4. 마지막으로 통문장을 담고 있는 mp3 파일을 들어본 후, 다음 문장으로 넘어갑니다.

1 1-a 무엇 했나?

     1-b 무엇과?

     1-c 무엇 하는 중에?

2 2-a 무엇 하지 마라?

3 3-a 무엇은?

     3-b 무엇으로부터?

     3-c 어떨 것이다?

4 4-a 필요한 것은 무엇이다?

     4-b 또?

     4-c 또?

     4-d 그리고?

5 5-a 무엇 하지 마라?

6 6-a 무엇 하는 것은?

     6-b 무엇 할 뿐이다?

6-c 그리고 어떻게?

6-d 어떤?

7-a 어떨 것이다?

7-b 무엇과?

8-a 어떻다?

8-b 무엇을?

8-c 어떻게?

9-a 무엇 하라?

9-b 어디로부터?

9-c 어떻게?

10-a 어떻다?

10-b 무엇을?

10-c 어떻게?

11-a 어떠면?

11-b 어떻게?

11-c 그러면 무엇이다?

11-d 어떻다는?

12-a 무엇 하라?

13 13-a 어떤 경우에?

13-b 어떠면?

13-c 무엇 하기 위해?

13-d 무엇 해야 한다?

14 14-a 무엇 하라?

14-b 그리고?

14-c 혹은?

15 15-a 어떠면?

15-b 무엇으로?

15-c 무엇 하라?

15-d 얼만큼?

15-e 어디로?

16 16-a 무엇 하지 마라?

16-b 어디로?

17 17-a 무엇은?

17-b 무엇 할지도 모른다?

17-c 그리고 무엇 할지도 모른다?

17-d 무엇을 위해?

18 18-a 무엇 하라?

18-b 어떤?

19 19-a 어떻다?

19-b 누구를?

19-c 그리고 무엇 하는 경향이 있다?

19-d 누구에 대해?

20 20-a 무엇 대신에?

20-b 무엇 하라?

20-c 무엇 하게?

21 21-a 무엇 하라?

22 22-a 무엇 하면?

22-b 무엇이?

22-c 어떻다?

23 23-a 무엇 하라?

23-b 어떻게?

23-c 언제?

Listen Again and Confirm

스크립트를 전체적으로 다시 들어보며 전체적인 흐름과 내용을 재확인합니다.

Analyze

스크립트 분석을 통하여, 어휘, 문법, 덩어리 표현, 문화, 뉘앙스 등을 고르게 파악합니다.

How to Survive from a Shark Attack

Did you just make eye contact with a killer shark while swimming?
Don't lose hope.
Your [1]**chances of surviving** from the attack may be higher than you think.

Requirements:
[2]**Composure**
Swimming skills
[3]**Guts** to fight the shark
And willingness to help

Step 1: Do not panic.
[4]**Panicking** will only make you lose your judgment and waste your energy needed for escaping.
Chances are you are probably swimming with friendly sharks.
[5]**Plus**, you can't [6]**out-swim** a shark anyway.

Step 2: [7]**Swim away** from the area as quietly as possible.
You don't want to [8]**attract the sharks' attention** by [9]**irritating** them.
If the shark starts to swim in a zigzag motion, that's a bad sign that it's feeling uncomfortable.

Step 3: Fight them back.
[10]**In the worst case scenario**, if the shark swims towards you to attack, you must fight back.
Pull yourself together and hit it or [11]**poke** it in the eyes, nose, and gills.
If the shark swims away [12]**in pain**, use the time to swim as far away as possible towards the shore.
Don't lose the shark out of your sight.
The shark might [13]**retreat** temporarily and then sneak up on you for a second attack.

Step 4: Help a friend in danger.
Sharks tend to attack the original victim and care less about the rescuer.
Instead of attacking the shark together, help each other swim towards the shore.

Step 5: Get [14]**medical attention**.
If you're [15]**bitten** in water, blood loss can be [16]**massive**.
Seek medical attention as soon as possible before you [17]**pass out**.

Analysis

1. chances of surviving: "chances of 명사/-ing"는 "~의/ ~할 확률"로 해석
2. composure = 평정
3. guts = 복수로 "배짱/ 깡"으로 해석
4. panicking: "ic"로 끝나는 동사는 "-ing 혹은 ~ed" 가 붙을 때 "k"를 동반함
5. plus = moreover = 게다가
6. out-swim: "out-동사"는 "앞질러 동사하다"로 해석
7. swim away: "away"는 "떨어진"이라는 느낌이 강하므로 "swim away"는 "수영해서 벗어나다"로 해석
8. attract the sharks' attention: "attract someone's attention"은 "~의 관심을 끌다"로 해석
9. irritate = 자극하다/ 짜증나게 하다
10. in the worst case scenario: 최악의 경우에
11. poke = 찌르다
12. in pain = 고통으로
13. retreat = 후퇴하다
14. medical attention = 치료
15. bitten: "bite = 물다"의 p.p. 형태
16. massive = 거대한/ 엄청난
17. pass out = faint = 기절하다

Speed Note-Taking

- 스크립트를 1회 들어보며 내용의 핵심이 되는 부분을 최대한 빠르게 노트합니다.
- 스크립트 전체를 받아쓰기할 시간이 없으므로, 핵심 단어 위주로 전략적인 Note-Taking을 합니다.

Step 6 Key Questions

Note-Taking한 것을 바탕으로 문제를 풉니다. 제한 시간은 문제당 30초입니다.

1. **What is NOT helpful to survive a shark attack?**

    A. Swimming skills

    B. Courage to fight the shark

    C. Prompt medical attention

    D. Attention from the sharks

2. **Which one of the following is a good idea when you encounter a shark?**

    A. Swimming away fast and loud

    B. Losing the shark out of your sight

    C. Quietly swimming away from the area

    D. Screaming for help immediately

3. **If the irritated shark swims towards you, what should you do?**

    A. You must scream for help.

    B. You must hit it hard.

    C. You must give up and pray.

    D. You must swim away as quickly as you can.

4. **If your friend is in danger, you should**

    A. Ignore

    B. Fight the shark together

    C. Help each other swim towards the shore

    D. Poke the shark in the eyes, nose, and gills

Step 7: Read It Out Loud

낭독훈련을 통해 발음을 교정하고 자연스럽게 문장 구조에 익숙해지는 단계입니다.
1회: 발음과 Pace가 완벽하지 않더라도 너무 느리지 않게 그리고 크게 읽습니다.
2회: Pronunciation Tips를 이용하여 단어 및 연음 단위로 연습합니다.
3회: 훈련한 발음을 신경 써서 스크립트 전체를 읽습니다.
4회: 전체적으로 발음에 신경 쓰며 앞보다 빠른 Pace로 한 번 낭독합니다.
5회: Native Speaker의 음성을 들으며 최대한 같은 속도로 동시 낭독합니다.

파란색: 단어 / 빨간색: 연음

How to Survive from a Shark Attack

Did you just make eye contact with a killer shark while swimming?
Don't lose hope.
Your chances of surviving from the attack may be higher than you think.

Requirements:
Composure
Swimming skills
Guts to fight the shark
And willingness to help

Step 1: Do not panic.
Panicking will only make you lose your judgment and waste your energy needed for escaping.
Chances are you are probably swimming with friendly sharks.
Plus, you cannot out-swim a shark anyway.

Step 2: Swim away from the area as quietly as possible.
You don't want to attract the sharks' attention by irritating them.
If the shark starts to swim in a zigzag motion, that's a bad sign that it's feeling uncomfortable.

Pronunciation Tips

1. judgment: 스펠링에 관계없이 "저쥐먼트"로 발음
2. waste your: "te"와 "your"가 붙어서 (웨이스트 유얼 → 웨이스츄얼)
3. friendly: "ndl" 중 가운데 "d"가 약화되어 (프렌들리 → 프렌리)
4. quietly: (콰이어틀리 → 콰이엣리)
5. possible: (파씨블 → 파써벌)
6. attract: "tr" + 모음은 "ㅊ"처럼 발음하여 (어트랙트 → 어츄뤡트)
7. irritating: 두 번째 "t"를 flap 처리하여 (이리태이팅 → 이뤼태이링)
8. zigzag: "z"를 신경 써서 발음할 것
9. uncomfortable: "or" 발음을 생략하여 (언컴폴터블 → 언컴프터벌)

Step 3: Fight them back.

In the worst case scenario, if the shark swims towards you to attack, you must fight back.

Pull yourself together and hit it or poke it in the eyes, nose, and gills.

If the shark swims away in pain, use the time to swim as far away as possible towards the shore.

Don't lose the shark out of your sight.

The shark might retreat temporarily and then sneak up on you for a second attack.

Step 4: Help a friend in danger.

Sharks tend to attack the original victim and care less about the rescuer.

Instead of attacking the shark together, help each other swim towards the shore.

Step 5: Get medical attention.

If you're bitten in water, blood loss can be massive.

Seek medical attention as soon as possible before you pass out.

Pronunciation Tips

10. worst case: "st c" 중 가운데 "t"가 약화되면 (월스트 캐이스 → 월스캐이쓰)
11. scenario: (시나리오 → 씨내뤼오우)
12. must fight: "f"를 신경 써서 발음. "st f" 중 가운데 "t"가 약화되어 (머스트 파이트 → 머스파잇)
13. hit it: "t"를 flap 처리하여 (힛 잇 → 히릿)
14. the: 모음소리 앞에서는 "디"로 발음
15. gills: (질스 → 길스)
16. out of: "t"를 flap 처리하여 (아웃 오브 → 아우럽)
17. retreat: "tr" + 모음은 "ㅊ"처럼 발음하여 (리트릿 → 뤼츄륏)
18. temporarily: (템포레뤌리)
19. second: "se"에 강세를 주어 (세컨드 → 쎄큰)
20. tend to: "d"와 "t"가 중복되어 (텐드 투 → 텐투)
21. instead of: "d"를 flap 처리하여 (인스테드 오브 → 인스테럽)
22. medical: "d"를 flap 처리하여 (메디컬 → 메리컬)
23. bitten: "튼" 소리는 "믄"으로 발음하여 (비튼 → 빗믄)
24. loss: (로쓰 → 러쓰)
25. as soon: "s"가 중복되어 (애즈 순 → 애순)

Chapter 15

How to Build Your Credit Score

훈련일지

First Training		y/m/d	:
Second Training		y/m/d	:
Third Training		y/m/d	:

 페이지를 넘기기 전에 mp3 파일을 들어보세요.

훈련에 앞서 귀와 머리를 따끈하게 데워주는 단계입니다.
세부적 내용 파악보다는 전체적으로 어떤 이야기를 전하고 있는지 음성 파일을 들으며 추측해 봅니다.

Warm Yourself Up

본격적인 직청직해 훈련에 앞서, 생소한 표현을 직접 영작해 봄으로써 머리를 따끈하게 Warm-up합니다. 앞의 두 예문을 분석하고, 마지막 문장은 직접 채워 넣습니다.

Expressions & Example Sentences

1. have a hard time -ing: ~하는 데 힘든 시간을 보내다/ ~하는 데 애먹다

  A. 여기 찾는 데 애먹으셨나요? Did you have a hard time finding here?

  B. 나는 그녀가 하는 말을 이해하는 데 애먹고 있다.
    I'm having a hard time understanding what she's saying.

  C. 네 차를 고치는 데 애먹었어. _____

2. pay something off: 돈 등을 다 갚다/ 청산하다

  A. 나는 작년에 내 대출금을 다 갚았다. I paid off my mortgage last year.

  B. 내가 그 융자금을 다 갚는 데는 정확히 10년이 걸릴 것이다.
    It's going to take exactly 10 years for me to pay off the loan.

  C. 너의 융자금을 내년까지 다 갚아라. _____

3. as long as: ~하는 한/ ~인 이상

  A. 당신이 나의 여자인 이상, 영원히 사랑할 것입니다. As long as you're my lady, I will always love you.

  B. 그것을 비밀로 하는 한, 그들은 그 사실을 알아내지 못할 것이다.
    As long as you keep it a secret, they won't be able to find out the truth.

  C. 공부를 열심히 하는 한, 넌 이 시험에 합격할 거야. _____

4. fall for something: ~에 속아 넘어가다

  A. 네가 그것에 또 속았다는 것을 믿을 수가 없어. I can't believe you fell for it again.

  B. 절대로 그의 속임수에 다신 속지 않을 거야. I will never fall for his tricks again.

  C. 그의 거짓말들에 넌 또 속았니? _____

5. keep track of something: ~을 기록하다/ ~을 계속 파악하고 있다(알고 있다)

  A. 돈을 절약하기 위해선 너의 지출을 기록해둬야 해. You must keep track of your expenses to save money.

  B. 이 소프트웨어는 우리의 지출을 기록하는 것을 도와줄 것입니다.
    This software is going to help us keep track of our expenses.

  C. 네 여자친구의 생일을 계속 알고 있는 게 좋을 거다. _____

6. in addition to something: ~외에도

A. 영어 외에도 난 일본어도 공부해야 해. I have to also study Japanese in addition to English.

B. 내 방 말고도, 난 거실도 청소해야 해. In addition to my room, I have to clean the living room as well.

C. 이 오토바이 외에도, 그는 세 대의 차를 더 가지고 있다. _____

7. at once: 한꺼번에/ 즉시

A. 모든 장을 한꺼번에 공부할 필요는 없어. You don't have to study all of the chapters at once.

B. 당신의 신용카드 빚을 즉시 갚으세요. Pay off your credit card debt at once.

C. 당신은 두 가지 일을 동시에 할 수 있나요? _____

8. otherwise: 그렇지 않으면 (문장 앞에 쓰여서)

A. 그를 도와줘. 그렇지 않으면, 그는 죽을지도 몰라. Help him. Otherwise, he might die.

B. 내게 그만 전화해. 그렇지 않으면, 경찰을 부르겠어.
Stop calling me. Otherwise, I'm going to call the police.

C. 그녀에게 지금 전화해. 그렇지 않으면, 그녀는 화를 낼 거야.
_____

9. end up -ing: 결국에는 -ing하게 되다

A. 나는 결국에는 그녀와 결혼하게 되었다. I ended up marrying her.

B. 영어를 열심히 공부하지 않으면, 넌 결국에는 그걸 후회하게 될 거야.
If you don't study English hard, you will end up regretting it.

C. 그녀는 결국 그와 헤어졌다. _____

10. on time: 정시에/ 시간을 어기지 않고

A. 나는 그곳에 정시에 도착했다. I got there on time.

B. 시간을 어기지 말고 숙제를 제출하세요. Submit your homework on time.

C. 나는 그 프레젠테이션을 정시에 끝냈다. _____

Key Vocabulary 훈련에 앞서 필요한 핵심어들을 큰소리로 읽어봅니다.

☐ credit score = 신용 점수, 신용 등급   ☐ expense = 지출   ☐ balance = 잔액
☐ interest = 이자   ☐ payment = 지불, 납입   ☐ due date = 만기일

Step 2 Super Listening Training 직청직해 훈련

긴 문장을 소리만 듣는 것이 아닌, "이해"를 하려면 어순대로 실시간 직청직해하는 것만이 진리입니다.
이 단계에서는 **Speedy**한 훈련을 위해 **SLT**에 도전합니다.
1. 반복되는 의미 절을 들으며 어순대로 질문에 답하고 진행합니다.
2. 답은 영어 혹은 한글 중 더 편하고 빠르게 떠오르는 것으로 합니다.
3. 모르는 답은 들리는 대로라도 최대한 추측하여 채워 넣습니다.
   예시 지문: I bumped into my girlfriend. ➡ 예시 답 1: 나는 …했다 내 여자친구에게.
   예시 답 2: I bumped into … girlfriend.
   예시 답 3: I 범프 … my girlfriend.
4. 마지막으로 통문장을 담고 있는 mp3 파일을 들어본 후, 다음 문장으로 넘어갑니다.

🎧 1
1-a 무엇 하고 있나?
1-b 무엇 하는 데?
1-c 무엇 때문에?

🎧 2
2-a 무엇과 함께라면?
2-b 무엇 할 것이다?
2-c 무엇 하는 것을?

🎧 3
3-a 필요한 것은 무엇이다?
3-b 또?
3-c 또?
3-d 그리고?

🎧 4
4-a 무엇 하라?
4-b 어떻다면?

🎧 5
5-a 무엇이다?
5-b 무엇 하는?

6-a 무엇 하는 이상?

6-b 어떻게?

6-c 어떨 것이다?

7-a 어떻다?

7-b 무엇 하는 것이?

7-c 무엇보다?

8-a 무엇 하라?

8-b 어떻게?

9-a 무엇 하지 마라?

9-b 어떤?

9-c 무엇 하기 위해서는?

10-a 무엇 하라?

10-b 무엇을?

10-c 무엇 하기 위해?

11-a 무엇 하라?

11-b 무엇을?

12-a 무엇 외에도?

12-b 무엇은?

12-c 그리고?

12-d 어떻다?

13 **13-a** 무엇 하라?

13-b 무엇을?

14 **14-a** 무엇 할 필요는 없다?

14-b 어떻게?

14-c 하지만?

14-d 무엇보다?

15 **15-a** 어떨 것이다?

15-b 무엇을?

16 **16-a** 무엇 하라?

17 **17-a** 무엇 하라?

17-b 무엇 하게?

18 **18-a** 무엇 하면?

18-b 어떨 것이라고?

18-c 무엇 하라?

19-a 무엇 하라?

19-b 무엇을?

19-c 어때야 한다?

19-d 언제?

Listen Again and Confirm

스크립트를 전체적으로 다시 들어보며 전체적인 흐름과 내용을 재확인합니다.

Analyze

스크립트 분석을 통하여, 어휘, 문법, 덩어리 표현, 문화, 뉘앙스 등을 고르게 파악합니다.

How to Build Your Credit Score

Are you having a hard time [1]**applying for** a loan thanks to your ugly credit score? With these helpful tips, you will see your credit score reach over 700.

Requirements:
Credit cards and [2]**loans**
A responsible spending pattern
The ability to pay off your debt
And credit score reports

Step 1: Get a credit card if you don't have [3]**one**.
This is the very first step to build your credit score.
As long as you keep the balance [4]**manageable**, you should be fine.
It's better to have a credit card than [5]**no card at all**.

Step 2: Use your cards responsibly.
Don't fall for the [6]**myth** that you have to [7]**carry** a [8]**balance** to have good scores.
Instead, keep track of your expenses to maintain a low balance.

Step 3: Maintain different types of credit.
In addition to credit cards, well-managed auto loans and [9]**mortgage** loans can also improve your score.

Step 4: [10]**Pay down** your credit card debts.
You don't have to pay them off all at once, but definitely keep your [11]**monthly payments** higher than the [12]**monthly minimum payment**.
Otherwise, you will only end up paying more for interest and fees.

Step 5: Pay on time.
[13]**Make a note of** your payment due dates [14]**so** you don't forget.
If you think you'll be late for a payment, call the card company.
Ask them to give you a [15]**grace period**; this must be done before the due date.

Analysis

1. apply for something = ~을 신청하다
2. loans = 융자/ 대출
3. one: 여기서는 "a credit card"를 나타냄
4. manageable = 관리할 수 있는
5. no card at all: "not at all"은 "전혀"로 해석
6. myth = 근거 없는 믿음/ 신화
7. carry = 가지고 있다/ 가지고 다니다
8. balance: 신용카드에 관해서는 "갚아야 하는 잔액"을 나타냄
9. mortgage = 대출(특히 집 구매를 위한)
10. pay down = 갚아나가다
11. monthly payments = 월 할부 납입금
12. monthly minimum payment = 월 최소 납입금(신용에 지장을 주지 않을 만큼의 최소한의 월 납입금)
13. make a note of something = ~을 노트에 적어두다
14. so: "so that"이 줄여진 형태로 "so + that절"은 "that절 하도록"으로 해석
15. grace period = 유예기간(여기서는 납입을 늦게 해도 이해해주는 유예기간)

Speed Note-Taking

 02-15.mp3

- 스크립트를 1회 들어보며 내용의 핵심이 되는 부분을 최대한 빠르게 노트합니다.
- 스크립트 전체를 받아쓰기할 시간이 없으므로, 핵심 단어 위주로 전략적인 Note-Taking을 합니다.

Step 6 Key Questions

Note-Taking한 것을 바탕으로 문제를 풉니다. 제한 시간은 문제당 30초입니다.

1. What is NOT helpful to improve your credit score?

A. Paying off your debt

B. Paying on time

C. Carrying some balance

D. Keeping your balance low

2. Which one of the following is true?

A. Having a credit card is not good for your credit score.

B. Carrying a high balance improves your credit score.

C. It's better to pay monthly minimum payments only.

D. You can pay after the due date if you're given a grace period.

3. What is the first step to build your credit score?

A. Making monthly payments

B. Asking for a grace period

C. Applying for a credit card

D. Keeping track of your expenses

4. If you think you can't pay on time, you should

A. Pay more next time

B. Pay more for interest and fees

C. Get a grace period

D. Pay off your credit cards all at once

Step 7 Read It Out Loud

낭독훈련을 통해 발음을 교정하고 자연스럽게 문장 구조에 익숙해지는 단계입니다.
1회: 발음과 Pace가 완벽하지 않더라도 너무 느리지 않게 그리고 크게 읽습니다.
2회: Pronunciation Tips를 이용하여 단어 및 연음 단위로 연습합니다.
3회: 훈련한 발음을 신경 써서 스크립트 전체를 읽습니다.
4회: 전체적으로 발음에 신경 쓰며 앞보다 빠른 Pace로 한 번 낭독합니다.
5회: Native Speaker의 음성을 들으며 최대한 같은 속도로 동시 낭독합니다.

파란색: 단어 / 빨간색: 연음

How to Build Your Credit Score

Are you having a hard time applying for a loan thanks to your ugly credit score? With these helpful tips, you will see your credit score reach over 700.

Requirements:
Credit cards and loans
A responsible spending pattern
The ability to pay off your debt
And credit score reports

Step 1: Get a credit card if you don't have one.
This is the very first step to build your credit score.
As long as you keep the balance manageable, you should be fine.
It's better to have a credit card than no card at all.

Step 2: Use your cards responsibly.
Don't fall for the myth that you have to carry a balance to have good scores.
Instead, keep track of your expenses to maintain a low balance.

Pronunciation Tips

1. hard time: "rd t" 중 가운데 "d"가 약화되어 (할드 타임 → 할타임)
2. credit: "d"를 flap 처리하여 (크레딧 → 크레릿)
3. with these: "th"가 중복되어 (위드 디즈 → 윗디즈)
4. pattern: "r"을 신경 써서 발음할 것
5. the: 모음소리 앞에서는 "디"로 발음
6. ability: "t"를 flap 처리하여 (어빌리티 → 어빌리리)
7. debt: "b"는 묵음 (뎁트 → 뎃)
8. first step: "st"가 중복되고, "f"를 신경 써서 발음하여 (펄스트 스텝 → 펄스텝)
9. balance: (발란스 → 밸런스)
10. at all: "t"를 flap 처리하여 (앳 올 → 애럴)
11. fall: "f" 발음을 신경 쓰고 "all"은 "얼"로 발음하여 (폴 → 펄)
12. myth: "th"을 신경 써서 발음할 것
13. track: "tr" + 모음은 "ㅊ"처럼 발음하여 (트랙 → 츄뤡)

Step 3: Maintain different types of credit.

In addition to credit cards, well-managed auto loans and mortgage loans can also improve your score.

Step 4: Pay down your credit card debts.

You don't have to pay them off all at once, but definitely keep your monthly payment higher than the monthly minimum payment.

Otherwise, you will only end up paying more for interest and fees.

Step 5: Pay on time.

Make a note of your payment due dates so you don't forget.

If you think you'll be late for a payment, call the card company.

Ask them to give you a grace period; this must be done before the due date.

Pronunciation Tips

14. different types: "t"가 중복되고, "f"를 신경 써서 발음하여 (디퍼런트 타입스 → 디퍼뤈타입스)
15. auto: "t"를 flap 처리하여 (오토 → 어로우)
16. mortgage: "rtg" 중 가운데 "t"가 약화되어 (몰트기쥐 → 몰기쥐)
17. also: (올쏘 → 얼쏘우)
18. definitely: "de"에 강세를 주어 (데피니틀리 → 데피닛리)
19. end up: "d"와 "up"이 붙어서 (엔드 업 → 엔덥)
20. note of: "t"를 flap 처리하여 (노트 오브 → 노럽)
21. payment due: "nt d" 중 가운데 "t"가 약화되어 (패이먼트 듀 → 패이먼듀)
22. call: (콜 → 컬)
23. card company: "rd c" 중 가운데 "d"가 약화되어 (칼드 컴퍼니 → 칼컴퍼니)
24. ask them: 빠르게 읽으면 "sk th" 중 "k" 생략 (애스크 뎀 → 애스뎀)
25. must be: "st b" 중 가운데 "t"가 약화되어 (머스트 비 → 머스비)

Chapter 16

How to Make Your Food Last Longer

훈련일지

First Training		y/m/d	:
Second Training		y/m/d	:
Third Training		y/m/d	:

 페이지를 넘기기 전에 mp3 파일을 들어보세요. ▶ 02-16.mp3

훈련에 앞서 귀와 머리를 따끈하게 데워주는 단계입니다.
세부적 내용 파악보다는 전체적으로 어떤 이야기를 전하고 있는지 음성 파일을 들으며 추측해 봅니다.

Warm Yourself Up

본격적인 직청직해 훈련에 앞서, 생소한 표현을 직접 영작해 봄으로써 머리를 따끈하게 Warm-up합니다. 앞의 두 예문을 분석하고, 마지막 문장은 직접 채워 넣습니다.

Expressions & Example Sentences

1. keep 명사 + 형용사: 명사를 형용한 상태로 유지하다

A. 눈을 감고 있어. Keep your eyes closed.

B. 내일 인터뷰를 위해 옷을 깨끗이 유지해라. Keep your clothes clean for tomorrow's interview.

C. 그 볼륨을 크게 유지해요. _____

2. due to something: ~때문에

A. 최근 사건 때문에 그녀는 콘서트를 취소해야 할 것이다.
Due to the recent incident, she's going to have to cancel the concert.

B. 그 쇼의 취소 때문에, 우리 회사는 돈을 많이 잃었다.
Due to the cancellation of the show, our company has lost a lot of money.

C. 그 지진 때문에, 우리는 일본을 떠나지 못했다. _____

3. keep A from -ing: A를 -ing 못하게 막다

A. 이 밧줄이 네가 떨어지지 않게 막아줄 거야. This rope will keep you from falling.

B. 그 벽은 적들이 안으로 못 들어오게 막아주었다. The wall kept the enemies from coming in.

C. 이 소프트웨어가 그가 너에게 전화 못하게 막아줄 거야. _____

4. A and B don't go together: A와 B는 어울리지 않는다

A. 그 빨간 셔츠와 이 노란 치마는 어울리지 않아. That red shirt and this yellow skirt don't go together.

B. 그 두 단어는 어울리지 않아. Those two words don't go together.

C. 김치와 피자는 어울리지 않아. _____

5. keep A away from B: A를 B로부터 떨어뜨려놓다

A. 네 전화기를 물에서 멀리 둬라. Keep your phone away from water.

B. 우리는 그 아이들을 그 오염된 지역으로부터 떨어뜨려놔야 합니다.
We must keep the children away from the contaminated area.

C. 난 내 부츠를 열기로부터 떨어뜨려놨다. _____

6. take care of something: ~을 처리하다/ ~을 돌보다

A. 걱정 마. 그거 내가 알아서 처리할게. Don't worry. I'll take care of it.

B. 나의 일부터 먼저 처리해야 해. I have to take care of my business first.

C. 너 그 문제 처리했니? _____

7. contaminated: 오염된

A. 그 오염된 물로부터 떨어져 있어! Stay away from the contaminated water.

B. 그 음식은 독으로 오염됐다. The food was contaminated with poison.

C. 그 오염된 지역은 우리 모두에게 위험할 수 있다. _____

Key Vocabulary 훈련에 앞서 필요한 핵심어들을 큰소리로 읽어봅니다.

- sealed = 밀봉된
- replace = 대체하다, 바꿔주다
- separate = 분리된
- moisture = 습기
- freshness = 신선함

 **Super Listening Training** 직청직해 훈련

긴 문장을 소리만 듣는 것이 아닌, "이해"를 하려면 어순대로 실시간 직청직해하는 것만이 진리입니다.
이 단계에서는 **Speedy**한 훈련을 위해 **SLT**에 도전합니다.

1. 반복되는 의미 절을 들으며 어순대로 질문에 답하고 진행합니다.
2. 답은 영어 혹은 한글 중 더 편하고 **빠르게** 떠오르는 것으로 합니다.
3. 모르는 답은 들리는 대로라도 최대한 추측하여 채워 넣습니다.
   예시 지문: I bumped into my girlfriend. ➜ 예시 답 1: 나는 …했다 내 여자친구에게.
   예시 답 2: I bumped into … girlfriend.
   예시 답 3: I 범프 … my girlfriend.
4. 마지막으로 통문장을 담고 있는 mp3 파일을 들어본 후, 다음 문장으로 넘어갑니다.

1   **1-a** 무엇 하라?

     1-b 어떻게?

     1-c 무엇으로?

2   **2-a** 필요한 것은 무엇이다?

     2-b 어떤?

     2-c 또?

     2-d 또?

     2-e 그리고?

3   **3-a** 무엇 하라?

4   **4-a** 무엇 하라?

     4-b 그리고?

5   **5-a** 무엇 할 것이다?

     5-b 무엇으로부터?

     5-c 무엇 하면서?

6 **6-a** 무엇 하라?

6-b 언제?

6-c 무엇 때문에?

7 **7-a** 무엇 하라?

8 **8-a** 무엇 하라?

8-b 무엇과 함께?

9 **9-a** 무엇 하라?

9-b 무엇을?

9-c 어디에?

10 **10-a** 무엇 하라?

10-b 무엇의?

11 **11-a** 무엇 하라?

11-b 어떻게?

12 **12-a** 무엇 할 것이다?

12-b 무엇 하는 것으로부터

12-c 무엇을 통해?

12-d 무엇 하면서?

🎧 **13**   **13-a** 무엇과 무엇은?

           13-b 어떻다?

🎧 **14**   **14-a** 어떻다?

           14-b 어떤?

🎧 **15**   **15-a** 무엇 하라?

           15-b 어디에?

🎧 **16**   **16-a** 무엇 하라?

🎧 **17**   **17-a** 무엇 했으면?

           17-b 무엇 하라?

           17-c 언제?

           17-d 어디에?

🎧 **18**   **18-a** 무엇은?

           18-b 무엇 할 것이다?

           18-c 무엇으로부터?

           18-d 그리고?

🎧 **19**   **19-a** 무엇 하라?

           19-b 무엇으로부터?

🎧 **20**　**20-a** 무엇은?

　　　　20-b 어떨 수도 있다?

　　　　20-c 무엇 하기에는?

🎧 **21**　**21-a** 무엇 하라?

🎧 **22**　**22-a** 무엇은?

　　　　22-b 어떻다?

🎧 **23**　**23-a** 어떻다?

　　　　23-b 어떻게 하면?

　　　　23-c 무엇과?

　　　　23-d 그럼 어떻게 된다?

🎧 **24**　**24-a** 그러므로?

　　　　24-b 무엇 하는 것이?

Listen Again and Confirm

스크립트를 전체적으로 다시 들어보며 전체적인 흐름과 내용을 재확인합니다.

Chapter **16**　205

Analyze

스크립트 분석을 통하여, 어휘, 문법, 덩어리 표현, 문화, 뉘앙스 등을 고르게 파악합니다.

How to Make Your Food Last Longer

Save some money by keeping your food fresh with these [1]**tricks**.

Requirements:
[2]**A piece of bread** [3]**preferably** white bread
Some apples
Containers
And [4]**paper towels**

Step 1: Keep cookies soft.
Put cookies in a sealed container and put a piece of white bread with them.
The cookies will [5]**draw** moisture from the bread keeping them soft.
Replace the bread when it gets hard [6]**due to** the lack of moisture.

Step 2: Keep potatoes from [7]**sprouting**.
Keep them in a container with a few apples.
Make sure you keep the container in a cool area.

Step 3: Save the taste and [8]**texture** of tomatoes.
Place tomatoes [9]**stem** side down.
This will keep air from coming in through the stem keeping the tomatoes fresh.

Step 4: Fruits and veggies don't go together.
Fruits [10]**emit** a gas that makes [11]**veggies** [12]**ripen** faster.
Keep them separate in the [13]**fridge**.

Step 5: Always keep moisture out of veggies.
Once you've washed or cut veggies, put a paper towel around them before putting them back into the fridge.
The paper towel will absorb moisture from the veggies and make them last longer.

Step 6: Keep [14]**perishable** items away from the fridge door.
Fridge doors can be a little too warm to keep freshness.

Step 7: Take care of used food first.
Food touched by [15]**saliva** is contaminated.
It means that if you mix it with fresh food, the fresh food will also [16]**go bad**.
Therefore, it is recommended that you keep them seperately.

Analysis

1. trick: 여기서는 "속임수"가 아닌 "요령/비결" 로 쓰임
2. a piece of bread = 빵 한 조각
3. preferably = 이왕이면
4. paper towels: "kitchen towel"은 콩글리시이므로 "paper towel"을 사용할 것
5. draw = 끌어내다/ 뽑아내다
6. due to = because of = owing to = on account of = ~때문에
7. sprouting: "sprout"은 "싹이 나다"로 해석
8. texture = 질감/ 감촉
9. stem = 줄기
10. emit = 내뿜다
11. veggies: "veggie"는 "vegetable"의 줄임 표현이며 빈도가 높음
12. ripen = 과일 등이 익다
13. fridge: "fridge"는 "refrigerator"의 줄임 표현이며 빈도가 높음
14. perishable = 잘 썩는
15. saliva = 침
16. go bad = go sour = spoil = (음식이) 상하다

Speed Note-Taking

- 스크립트를 1회 들어보며 내용의 핵심이 되는 부분을 최대한 빠르게 노트합니다.
- 스크립트 전체를 받아쓰기할 시간이 없으므로, 핵심 단어 위주로 전략적인 Note-Taking을 합니다.

Step 6 Key Questions

Note-Taking한 것을 바탕으로 문제를 풉니다. 제한 시간은 문제당 30초입니다.

1. Which one of the following do you NOT need to keep your food fresh longer?

    A. Moisture

    B. A piece of white bread

    C. Apples

    D. Paper Towels

2. Which one of the following is false?

    A. Bread keeps cookies nice and soft.

    B. Apples help potatoes sprout.

    C. Fruits make veggies ripen faster.

    D. Apples and lettuce don't go together

3. What should you do to keep tomatoes fresh?

    A. Put them in a container with some apples

    B. Touch them with saliva

    C. Put them in a jar with a piece of white bread

    D. Place them stem side down

4. How do paper towels help keep veggies fresh longer?

    A. By emitting a gas

    B. By contaminating veggies

    C. By absorbing moisture

    D. By cleaning veggies

Step 7  Read It Out Loud

낭독훈련을 통해 발음을 교정하고 자연스럽게 문장 구조에 익숙해지는 단계입니다.
1회: 발음과 Pace가 완벽하지 않더라도 너무 느리지 않게 그리고 크게 읽습니다.
2회: Pronunciation Tips를 이용하여 단어 및 연음 단위로 연습합니다.
3회: 훈련한 발음을 신경 써서 스크립트 전체를 읽습니다.
4회: 전체적으로 발음에 신경 쓰며 앞서보다 빠른 Pace로 한 번 낭독합니다.
5회: Native Speaker의 음성을 들으며 최대한 같은 속도로 동시 낭독합니다.

파란색: 단어 / 빨간색: 연음

How to Make Your Food Last Longer

Save some money by keeping your food fresh with these tricks.

Requirements:
A piece of bread preferably white bread
Some apples
Containers
And paper towels

Step 1: Keep cookies soft.
Put cookies in a sealed container and put a piece of white bread with them.
The cookies will draw moisture from the bread keeping them soft.
Replace the bread when it gets hard due to the lack of moisture.

Step 2: Keep potatoes from sprouting.
Keep them in a container with a few apples.
Make sure you keep the container in a cool area.

Pronunciation Tips

1. with these: "th"가 중복되어 (위드 디즈 → 윗디즈)
2. preferably: "p"와 "f"를 신경 써서 (프뤼퍼뤄블리 → 프뤠퍼러블리)
3. white: (화이트 → 와잇)
4. apples: "a"를 입을 조금 더 크게 벌려 "애아"처럼 발음
5. soft: (소프트 → 써프트)
6. with them: "th"가 중복되어 (위드 뎀 → 윗뎀)
7. draw: "dr" + 모음은 "ㅈ"처럼 발음하여 (드로우 → 쥬뤄)
8. hard due: "d"가 중복되어 (할드 듀 → 할듀)
9. potatoes: 두 번째 "t"를 flap 처리하여 (포테이토 → 포태이로스)
10. sprouting: "t"를 flap 처리하여 (스프라우팅 → 스프롸우링)

Step 3: Save the taste and texture of tomatoes.

Place tomatoes stem side down.

This will keep air from coming in through the stem keeping the tomatoes fresh.

Step 4: Fruits and veggies don't go together.

Fruits emit a gas that makes veggies ripen faster.

Keep them separate in the fridge.

Step 5: Always keep moisture out of veggies.

Once you've washed or cut veggies, put a paper towel around them before putting them back into the fridge.

The paper towel will absorb moisture from the veggies and make them last longer.

Step 6: Keep perishable items away from the fridge door.

Fridge doors can be a little too warm to keep freshness.

Step 7: Take care of used food first.

Food touched by saliva is contaminated.

It means that if you mix it with fresh food, the fresh food will also go bad. Therefore, it is recommended that you keep them seperately.

Pronunciation Tips

11. tomatoes: 두 번째 "t"를 flap 처리하여 (토마토스→토매이로스)
12. side down: "d"가 중복되어 (싸이드 다운→싸이다운)
13. emit: "mi"에 강세를 주고 (에밋→이밋)
14. ripen: (리픈→롸이펀)
15. separate: 형용사이므로 (쎄퍼풰잇→쎄퍼륏)
16. always: (올웨이스→얼웨이스)
17. out of: "t"를 flap 처리하여 (아웃 오브→아우럽)
18. last longer: "st l" 가운데 "t"가 약화되어 (라스트 롱걸→라스롱걸)
19. items: "t"를 flap 처리하여 (아이템스→아이럼스)
20. warm: "r"을 신경 써서 발음할 것
21. saliva: (쎌리바→썰라이버)
22. contaminated: 두 번째 "t"를 flap 처리하여 (콘태미내이티드→컨태미내이릿)
23. mix it: "x"와 "it"이 붙어서 (믹스 잇→믹싯)

Chapter 17

How to Be a Good Girlfriend

훈련일지

First Training	y/m/d	:
Second Training	y/m/d	:
Third Training	y/m/d	:

 페이지를 넘기기 전에 mp3 파일을 들어보세요.

훈련에 앞서 귀와 머리를 따끈하게 데워주는 단계입니다.
세부적 내용 파악보다는 전체적으로 어떤 이야기를 전하고 있는지 음성 파일을 들으며 추측해 봅니다.

Step 1 Warm Yourself Up

본격적인 직청직해 훈련에 앞서, 생소한 표현을 직접 영작해 봄으로써 머리를 따끈하게 Warm-up합니다. 앞의 두 예문을 분석하고, 마지막 문장은 직접 채워 넣습니다.

Expressions & Example Sentences

1. obsess over something/ someone: ~에 집착하다

A. 그녀는 항상 잘 생긴 남자들에게 집착한다. She always obsesses over good-looking guys.

B. 그녀가 하는 일에 그만 집착해. Stop obsessing over what she does.

C. 내 남자친구는 섹시한 여자들에게 집착한다. _____

2. interfere with something/ someone: ~을 간섭하다/ ~을 방해하다

A. 우리의 결정에 간섭하지 마세요. Don't interfere with our decision.

B. 내 일을 방해하면, 당신을 고소하겠어요. If you interfere with my work, I will sue you.

C. 그녀가 우리의 계획을 방해했다. _____

3. simply put: 간단히 말해서

A. 간단히 말해서, 그녀는 세상에서 가장 예쁜 소녀야. Simply put, she's the prettiest girl in the world.

B. 간단히 말해서, 한국은 부유한 나라야. Simply put, Korea is a rich country.

C. 간단히 말해서, 그녀는 널 좋아하지 않아. _____

4. take someone out to breakfast/lunch/dinner: ~에게 외식을 대접하다

A. 어머니 모시고 나가 저녁 사드려. Take your mother out to dinner.

B. 나는 그녀에게 로맨틱한 저녁을 대접했다. I took her out to a romantic dinner.

C. 넌 너의 상사에게 외식을(점심) 대접해본 적 있니? _____

5. without -ing: ~하지 않은 채

A. 그녀는 나에게 말하지 않은 채 나를 찾아왔다. She came to see me without telling me.

B. 그 마술사는 손을 쓰지 않고 그 잔을 산산조각 냈다.
The magician shattered the glass without using his hands.

C. 나한테 말하지 않고 우리 부모님을 찾아가지 마. _____

6. fall in love with someone: ~와 사랑에 빠지다

A. 내가 그녀와 사랑에 빠졌다는 걸 믿을 수가 없네. I can't believe I fell in love with her.

B. 그를 일단 보면 넌 사랑에 빠질 거야. Once you see him, you'll fall in love with him.

C. 난 그녀를 보자마자 사랑에 빠졌다. _____

7. take someone's side: ~의 편을 들다

A. 자기는 항상 그의 편을 들잖아! You always take his side!

B. 이번 한 번만은 내편을 들어줄 수 없니? Can't you take my side for once?

C. 내 남자친구가 그녀의 편을 들어줘서 나는 화가 나 있다. _____

🎤 Key Vocabulary 훈련에 앞서 필요한 핵심어들을 큰소리로 읽어봅니다.

- □ self-control = 자제심
- □ sound = ~인 것 같다
- □ compliment = 칭찬하다
- □ interest = 관심사
- □ suggest = 제안하다

Step 2

Super Listening Training 직청직해 훈련

긴 문장을 소리만 듣는 것이 아닌, "이해"를 하려면 어순대로 실시간 직청직해하는 것만이 진리입니다.
이 단계에서는 Speedy한 훈련을 위해 SLT에 도전합니다.

1. 반복되는 의미 절을 들으며 어순대로 질문에 답하고 진행합니다.
2. 답은 영어 혹은 한글 중 더 편하고 빠르게 떠오르는 것으로 합니다.
3. 모르는 답은 들리는 대로라도 최대한 추측하여 채워 넣습니다.
   예시 지문: I bumped into my girlfriend. ➔ 예시 답 1: 나는 …했다 내 여자친구에게.
   예시 답 2: I bumped into … girlfriend.
   예시 답 3: I 범프 … my girlfriend.
4. 마지막으로 통문장을 담고 있는 mp3 파일을 들어본 후, 다음 문장으로 넘어갑니다.

 1-a 무엇은?

1-b 어떻다?

1-c 무엇만큼?

2-a 무엇과 무엇이?

2-b 무엇 할 것이다?

2-c 무엇으로?

3-a 필요한 것은 무엇이다?

3-b 또?

3-c 또?

3-d 또?

3-e 그리고?

4-a 무엇 하지 마라?

4-b 무엇에 대해?

🎧 **5**   **5-a** 무엇이?

       5-b 무엇 하지는 않는다?

       5-c 어떻다는 것을?

       5-d 무엇을?

🎧 **6**   **6-a** 무엇이다?

🎧 **7**   **7-a** 무엇 하려고 하면?

       7-b 어떨 것이다?

🎧 **8**   **8-a** 무엇 하라?

       8-b 어떻게?

🎧 **9**   **9-a** 어떤 반면에?

       9-b 무엇을?

       9-c 어떻다?

🎧 **10**   **10-a** 무엇 하면?

       10-b 무엇이라고?

       10-c 그리고?

       10-d 무엇 해야 한다?

       10-e 무엇을?

🎧 **11**   **11-a** 무엇 하라?

🎧 **12** 12-a 어떠면?

12-b 무엇에 대해?

12-c 무엇 할 것이다?

🎧 **13** 13-a 무엇 하라?

13-b 어떻게?

🎧 **14** 14-a 무엇 할 것이다?

🎧 **15** 15-a 무엇 하라?

🎧 **16** 16-a 어떻다?

🎧 **17** 17-a 무엇 한다?

17-b 무엇을?

🎧 **18** 18-a 무엇 하라?

🎧 **19** 19-a 어떠면?

19-b 무엇 하라?

19-c 그리고?

19-d 무엇을?

🎧 **20** 20-a 무엇 하라?

🎧 **21** **21-a** 무엇 하라?

21-b 무엇을?

21-c 그리고?

21-d 무엇을?

🎧 **22** **22-a** 무엇은?

22-b 어떤?

22-c 누구와?

22-d 무엇이다?

22-e 무엇에?

Listen Again and Confirm

스크립트를 전체적으로 다시 들어보며 전체적인 흐름과 내용을 재확인합니다.

Analyze

스크립트 분석을 통하여, 어휘, 문법, 덩어리 표현, 문화, 뉘앙스 등을 고르게 파악합니다.

How to Be a Good Girlfriend

Being a good [1]**girlfriend** is not as difficult as you think.
A little respect and [2]**care** will make you the best girlfriend in the world.

Requirements:
[3]**Generosity**
Self-control
[4]**Compliments**
Love for his parents
And willingness to listen

Step 1: Don't [5]**obsess over** everything around him.
Being a good girlfriend doesn't [6]**mean** that you should interfere with everything in his life.
Simply put, guys need freedom.
If you try to put him in a cage, he will only try to escape.

Step 2: Make your phone conversations [7]**short**.
[8]**While** girls love talking on the phone, guys don't.
If he says, "You sound tired. Why don't you go to bed early tonight", you should know what he's [9]**implying**.

Step 3: Love his parents.
If your boyfriend is serious about your relationship, he will look for [10]**this quality**.
Take his parents out to dinner without telling him.
He will fall in love with you.

Step 4: Compliment him.
Men are like babies.
They just love to hear compliments.

Step 5: [11]**Listen to** what he says.
If [12]**he's mad at** his [13]**boss**, take his side and tell him how stupid his boss is.

Step 6: Be his best friend.
Find out what his hobbies and interests are and [14]**suggest doing** them together.
One of the [15]**reasons** men spend so much time with their male friends is they think women aren't interested in men's interests.

Analysis

1. girlfriend: "girl"과 "friend"를 붙여서 쓸 것
2. care = 주의/ 돌봄/ 걱정
3. generosity = 너그러움
4. compliments = 칭찬
5. obsess over = be obsessed with = ~에 집착하다
6. mean = ~을 뜻하다/ 진심이다
7. short: 의미상으로는 "짧게"이지만 형용사를 쓴다는 것에 유의
8. while = ~인 반면에/ ~하는 동안에
9. imply = 암시하다
10. this quality: 여기서의 "자질"은 "부모님을 사랑하는 자질"을 나타냄
11. listen to: "~을 듣다"라는 표현을 위해서는 "to"를 반드시 함께 쓸 것
12. he's mad at: "be mad at"은 "~에 화가 나 있다"로 해석
13. boss: "상사"는 "boss"로 표기할 것
14. reasons: 뒤에 "why"는 생략 가능하며, "~라는 이유"로 해석
15. suggest doing = suggest는 목적어로 명사/ 동명사 또는 that절을 씀

 **Speed Note-Taking**

- 스크립트를 1회 들어보며 내용의 핵심이 되는 부분을 최대한 빠르게 노트합니다.
- 스크립트 전체를 받아쓰기할 시간이 없으므로, 핵심 단어 위주로 전략적인 Note-Taking을 합니다.

Step 6 Key Questions

Note-Taking한 것을 바탕으로 문제를 풉니다. 제한 시간은 문제당 30초입니다.

1. **What do you NOT need to be a good girlfriend?**

    A. Being generous

    B. Knowing how to control yourself

    C. Criticizing your boyfriend

    D. Listening to what he says

2. **What do guys need?**

    A. Freedom

    B. Obsession

    C. Interference

    D. Control

3. **If he complains about his boss, what should you do?**

    A. Ignore what he says

    B. Take the boss' side

    C. Stay neutral

    D. Listen to what he has to say

4. **How can you be his best friend?**

    A. By knowing when to hang up the phone

    B. By taking his parents out to dinner

    C. By joining his hobbies

    D. By putting him in a cage

Read It Out Loud

낭독훈련을 통해 발음을 교정하고 자연스럽게 문장 구조에 익숙해지는 단계입니다.
1회: 발음과 Pace가 완벽하지 않더라도 너무 느리지 않게 그리고 크게 읽습니다.
2회: Pronunciation Tips를 이용하여 단어 및 연음 단위로 연습합니다.
3회: 훈련한 발음을 신경 써서 스크립트 전체를 읽습니다.
4회: 전체적으로 발음에 신경 쓰며 앞서보다 빠른 Pace로 한 번 낭독합니다.
5회: Native Speaker의 음성을 들으며 최대한 같은 속도로 동시 낭독합니다.

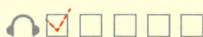

파란색: 단어 / 빨간색: 연음

How to Be a Good Girlfriend

Being a good girlfriend is not as difficult as you think.
A little respect and care will make you the best girlfriend in the world.

Requirements:
Generosity
Self-control
Compliments
Love for his parents
And willingness to listen

Step 1: Don't obsess over everything around him.
Being a good girlfriend doesn't mean that you should interfere with everything in his life.
Simply put, guys need freedom.
If you try to put him in a cage, he will only try to escape.

Pronunciation Tips

1. difficult: "l"을 신경 써서 발음할 것
2. girlfriend: "r"과 "l"을 신경 써서 발음할 것
3. world: "r"과 "l"을 신경 써서 발음할 것
4. generosity: "t"를 flap 처리하면 (제너뤄씨티 → 제너뤄씨리)
5. control: "tr" + 모음은 "ㅊ"처럼 발음하여 (콘트롤 → 컨츄뤨)
6. freedom: "f"를 신경 써서 발음하고, "d"를 flap 처리하여 (프리덤 → 프리름)
7. try: "tr" + 모음은 "ㅊ"처럼 발음하여 (트라이 → 츄롸이)

Step 2: Make your phone conversations short.
While girls love talking on the phone, guys don't.
If he says, "You sound tired. Why don't you go to bed early tonight", you should know what he's implying.

Step 3: Love his parents.
If your boyfriend is serious about your relationship, he will look for this quality.
Take his parents out to dinner without telling him.
He will fall in love with you.

Step 4: Compliment him.
Men are like babies.
They just love to hear compliments.

Step 5: Listen to what he says.
If he's mad at his boss, take his side and tell him how stupid his boss is.

Step 6: Be his best friend.
Find out what his hobbies and interests are and suggest doing them together.
One of the reasons men spend so much time with their male friends is they think women aren't interested in men's interests.

Pronunciation Tips

8. conversations short: "ns sh" 중 가운데 "s"가 약화되어 (컨벌새이션스 숄트 → 컨벌새이션숄트)
9. talking: (토킹 → 터킹)
10. sound tired: "nd t" 중 가운데 "d"를 flap 처리하여 (싸운드 타이얼드 → 싸운타이얼드)
11. go to: "t"를 flap 처리하면 (고우 투 → 고우루)
12. early: "r"과 "l"를 신경 써서 발음할 것
13. quality: "t"를 flap 처리하여 (퀄러티 → 퀄러리)
14. just love: "st l" 중에 가운데 "t"가 약화되어 (저스트 러브 → 저스럽)
15. mad at: "d"를 flap 처리하여 (매드 앳 → 매랫)
16. his side: "s"가 중복되어 (히즈 싸이드 → 히싸인)
17. boss is: "ss"과 "is"가 붙어서 (보쓰 이즈 → 버씨즈)
18. best friend: "st f" 중 가운데 "t"가 약화되어 (베스트 프렌드 → 베스프렌드)
19. suggest doing: "st d" 중 가운데 "t"가 약화되어 (써제스트 두잉 → 써제스두잉)
20. spend so: "nd s" 중 가운데 "d"가 약화되어 (스펜드 쏘우 → 스펜쏘우)
21. women: "wo"에 강세를 주어 (워먼 → 위민)
22. interested in: "d"를 flap 처리하여 (인터뤼스티드 인 → 인터뤠스티린)

Chapter 18

How to Be a Good Boyfriend

훈련일지

		y/m/d	:
First Training		y/m/d	:
Second Training		y/m/d	:
Third Training		y/m/d	:

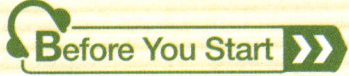 페이지를 넘기기 전에 mp3 파일을 들어보세요.  02-18.mp3

훈련에 앞서 귀와 머리를 따끈하게 데워주는 단계입니다.
세부적 내용 파악보다는 전체적으로 어떤 이야기를 전하고 있는지 음성 파일을 들으며 추측해 봅니다.

Step 1. Warm Yourself Up

본격적인 직청직해 훈련에 앞서, 생소한 표현을 직접 영작해 봄으로써 머리를 따끈하게 Warm-up합니다. 앞의 두 예문을 분석하고, 마지막 문장은 직접 채워 넣습니다.

Expressions & Example Sentences

1. take: 시간, 노력, 돈 등이 들다

A. 영어를 마스터하는 것은 많은 시간과 노력이 든다. Mastering English takes a lot of time and effort.

B. 그 시험을 통과하는 데 얼마나 걸렸니? How long did it take for you to pass the exam?

C. 그 시험을 통과하는 데 3년이 걸렸어. _____

2. the same way: ~과 같은 방식으로

A. 나는 네가 날 사랑하는 것처럼 똑같이 사랑해. I love you the same way you love me.

B. 대부분의 남자들이 대하듯이 그녀를 대하지 마. Don't treat her the same way most guys do.

C. 나는 그와 똑같이 춤을 췄다. _____

3. cost A B: A에게 B가 들게 만들다/ A에게 B를 잃게 만들다

A. 이 집을 고치는 데 돈이 많이 들었어. Renovating this house cost me a lot of money.

B. 당신 차를 고치려면 500달러가 들 것입니다. It will cost you $500 to fix your car.

C. 그 반지는 너에게 돈이 많이 들 거야. _____

4. even if: ~일지라도/ ~할지라도

A. 그녀가 전화할지라도 받지 마. Don't pick up the phone even if she calls you.

B. 실패할지라도, 난 다시 시도할 거야. Even if I fail, I'm going to try again.

C. 너에게 선물을 안 사줘도, 내게 화내지 마. _____

5. have a 형용사 influence on someone/ something: ~에게/ ~에 형용사한 영향을 미치다

A. Randy Pausch 교수는 나에게 대단한 영향을 미쳤다.
Professor Randy Pausch had a great influence on me.

B. Sandel의 책은 많은 대학생들에게 긍정적인 영향을 미쳤다.
Sandel's book had a positive influence on many college students.

C. 당신의 코멘트가 저의 삶에 대단한 영향을 미쳤어요. _____

6. break something up: 관계 등을 깨뜨리다

　A. Luke의 실수가 우리를 헤어지게 했다. Luke's mistake broke us up.

　B. 그 CEO의 발언이 그들의 동업 관계를 깨뜨렸다. The CEO's comment broke up their partnership.

　C. 나는 그들을 쉽게 헤어지게 할 수 있어. _____

7. something goes well: ~이 잘 진행되다

　A. 그 거래가 잘 진행되면 내게 전화해줘. Please call me if the deal goes well.

　B. 그 인터뷰가 잘 되지 않았어. The interview didn't go well.

　C. 당신 일은 잘 진행되고 있습니까? _____

🎙 Key Vocabulary 훈련에 앞서 필요한 핵심어들을 큰소리로 읽어봅니다.

□ etiquette = 예절　　　□ toilet = 변기　　　□ reduce = 줄여주다
□ random = 정하지 않은　　□ female = 여성의

Step 2
Super Listening Training 직청직해 훈련

 02-18-slt.mp3 파일 활용

긴 문장을 소리만 듣는 것이 아닌, "이해"를 하려면 어순대로 실시간 직청직해하는 것만이 진리입니다.
이 단계에서는 Speedy한 훈련을 위해 SLT에 도전합니다.

1. 반복되는 의미 절을 들으며 어순대로 질문에 답하고 진행합니다.
2. 답은 영어 혹은 한글 중 더 편하고 빠르게 떠오르는 것으로 합니다.
3. 모르는 답은 들리는 대로라도 최대한 추측하여 채워 넣습니다.
   예시 지문: I bumped into my girlfriend. ➡ 예시 답 1: 나는 …했다 내 여자친구에게.
   　　　　　　　　　　　　　　　　　　　예시 답 2: I bumped into … girlfriend.
   　　　　　　　　　　　　　　　　　　　예시 답 3: I 범프 … my girlfriend.
4. 마지막으로 통문장을 담고 있는 mp3 파일을 들어본 후, 다음 문장으로 넘어갑니다.

1
1-a 무엇 해봤나?
1-b 어떤 표현을?
1-c 그리고?

2
2-a 무엇 할 수는 없다?
2-b 어떻게?
2-c 무엇과 똑같은?

3
3-a 무엇 하라?
3-b 그리고?
3-c 어디에서?

4
4-a 필요한 것은 무엇이다?
4-b 또?
4-c 또?
4-d 또?
4-e 그리고?

5-a 무엇 하라?

5-b 무엇을?

6-a 어떻다?

6-b 무엇 하는 것은?

7-a 무엇 하라?

7-b 또?

7-c 언제?

7-d 그리고?

7-e 어디에서?

8-a 어떤 것도?

8-b 무엇 하지 않는다?

9-a 무엇이 되지 마라?

10-a 어떻다?

10-b 언제?

11-a 무엇 하라?

12-a 언제?

12-b 무엇 하라?

🎧 **13** **13-a** 무엇 할 수 있다?

13-b 무엇을?

13-c 어떻게?

13-d 그리고?

🎧 **14** **14-a** 무엇 하라?

🎧 **15** **15-a** 무엇 하라?

15-b 혹은?

15-c 언제?

🎧 **16** **16-a** 어떨 필요는 없다?

🎧 **17** **17-a** 무엇 만으로도?

17-b 어떤?

17-c 무엇 한다?

🎧 **18** **18-a** 무엇 하라?

🎧 **19** **19-a** 무엇 하라?

19-b 어떻다고?

19-c 어떨지라도?

🎧 **20** **20-a** 무엇 하라?

20-b 어떻다고?

20-c 무엇이?

228

🎧 21 **21-a** 무엇 하라?

🎧 22 **22-a** 무엇 하라?

22-b 누구는?

22-c 어떤?

22-d 그들이 어떻다는 것을?

🎧 23 **23-a** 어떻다?

23-b 무엇 할 수 있는?

23-c 혹은?

23-d 언제?

Listen Again and Confirm

스크립트를 전체적으로 다시 들어보며 전체적인 흐름과 내용을 재확인합니다.

Analyze

스크립트 분석을 통하여, 어휘, 문법, 덩어리 표현, 문화, 뉘앙스 등을 고르게 파악합니다.

How to Be a Good Boyfriend

Have you ever heard the [1]**phrase**, "Men are from [2]**Mars** and women are from [3]**Venus**?"
You just can't treat your lady the same way you treat your [4]**dudes**.
Treat your lady right and be the best boyfriend in the world.

Requirements:
Good etiquette
Some [5]**common sense**
Willingness to communicate
Surprises
And [6]**compliments**

Step 1: Show her some etiquette.
It doesn't take too much to be a gentleman.
Hold the door for her, put the toilet seat down after using [7]**it**, and [8]**pull out** her chair at restaurants.
None of these costs you money.

Step 2: Don't be a [9]**savage**.
Women hate when guys [10]**curse**, smoke, or [11]**spit**.

Step 3: Listen and respond.
When she talks, shut up, listen, and respond.
You can help reduce her [12]**frustration** just by listening and asking questions.

Step 4: Surprise her.
Send her a flower or a small gift on a random day.
It doesn't have to be anything expensive.
Just the idea that you're thinking about her [13]**means a lot to her**.

Step 5: Compliment her.
Tell her you love her new [14]**hairstyle** or clothes even if you [15]**don't**.
Tell her that you're lucky to have a stylish girlfriend.

Step 6: Be nice to her friends.
Remember, her friends, especially female friends, have the greatest influence on her.
They have the power to break you two up or save your relationship when it's not going well.

Analysis

1. phrase = 관용적인 표현/ 구
2. Mars = 화성
3. Venus = 금성
4. dudes: "dude" 혹은 "buddy"는 "남성 친구"의 뉘앙스가 크기에 여성에게는 쓰이지 않음
5. common sense = 상식
6. compliments = 칭찬
7. it: "the toilet seat"을 받아줌
8. pull something out = ~을 빼내다
9. savage = 야만인/ 미개인
10. curse = 욕/ 저주
11. spit = 침을 뱉다
12. frustration = 불만/ 실망
13. means a lot to her: "mean A to B"는 "B에게 A의 의미가 있다"로 해석
14. hairstyle: "hair"와 "style"을 붙여서 쓸 것
15. don't: 뒤에 "love them"이 생략됨

 **Speed Note-Taking**

- 스크립트를 1회 들어보며 내용의 핵심이 되는 부분을 최대한 빠르게 노트합니다.
- 스크립트 전체를 받아쓰기할 시간이 없으므로, 핵심 단어 위주로 전략적인 Note-Taking을 합니다.

Step 6 Key Questions

Note-Taking한 것을 바탕으로 문제를 풉니다. 제한 시간은 문제당 30초입니다.

1. **What do you NOT need to be a good boyfriend?**

   A. Showing some etiquette

   B. Being a savage

   C. Listening to her complaints

   D. Treating her friends well

2. **What would you do for her as a good boyfriend?**

   A. Let her open the door for you

   B. Close the door on her forcefully

   C. Ask her questions when she's frustrated

   D. Make fun of her new clothes

3. **Why should you be nice to her female friends?**

   A. Because they are nice to your girlfriend

   B. Because they have a negative influence on your girlfriend

   C. Because they can both ruin and help your relationship

   D. Because they have little influence on your girlfriend

4. **What is true about etiquette?**

   A. It takes too much time and effort.

   B. It doesn't cost you money.

   C. It doesn't make you a gentleman.

   D. Girls don't appreciate it.

낭독훈련을 통해 발음을 교정하고 자연스럽게 문장 구조에 익숙해지는 단계입니다.
1회: 발음과 Pace가 완벽하지 않더라도 너무 느리지 않게 그리고 크게 읽습니다.
2회: Pronunciation Tips를 이용하여 단어 및 연음 단위로 연습합니다.
3회: 훈련한 발음을 신경 써서 스크립트 전체를 읽습니다.
4회: 전체적으로 발음에 신경 쓰며 앞서보다 빠른 Pace로 한 번 낭독합니다.
5회: Native Speaker의 음성을 들으며 최대한 같은 속도로 동시 낭독합니다.

파란색: 단어 / 빨간색: 연음

How to Be a Good Boyfriend

Have you ever heard the phrase, "Men are from Mars and women are from Venus?"
You just can't treat your lady the same way you treat your dudes.
Treat your lady right and be the best boyfriend in the world.

Requirements:
Good etiquette
Some common sense
Willingness to communicate
Surprises
And compliments

Step 1: Show her some etiquette.
It doesn't take too much to be a gentleman.

Pronunciation Tips

1. heard the: "d"와 "th"가 중복되어 (헐드 더 → 헐더)
2. phrase: "ph"는 "f"처럼 발음할 것
3. Venus: "v" 발음을 신경 써서 발음할 것
4. treat: "tr" + 모음은 "츄"처럼 발음하여 (트리트 → 츄륏)
5. lady: "d"를 flap 처리하여 (레이디 → 래이리)
6. treat your: "t"와 "your"가 붙어서 (트리트 유얼 → 츄뤼츄얼)
7. best boyfriend: "st b" 중 가운데 "t"가 약화되어 (베스트 보이프렌드 → 베스보이프렌드)
8. world: "r"과 "l" 둘 다 신경 써서 발음할 것
9. etiquette: "t"를 flap 처리하여 (에티켓 → 에리켓)
10. common: "co"에 강세를 주어 (커먼 → 커먼)
11. surprises: "r"은 묵음 처리하여 (썰프라이지스 → 써프라이지스)
12. gentleman: "n"과 "t"가 붙어있으므로 "t"를 약화시켜 (젠틀맨 → 제늘맨)

Chapter 18 233

Hold the door for her, put the toilet seat down after using it, and pull out her chair at restaurants.

None of these costs you money.

Step 2: Don't be a savage.

Women hate when guys curse, smoke, or spit.

Step 3: Listen and respond.

When she talks, shut up, listen, and respond.

You can help reduce her frustration just by listening and asking questions.

Step 4: Surprise her.

Send her a flower or a small gift on a random day.

It doesn't have to be anything expensive.

Just the idea that you're thinking about her means a lot to her.

Step 5: Compliment her.

Tell her you love her new hairstyle or clothes even if you don't

Tell her that you're lucky to have a stylish girlfriend.

Step 6: Be nice to her friends.

Remember, her friends, especially female friends, have the greatest influence on her.

They have the power to break you two up or save your relationship when it's not going well.

Pronunciation Tips

13. hold the: "ld th" 중 가운데 "d"가 약화되어 (홀드 더 → 홀더)
14. pull out: "ll"과 "out"이 붙어서 (풀 아웃 → 풀라웃)
15. restaurants: (레스토랑스 → 뤠스터뤈스)
16. costs: (코스츠 → 커스츠)
17. shut up: "t"를 flap 처리하여 (셧 업 → 셔럽)
18. frustration: "tr" + 모음은 "츄"처럼 발음하여 (프러스트레이션 → 프뤄스츄뤠이션)
19. questions: "ue"를 "우에"처럼 발음하여 (퀘스천스 → 쿠에스천스)
20. small: (스몰 → 스멀)
21. the: 모음 앞에서는 "디"로 발음
22. hairstyle: "r"과 "l"을 모두 신경 써서 발음할 것
23. clothes: "thes"는 "z"처럼 발음하여 (클로드스 → 클로우즈)
24. greatest: "t"를 flap 처리하여 (그레이티스트 → 그레이리스트)
25. break you: "k"와 "you"가 붙어서 (브레이크 유 → 브뤠이큐)

Chapter 19

How to Write an Essay

훈련일지

First Training	y/m/d	:
Second Training	y/m/d	:
Third Training	y/m/d	:

 페이지를 넘기기 전에 mp3 파일을 들어보세요.  02-19.mp3

훈련에 앞서 귀와 머리를 따끈하게 데워주는 단계입니다.
세부적 내용 파악보다는 전체적으로 어떤 이야기를 전하고 있는지 음성 파일을 들으며 추측해 봅니다.

Step 1 Warm Yourself Up

본격적인 직청직해 훈련에 앞서, 생소한 표현을 직접 영작해 봄으로써 머리를 따끈하게 Warm-up합니다. 앞의 두 예문을 분석하고, 마지막 문장은 직접 채워 넣습니다.

Expressions & Example Sentences

1. ace something: ~에서 A를 받다/ 시험, 인터뷰 등에서 아주 잘하다

A. 그 인터뷰를 잘 보는 것이 좋을 거야. You'd better ace the interview.

B. 그 시험을 잘 보길 바래. I hope you ace the exam.

C. 내가 그 수학 시험을 잘 봤다는 걸 믿을 수가 없어. _____

2. blow someone's mind: ~의 마음을 사로잡다

A. 난 당신의 마음을 사로잡을 수 있어요. I can blow your mind.

B. 그녀의 아름다운 목소리가 내 마음을 사로잡았다. Her beautiful voice blew my mind.

C. 뮤지컬 Wicked는 내 마음을 사로잡았다. _____

3. mention something: ~을 언급하다

A. 그가 있을 때 절대로 내 이름을 언급하지 마. Never mention my name when he's around.

B. 내가 어제 벌어진 것에 대해 얘기했었나? Did I mention what happened yesterday?

C. 너의 실수들을 그 면접관에게 언급할 필요는 없다. _____

4. work on something: ~을 작업하다

A. 난 오늘 내 숙제를 시작할 거야. I'm going to start working on my homework today.

B. 아직 이 일을 붙들고 계신 거예요? Are you still working on this?

C. 난 아직도 그 프로젝트를 작업 중이다. _____

5. make sure + that절: 꼭 that절 해라/ that절하는 것을 확실히 하다

A. 오늘 너희 교수님과 꼭 얘기해봐. Make sure you talk to your professor today.

B. 당신의 아이가 건강하도록 확실히 하겠습니다. I'll make sure your baby is healthy.

C. 이것을 반드시 매일 연습해라. _____

6. something makes sense: ~이 말이 되다

A. 그의 이야기는 완전히 말이 된다. His story totally makes sense.

B. 너의 바보 같은 변명이 말이 된다고 생각하니? Do you think your stupid excuse makes sense?

C. 이 이야기는 말이 안 된다. _____

Key Vocabulary 훈련에 앞서 필요한 핵심어들을 큰소리로 읽어봅니다.

- thoroughly = 철저히, 꼼꼼히
- maintain = 유지하다
- introduction = 도입부
- outline = 개요
- conclusion = 결론
- basically = 근본적으로

Step 2

Super Listening Training 직청직해 훈련

긴 문장을 소리만 듣는 것이 아닌, "이해"를 하려면 어순대로 실시간 직청직해하는 것만이 진리입니다.
이 단계에서는 **Speedy**한 훈련을 위해 **SLT**에 도전합니다.

1. 반복되는 의미 절을 들으며 어순대로 질문에 답하고 진행합니다.
2. 답은 영어 혹은 한글 중 더 편하고 빠르게 떠오르는 것으로 합니다.
3. 모르는 답은 들리는 대로라도 최대한 추측하여 채워 넣습니다.
   예시 지문: I bumped into my girlfriend. ➜ 예시 답 1: 나는 …했다 내 여자친구에게.
   예시 답 2: I bumped into … girlfriend.
   예시 답 3: I 범프 … my girlfriend.
4. 마지막으로 통문장을 담고 있는 mp3 파일을 들어본 후, 다음 문장으로 넘어갑니다.

🎧 **1**
 1-a 무엇 하고 싶은가?
 1-b 무엇을?
 1-c 무엇의?

🎧 **2**
 2-a 무엇 하라?
 2-b 그리고?

🎧 **3**
 3-a 필요한 것은 무엇이다?
 3-b 무엇의?
 3-c 또?
 3-d 또?
 3-e 그리고?

🎧 **4**
 4-a 무엇 하라?
 4-b 무엇을?

🎧 **5**
 5-a 누구는?
 5-b 무엇 한다?
 5-c 어떻게?

6   **6-a** 어떠면?

       6-b 무엇을?

       6-c 무엇 할 수 없다?

7   **7-a** 무엇 하지 마라?

8   **8-a** 무엇 하라?

       8-b 무엇을?

9   **9-a** 무엇은?

       9-b 무엇 한다?

       9-c 무엇을?

10   **10-a** 무엇 하라?

       10-b 언제?

11   **11-a** 무엇 하라?

12   **12-a** 무엇 하라?

       12-b 무엇과 함께?

       12-c 무엇 하기 위해?

13   **13-a** 무엇 하라?

       13-b 무엇을?

       13-c 그리고?

🎧 **14**   **14-a** 무엇 하라?

       14-b 언제?

🎧 **15**   **15-a** 무엇 하는 것이다?

       15-b 무엇을?

       15-c 어떤?

🎧 **16**   **16-a** 무엇 하라?

       16-b 무엇으로?

       16-c 무엇 하기 위해?

       16-d 누구에게?

🎧 **17**   **17-a** 무엇 하라?

🎧 **18**   **18-a** 무엇 해야 한다?

       18-b 무엇을?

       18-c 어디에서?

🎧 **19**   **19-a** 무엇 하라?

       19-b 어디에?

🎧 **20**   **20-a** 무엇은?

       20-b 어떨 수도 있다?

       20-c 무엇만큼이나?

       20-d 어디에서?

🎧 **21-a** 무엇 하라?

🎧 **22-a** 무엇이 있다면?

　　　22-b 무엇 하라?

　　　22-c 그리고?

　　　22-d 무엇을?

Listen Again and Confirm

스크립트를 전체적으로 다시 들어보며 전체적인 흐름과 내용을 재확인합니다.

Analyze

스크립트 분석을 통하여, 어휘, 문법, 덩어리 표현, 문화, 뉘앙스 등을 고르게 파악합니다.

How to Write an Essay

Would you like to ace the writing section of TOEIC and TOEFL?
Follow these steps and blow the reader's mind.

Requirements:
A clear understanding of the topic and the question
The 3-step [1]**structure**
Creative [2]**thinking**
And [3]**proofreading**

Step 1: Understand what they're [4]**looking for**.
Many students fail to read the question thoroughly.
If you don't know what you're writing about, you can't stay on topic.
Don't confuse the reader.

Step 2: Remember the 3-step structure.
[5]**Well-structured** writing almost always maintains the introduction, the body, and the conclusion.
Draw an outline before you start writing.

Step 3: Begin with the introduction.
Make sure you start with a fresh [6]**statement** to attract the reader's interest.
[7]**Mention** what you're writing about and why you're writing it.

Step 4: Skip to the conclusion before working on the body.
You are basically [8]**rephrasing** your initial statement [9]**used** in the introduction.
Finish it with a [10]**unique** and creative sentence to [11]**leave an impression on** the reader.

Step 5: Go back to the body.
You must [12]**elaborate** your thoughts here.
To do this, [13]**give detailed examples** under each [14]**subheading**.
Examples can be as personal as something you've experienced in your life.

Step 6: Proofread your writing.
If you have a couple minutes [15]**left**, use the time wisely and make sure everything makes sense.

Analysis

1. structure = 구조/ 체계
2. thinking: "생각"이 아니라 "생각의 방식" 혹은 "사고"로 해석
3. proofreading = 실수를 확인하기 위하여 다시 읽어보는 교정 방식
4. look for = ~을 찾으려 하다/ ~을 기대하다
5. well-structured = 잘 구성된/ 잘 구조화된
6. statement = 서술/ 진술
7. mention: "about"이 동반되지 않음
8. rephrasing: "rephrase"는 "(이해를 돕기 위해) 다르게 말하다"로 해석
9. used: 앞에 "that was"가 생략된 형태로 "사용된"으로 해석
10. unique = 독특한/ 유일무이한
11. leave an impression on = ~에게 인상을 남기다
12. elaborate = 더 자세히 말하다/ 더 자세히 설명하다
13. give detailed examples: "예를 들다"라고 할 때에는 "give"를 "들다"의 의미로 사용함
14. subheading = 부제
15. left: 앞에 "that are"가 생략된 형태. "남은"으로 해석

 **Speed Note-Taking**

- 스크립트를 1회 들어보며 내용의 핵심이 되는 부분을 최대한 빠르게 노트합니다.
- 스크립트 전체를 받아쓰기할 시간이 없으므로, 핵심 단어 위주로 전략적인 Note-Taking을 합니다.

Step 6 Key Questions

Note-Taking한 것을 바탕으로 문제를 풉니다. 제한 시간은 문제당 30초입니다.

1. What is NOT required to write an essay?

　A. A clear understanding of the question

　B. Creativeness

　C. Examples

　D. A dull statement

2. What is the recommended order in writing an essay?

　A. Intro → Body → Conclusion

　B. Intro → Conclusion → Body

　C. Body → Intro → Conclusion

　D. Conclusion → Body → Conclusion

3. What should the body include?

　A. A fresh statement to attract the reader's interest

　B. Some examples to elaborate your thoughts

　C. Your initial statement used in the introduction

　D. A unique sentence to impress the reader

4. What should you do before you start writing?

　A. Proofreading your writing

　B. Writing the introduction

　C. Mentioning the purpose of the essay

　D. Drawing an outline

Step 7 Read It Out Loud

낭독훈련을 통해 발음을 교정하고 자연스럽게 문장 구조에 익숙해지는 단계입니다.
1회: 발음과 Pace가 완벽하지 않더라도 너무 느리지 않게 그리고 크게 읽습니다.
2회: Pronunciation Tips를 이용하여 단어 및 연음 단위로 연습합니다.
3회: 훈련한 발음을 신경 써서 스크립트 전체를 읽습니다.
4회: 전체적으로 발음에 신경 쓰며 앞서보다 빠른 Pace로 한 번 낭독합니다.
5회: Native Speaker의 음성을 들으며 최대한 같은 속도로 동시에 낭독합니다.

파란색: 단어 / 빨간색: 연음

How to Write an Essay

Would you like to ace the writing section of TOEIC and TOEFL?
Follow these steps and blow the reader's mind.

Requirements:
A clear understanding of the topic and the question
The 3-step structure
Creative thinking
And proofreading

Step 1: Understand what they're looking for.
Many students fail to read the question thoroughly.
If you don't know what you're writing about, you can't stay on topic.
Don't confuse the reader.

Step 2: Remember the 3-step Structure.
Well-structured writing almost always maintains the introduction, the body, and the conclusion.

Pronunciation Tips

1. would you: "d"와 "you"가 붙어서 (우드 유 → 우쥬)
2. writing: "t"를 flap 처리하여 (롸이팅 → 롸이링)
3. these steps: "se"와 "s"가 중복되어 (디즈 스텝스 → 디스텝스)
4. reader's: "d"를 flap 처리하여 (뤼덜스 → 뤼럴스)
5. question: "ue"는 "우에"로 발음하여 (퀘스쳔 → 쿠에스쳔)
6. structure: "tr" + 모음은 "ㅊ"처럼 발음하여 (스트럭철 → 스츄뤅철)
7. creative: "t"를 flap 처리하여 (크리에이티브 → 크뤼에이립)
8. proofreading: "d"를 flap 처리하여 (프루프뤼딩 → 프루프뤼링)
9. students: "d"를 flap 처리하여 (스튜든츠 → 스투른츠)
10. read the: "d"와 "th"가 중복되어 (리드 더 → 뤼더)
11. always: (올웨이스 → 얼웨이스)
12. the: 모음소리 앞에서는 "디"로 발음
13. body: "d"를 flap 처리하여 (바디 → 바리)

Draw an outline before you start writing.

Step 3: Begin with the introduction.
Make sure you start with a fresh statement to attract the reader's interest.
Mention what you're writing about and why you're writing it.

Step 4: Skip to the conclusion before working on the body.
You are basically rephrasing your initial statement used in the introduction.
Finish it with a unique and creative sentence to leave an impression on the reader.

Step 5: Go back to the body.
You must elaborate your thoughts here.
To do this, give detailed examples under each subheading.
Examples can be as personal as something you've experienced in your life.

Step 6: Proofread your writing.
If you have a couple minutes left, use the time wisely and make sure everything makes sense.

Pronunciation Tips

14. draw: "dr" + 모음은 "ㅈ"처럼 발음하고, "aw"는 "어"처럼 발음하여 (드로우 → 쥬뤄)
15. start writing: "rt wr" 중 가운데 "t"가 약화되어 (스탈트 롸이팅 → 스탈롸이링)
16. start with: "rt w" 중 가운데 "t"가 약화되어 (스탈트 위드 → 스탈윗)
17. attract: "tr" + 모음은 "ㅊ"처럼 발음하여 (어트랙트 → 어츄뤡트)
18. rephrasing: "ph"는 "f"로 발음
19. used in: "d"와 "in"이 붙어서 (유즈드 인 → 유즈딘)
20. finish it: "sh"와 "it"이 붙어서 (피니쉬 잇 → 피니쉿)
21. with a: "th"와 "a"가 붙어서 (위드 어 → 위더)
22. unique: "que"에 강세를 주어 발음
23. subheading: "d"를 flap 처리하여 (썹해딩 → 썹해링)
24. you've: "ve"를 놓치지 말고 발음
25. makes sense: "s"와 "se"가 중복되어 (매익스 쎈쓰 → 매익쎈쓰)

Chapter 20

How to Get a Student Visa to the U.S.

훈련일지

First Training	y/m/d	:
Second Training	y/m/d	:
Third Training	y/m/d	:

 페이지를 넘기기 전에 mp3 파일을 들어보세요. ▶ 02-20.mp3

훈련에 앞서 귀와 머리를 따끈하게 데워주는 단계입니다.
세부적 내용 파악보다는 전체적으로 어떤 이야기를 전하고 있는지 음성 파일을 들으며 추측해 봅니다.

Step 1 Warm Yourself Up

본격적인 직청직해 훈련에 앞서, 생소한 표현을 직접 영작해 봄으로써 머리를 따끈하게 Warm-up합니다. 앞의 두 예문을 분석하고, 마지막 문장은 직접 채워 넣습니다.

Expressions & Example Sentences

1. can afford something: ~을 살 여유가 되다/ ~의 여유가 되다

  A. 난 그 비싼 명품 핸드백을 살 여유가 안 된다. I can't afford that expensive designer handbag.

  B. 그것은 내가 살 수 없는 차야. That's a car that I cannot afford.

  C. 이 시계를 살 수 있는 여유가 되세요? _____

2. as early as possible: 가능한 한 일찍

  A. 가능한 한 일찍 내게 알려줘. Let me know as early as possible.

  B. 가능한 한 일찍 그 인터뷰 준비를 하는 게 좋을 거야.
   You'd better prepare for the interview as early as possible.

  C. 내일 가능한 한 일찍 일어나렴. _____

3. the 비교급, the 비교급: 더 비교급 할수록, 더 비교급 하다

  A. 더 빨리 걸을수록 넌 그곳에 더 일찍 도착할 수 있어. The faster you walk, the earlier you can get there.

  B. 더 천천히 숨을 쉬면, 기분이 더 좋아질 거야. The slower you breathe, the better you'll feel.

  C. 더 오래 머물수록, 넌 더 많이 지불해야 해. _____

4. fill something out: ~을 빈칸 등을 채워 작성하다

  A. 이 신청서를 작성해 주시겠습니까? Would you fill out this application?

  B. 나는 그것을 작성하고 그녀에게 주었다. I filled it out and gave it to her.

  C. 이 신청서 먼저 작성해주셔야 해요. _____

5. jeopardize something: ~을 위태롭게 하다

  A. 그의 발언이 우리의 상황을 위태롭게 만들었다. His comment jeopardized our situation.

  B. 그녀의 바보 같은 아이디어가 우리 계획을 위태롭게 할 것이다.
   Her stupid idea is going to jeopardize our plan.

  C. 너의 실수가 그의 커리어를 위태롭게 할 수 있어. _____

6. involve something: ~을 수반한다/ ~을 포함한다

A. 영어를 마스터하는 것은 많은 연습을 수반한다. Mastering English involves a lot of practice.

B. 이 공정은 그 어떤 드릴 작업도 포함하지 않습니다. This process doesn't involve any drilling.

C. 좋은 에세이를 쓰는 것은 많은 예를 드는 것을 수반한다. _____

7. fly out: 비행기로 떠나다

A. 그는 즉시 서울로 떠났어. He flew out to Seoul right away.

B. 몇 시에 뉴욕으로 떠나니? What time are you flying out to New York?

C. 나는 오늘 5시에 뉴욕으로 떠나. _____

Key Vocabulary 훈련에 앞서 필요한 핵심어들을 큰소리로 읽어봅니다.

- target = 목표로 하는
- acceptance = 합격
- obtain = 구하다
- application = 신청서
- approval = 승인

Super Listening Training 직청직해 훈련

긴 문장을 소리만 듣는 것이 아닌, "이해"를 하려면 어순대로 실시간 직청직해하는 것만이 진리입니다.
이 단계에서는 **Speedy**한 훈련을 위해 **SLT**에 도전합니다.

1. 반복되는 의미 절을 들으며 어순대로 질문에 답하고 진행합니다.
2. 답은 영어 혹은 한글 중 더 편하고 빠르게 떠오르는 것으로 합니다.
3. 모르는 답은 들리는 대로라도 최대한 추측하여 채워 넣습니다.
   예시 지문: I bumped into my girlfriend. ➜ 예시 답 1: 나는 …했다 내 여자친구에게.
   예시 답 2: I bumped into … girlfriend.
   예시 답 3: I 범프 … my girlfriend.
4. 마지막으로 통문장을 담고 있는 mp3 파일을 들어본 후, 다음 문장으로 넘어갑니다.

1 1-a 무엇 하는 것은?

1-b 무엇이다?

1-c 무엇 할 수 있는?

2 2-a 어떻다면?

2-b 무엇 해야 한다?

3 3-a 무엇이 있다?

3-b 무엇을?

3-c 무엇 하기 위해?

4 4-a 필요한 것은 무엇이다?

4-b 무엇에 대한?

4-c 또?

4-d 또?

4-e 그리고?

5 5-a 무엇 하라?

🎧 6 **6-a** 무엇 해야 한다?

　　　6-b 어떤?

　　　6-c 어떤?

🎧 7 **7-a** 무엇 하라?

　　　7-b 언제?

🎧 8 **8-a** 무엇 할수록?

　　　8-b 어떻다?

　　　8-c 어떨 가능성?

🎧 9 **9-a** 무엇 하라?

🎧 10 **10-a** 무엇 하면?

　　　10-b 무엇 하기로?

　　　10-c 무엇 할 것이다?

🎧 11 **11-a** 무엇 하라?

🎧 12 **12-a** 무엇 하라?

　　　12-b 그리고?

🎧 13 **13-a** 무엇 할 수 있다?

　　　13-b 혹은?

Chapter 20 251

14 14-a 무엇 하라?

14-b 무엇으로?

15 15-a 무엇마저도?

15-b 무엇 할 수 있다?

16 16-a 무엇 하라?

16-b 무엇을?

17 17-a 어떻다?

17-b 무엇을?

17-c 그리고?

17-d 무엇 하기 위해?

18 18-a 어떨 수도 있다?

18-b 왜?

18-c 무엇에?

19 19-a 무엇 하지 마라?

20 20-a 어떻다?

20-b 무엇을?

21 21-a 무엇 하라?

21-b 그리고?

🎧 **22-a** 무엇 하라?

　　22-b 무엇을?

🎧 **23-a** 무엇 하라?

　　23-b 무엇을?

Listen Again and Confirm
스크립트를 전체적으로 다시 들어보며 전체적인 흐름과 내용을 재확인합니다.

Analyze

스크립트 분석을 통하여, 어휘, 문법, 덩어리 표현, 문화, 뉘앙스 등을 고르게 파악합니다.

How to Get a Student Visa to the U.S.

Studying [1]**abroad** is a great way to learn your target language.
If you [2]**can afford** it, you should definitely try it.
Here's how to obtain a student visa to study in America.

Requirements:
Some research on schools and programs
An I-20 form
An [3]**application** for an F-1 student visa
And a [4]**trip** to a U.S. [5]**consulate** or [6]**embassy**

Step 1: Do some research.
You must first choose a school that has a program that [7]**interests** you.
Also, start the [8]**admissions process** as early as possible.
The earlier you start, the more [9]**likely** it is that you'll be accepted.

Step 2: Wait for acceptance.
[10]**Once** the school decides to accept you, you will [11]**be sent** an I-20 form.

Step 3: [12]**Fill out** the F-1 form.
Obtain and fill out an F-1 student visa application.
You can easily find this online or at any U.S. consulate or embassy.
Make sure you fill it out with correct information.
Even a single spelling mistake can jeopardize your visa [12]**status**.

Step 4: Visit a U.S. consulate or embassy.
You need to bring both the I-20 form and the F-1 student visa application to start the approval process.
They may want to interview you to see if there's a [14]**suspicious** purpose to your trip.
Don't be too nervous.
Many times, the interview involves simple questions.

Step 5: Check your documents and get ready to fly out.
Make sure the information on your documents is correct.
Also, make sure your passport doesn't [15]**expire** soon.

Analysis

1. abroad = 해외로/ 해외에
2. can afford: "afford"는 "can/can't"와 항상 함께 묶어둘 것
3. application = 신청서
4. trip: 여기서는 "여행"보다는 단순히 "오고 감"으로 해석
5. consulate = 영사관
6. embassy = 대사관
7. interest: "관심이 있다"가 아니라 "관심을 갖게 만들다"라는 의미임
8. admissions process: 덩어리로 "입학절차"로 해석
9. likely = ~할 것 같은/ ~할 가능성이 있는
10. once = 일단 ~하면
11. be sent: 수동태이므로 "보내다"가 아닌 "받다"로 해석
12. fill out = 빈칸 등을 기입하여 작성하다
13. status = 자격/ 신분/ 현 상황/ 지위
14. suspicious = 의심스러운
15. expire = 만기되다

Step 5 Speed Note-Taking ▶ 02-20.mp3

- 스크립트를 1회 들어보며 내용의 핵심이 되는 부분을 최대한 빠르게 노트합니다.
- 스크립트 전체를 받아쓰기할 시간이 없으므로, 핵심 단어 위주로 전략적인 Note-Taking을 합니다.

Step 6 Key Questions

Note-Taking한 것을 바탕으로 문제를 풉니다. 제한 시간은 문제당 30초입니다.

1. What is NOT required to get a student visa to the U.S.?

   A. An I-20 form

   B. An F-1 student visa application

   C. An E-2 visa application

   D. Visiting a U.S. consulate

2. If you get accepted by the school you're interested in, you'll receive

   A. An F-1 student visa

   B. An I-20 form

   C. A letter requesting an interview

   D. A new passport

3. What should you bring with you when you visit a U.S. embassy?

   A. The F-1 application you filled out only

   B. Your I-20 form only

   C. Both the I-20 form and the F-1 application

   D. A list of schools and programs you're interested in

4. Which one of the following should you check?

   A. The expiration date on your passport

   B. Your name on your documents

   C. The information you filled out on your visa application

   D. All of the above

Read It Out Loud

낭독훈련을 통해 발음을 교정하고 자연스럽게 문장 구조에 익숙해지는 단계입니다.
1회: 발음과 Pace가 완벽하지 않더라도 너무 느리지 않게 그리고 크게 읽습니다.
2회: Pronunciation Tips를 이용하여 단어 및 연음 단위로 연습합니다.
3회: 훈련한 발음을 신경 써서 스크립트 전체를 읽습니다.
4회: 전체적으로 발음에 신경 쓰며 앞서보다 빠른 Pace로 한 번 낭독합니다.
5회: Native Speaker의 음성을 들으며 최대한 같은 속도로 동시 낭독합니다.

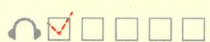

파란색: 단어 / 빨간색: 연음

How to Get a Student Visa to the U.S.

Studying abroad is a great way to learn your target language.
If you can afford it, you should definitely try it.
Here's how to obtain a student visa to study in America.

Requirements:
Some research on schools and programs
An I-20 form
An application for an F-1 student visa
And a trip to a U.S. consulate or embassy

Step 1: Do some research.
You must first choose a school that has a program that interests you.
Also, start the admissions process as early as possible.
The earlier you start, the more likely it is that you'll be accepted.

Pronunciation Tips

1. studying: "d"를 flap 처리하여 (스터딩 → 스터링)
2. abroad: (어브로우드 → 어브륏)
3. learn: "r"을 신경 써서 발음할 것
4. target: (타겟 → 탈깃)
5. language: "ge"를 조금 약하게 발음하면 (랭귀지 → 랭구이쉬)
6. afford it: "d"를 flap 처리하고, "f" 발음을 신경 써서 (어폴드 잇 → 어폴릿)
7. definitely: "de"에 강세를 주고 (데피니틀리 → 데피닛리)
8. student: "d"를 flap 처리하여 (스튜턴트 → 스투른)
9. visa: "v"를 신경 써서 발음할 것
10. form: "r"을 신경 써서 발음할 것
11. consulate: (콘썰래잇 → 칸썰럿)
12. must first: "st f" 중 가운데 "t"가 약화되어 (머스트 펄스트 → 머스펄스트)
13. early: "r"과 "l" 모두 신경 써서 발음할 것
14. possible: (파씨블 → 파써벌)
15. the: 모음소리 앞에서는 "디"로 발음

Step 2: Wait for acceptance.

Once the school decides to accept you, you will be sent an I-20 form.

Step 3: Fill out the F-1 form.

Obtain and fill out an F-1 student visa application.

You can easily find this online or at any U.S. consulate or embassy.

Make sure you fill it out with correct information.

Even a single spelling mistake can jeopardize your visa status.

Step 4: Visit a U.S. consulate or embassy.

You need to bring both the I-20 form and the F-1 student visa application to start the approval process.

They may want to interview you to see if there's a suspicious purpose to your trip.

Don't be too nervous.

Many times, the interview involves simple questions.

Step 5: Check your documents and get ready to fly out.

Make sure the information on your documents is correct.

Also, make sure your passport doesn't expire soon.

Pronunciation Tips

16. sent an: "t"와 "an"이 붙어서 (쎈트 언 → 쎈턴)
17. fill out: "ll"과 "out"이 붙어서 (필 아웃 → 필라웃)
18. find this: "nd th" 중 가운데 "d"가 약화되어 (파인드 디스 → 파인디스)
19. it out: "t"를 flap 처리하여 (잇 아웃 → 이라웃)
20. jeopardize: (쩨펄다이즈)
21. status: 두 번째 "t"를 flap 처리하여 (스태터스 → 스태러스)
22. purpose: "pur"에 강세를 주고 (펄포우즈 → 펄프스)
23. involves: "v"와 "l" 모두 신경 써서 발음할 것
24. questions: "ue"는 "우에"로 발음하여 (퀘스쳔스 → 쿠에스쳔스)
25. ready: "d"를 flap 처리하여 (레디 → 뤠리)

영어 리스닝 훈련
실천 다이어리 2
정답 및 해석

정답 및 해석

Chapter 1

🎧 Step 1: Warm Yourself Up

1. Did you feel sick after you drank this vodka?
2. You'll feel better if you drink this.
3. Do we have plenty of food?
4. Contrary to her cute face, Stella is tough.
5. How can I get sober fast?
6. This ramyun is not spicy. Give it a try.
7. I took a rest after I finished the test.

🎧 Step 2: Super Listening Training

어떻다? (더 재미있는 것은 없다/ nothing's more fun)
무엇보다? (술 몇 잔 마시는 것보다/ than having a few drinks)
누구와? (친구들과/ with friends)

그건 물론 언제까지만? (당신이 토할 것 같을 때까지만/ that is, of course, until you feel sick)

무엇 하라? (이 요령들을 사용하라/ use these tricks)
무엇 하기 위해? (고통을 최소화하기 위해/ to minimize the pain)
그리고 무엇 하기 위해? (기분이 나아지기 위해/ and feel better)
언제? (다음날/ the next day)

필요한 것은 무엇이다? (충분한 물/ plenty of water)
또? (기름진 음식/ greasy food)
또? (스포츠 음료/ sports drinks)
또? (콜라 한 컵/ a cup of cola)
그리고? (약간의 휴식/ and some rest)

5
무엇 하라? (물을 많이 마셔라/ drink a lot of water)

6
어떻다? (물은 수분을 다시 공급한다/ water rehydrates)
무엇에? (당신의 몸에/ your body)

7
무엇도 한다? (그것은 알코올도 씻어낸다/ it also flushes alcohol)
어디로? (몸의 바깥으로/ out of your body)

무엇은? (스포츠 음료는/ sports drinks)
예를 들어? (게토레이와 파워에이드 같은/ such as Gatorade and PowerAde)
무엇을 한다? (물보다 효과가 더 있다/ work better than water)
왜? (몸이 그것들을 더 빨리 흡수하니까/ because your body absorbs them faster)

9
무엇 하라? (기름진 음식을 먹어라/ eat some greasy food)

10
어떻게? (많은 사람들의 생각과는 반대로/ contrary to popular belief)
무엇은? (기름진 음식은/ greasy foods)
무엇 한다? (실제로 도와준다/ actually help you)
무엇 하게? (술이 깨게/ get sober)

11
어떻다? (지방은 알코올을 흡수한다/ fat absorbs alcohol)
그리고? (소금은 다시 채운다/ and salt replenishes)
무엇을? (당신 몸의 고갈된 염분을/ your body's depleted sodium)

12
무엇 하라? (계란 샌드위치를 먹어봐라/ try an egg sandwich)
혹은? (피자 한 조각을/ or a slice of pizza)

13
어떨 것이다? (그건 쉽지 않을 것이다/ it won't be easy)
무엇 하는 것은? (그것들을 삼키는 것은/ to swallow them)
하지만? (시도해봐라/ but give it a shot)

14
무엇 하라? (상식을 따르라/ follow common sense)

15
어떻다? (어떤 사람들은 믿는다/ some people believe)
무엇 하는 것이? (더 많은 술을 마시는 것이/ that drinking more alcohol)
언제? (아침에/ in the morning)

무엇 한다고? (편하게 해준다고/ helps relieve)
무엇을? (컨디션을/ the condition)

이봐요! 무엇 하라? (이성적으로 생각하라/ come on! think rationally)

🎧 17
어떻다? (그것은 마치 제거하려는 것과 같다/ that's like trying to remove)
무엇을? (얼룩을/ a stain)
어디에 묻은? (셔츠에/ on your shirt)
무엇으로? (흙으로/ with dirt)

🎧 18
무엇 하라? (탄산음료를 마셔라/ drink soda)

🎧 19
어떠면? (속이 울렁거리면/ if you feel nauseous)
무엇 하라? (탄산음료를 마셔라/ drink soda)

무엇은? (인산이라는 것은/ the phosphoric acid)
어디에 든? (탄산음료 안에 든/ in soda)
무엇 한다? (억제하는 것을 도와준다/ helps control)
무엇을? (토하고 싶은 충동을/ the urge to vomit)

🎧 21
무엇 하라? (쉬어라/ take a rest)

무엇은 없다? (더 좋은 치유법은 없다/ there's no better cure)
무엇을 위한? (숙취를 위한/ for a hangover)
무엇 하는 것보다? (쉬는 것보다/ than resting)

🎧 23
무엇 하라? (그냥 침대로 돌아가라/ just go back to bed)
그리고? (자라/ and sleep)

🎧 Step 4: Analyze

[스크립트 해석]

숙취를 해결하는 방법

친구들과 술 몇 잔 마시는 것보다 더 재미있는 것은 없습니다. 물론, 당신이 토할 것 같기 전까지만 그렇다는 말이죠.

다음날 고통을 최소화하고 기분이 나아지려면 이 요령들을 사용하세요.

필요한 것은 충분한 물, 기름진 음식, 스포츠 음료, 콜라 한 컵, 약간의 휴식입니다.

1단계: 물을 많이 마시세요.
물은 당신의 몸에 수분을 다시 공급합니다.
물은 몸 밖으로 알코올을 씻어내기도 합니다.
게토레이와 파워에이드 같은 스포츠 음료는 몸이 그것들을 더 빨리 흡수하기 때문에 물보다 효과가 더 좋습니다.

2단계: 기름진 음식을 드세요.
많은 사람들의 생각과는 반대로, 기름진 음식은 실제로 술이 깨는 데 도움이 됩니다.
지방은 알코올을 흡수하고 소금은 몸에서 고갈된 염분을 다시 채워줍니다.
계란 샌드위치나 피자 한 조각을 먹어보세요.
그것들을 삼키는 것은 쉽지 않겠지만 한번 시도해보세요.

3단계: 상식을 따르세요.
어떤 사람들은 술을 더 많이 마시는 것이 아침에 컨디션을 편하게 하는 데 도움이 된다고 믿습니다.
이봐요! 이성적으로 생각하세요.
그건 마치 셔츠에 생긴 얼룩을 흙으로 제거하려는 것과 같습니다.

4단계: 탄산음료를 마시세요.
속이 울렁거리면 탄산음료를 마시세요.
탄산음료 안에 든 인산은 토하고 싶은 충동을 억제하는 데 도움이 됩니다.

5단계: 쉬세요.
쉬는 것보다 숙취에 더 좋은 치료법은 없습니다.
그냥 침대로 돌아가서 자세요.

🎧 Step 6: Key Questions

1. **D**
2. **C**
3. **A**
4. **C**

Chapter 2

🎧 Step 1: Warm Yourself Up

1. I went with the pink dress instead of the white one.
2. Chances are it will rain tomorrow.
3. I'm going to have my car repaired today.
4. This is a flattering dress.
5. Minji sat next to Minwoo.
6. My girlfriend started crying all of a sudden.
7. Why don't you get rid of the old cell phone?
8. I made fun of his ugly face.

🎧 Step 2: Super Listening Training

무엇 하지 마라? (카메라를 탓하지 마라/ don't blame the camera)
또? (조명을/ the lighting)
혹은? (각도/ or the angle)
무엇에 대해? (당신의 못생긴 사진에 대해/ for an ugly picture of yourself)

무엇 하라? (당신의 사진을 변형시켜라/ transform your photo)
어떻게? (다음 요령을 사용하여/ using these tricks)

필요한 것은 무엇이다? (어두운 색의 옷/ dark colored clothes)
또? (자연광/ natural light)
또? (큰 미소/ a big smile)
그리고? (사진편집용 소프트웨어/ and photo-editing software)

무엇 하라? (선택하라/ choose)
무엇을? (맞는 색의 옷을/ the right colored clothes)

무엇에도 불구하고? (검정색이 날씬하게 보이게 만드는 것/ although black makes you look slim)
그건 무엇을 만든다? (전체적인 사진을 만들기도 한다/ it also makes the whole picture)
어떻게도? (굉장히 우울하게 보이게/ look very depressing)

무엇 하라? (무채색들을 택하라/ go with neutral colors)
예를 들어? (베이지와 옅은 회색 같은/ such as beige and light grey)

무엇 하라? (아침 사진을 피하라/ avoid morning shots)

어떻다?(가능성이 크다/ chances are)
어떤? (부은 얼굴이 당신을 더 살쪄 보이게 만들/ your puffy face will make you look fatter)

무엇 하라? (적당한 시간을 선택하라/ choose the right time)
무엇 하기 위해? (사진 찍기 위해/ to take pictures)

무엇 해봐라? (사진을 찍어봐라/ try to have your pictures taken)
어디에서? (밖에서/ outside)
언제? (아침에/ in the morning)
혹은 언제? (해가 지기 전에/ or before sunset)

어떻다? (빛은 부드럽고 돋보이게 한다/ the light is soft and flattering)
언제? (이 시간대에/ at these times)

무엇을 확실히 해라? (카메라가 눈 높이에 있는 것을/ make sure the camera is at eye level)

어떤 것은? (더 낮은 것/ anything lower)
무엇 할 것이다? (살쪄 보이게 만들 것이다/ will make you look fat)

14

뭐 하라? (웃어라/ smile)

15

어떻다? (그렇다, 우리도 안다/ yes, we know)
어떨 것을? (당신이 어색하게 느낄 것을/ you'll feel awkward)
하지만 무엇 하는 것은? ("치즈"나 "김치"라고 말하는 것은/ but saying "cheese" or "kimchi")

무엇 한다? (정말 차이를 만든다/ really makes a difference)

🎧 16
무엇 하라? (친구들을 희생시켜라/ sacrifice your friends)

🎧 17
무엇 하라? (누군가의 옆에 서라/ stand next to someone)
어떤? (더 살이 찐 사람/ who is fatter)
혹은? (더 작은 사람/ shorter)
혹은? (당신보다 더 못생긴 사람/ or uglier than you)

🎧 18
당신은 어떨 것이다? (당신은 믿을 수 없게 매력적으로 보일 것이다/ you'll look incredibly charming)
어디에서? (사진 속에서/ in the photo)
언제? (갑자기/ all of a sudden)

🎧 19
무엇 하라? (찬양하라/ worship)
무엇을? (기술의 힘을/ the power of technology)

🎧 20
무엇 할 수 있다? (제거할 수 있다/ you can get rid of)
무엇을? (여드름을/ your pimples)
또? (블랙헤드를/ black heads)
그리고? (그 어떤 다른 결함도/ and any other imperfections)
어떻게? (사진편집용 소프트웨어를 사용하여/ using photo-editing software)

🎧 21
무엇 할 수도 있다? (심지어 눈을 크게 만들 수도 있다/ you can even make your eyes bigger)
또? (얼굴을 갸름하게/ and face slimmer)

🎧 22
무엇을 하라? (잘 하는 것을 확실히 하라/ make sure you do a good job)
언제? (이것을 할 때/ when you do this)

🎧 23
무엇 하면? (누구라도 알아내면/ if anyone finds out)
무엇을? (당신이 사진을 편집했다는 것을/ you've edited your photos)
그들은 무엇 할 것이다? (당신을 놀릴 것이다/ they'll make fun of you)

얼마 동안? (남은 평생 동안/ for the rest of your life)

🎧 Step 4: Analyze
[스크립트 해석]

사진이 잘 나오게 하는 방법

당신이 못생기게 나온 사진에 대해 카메라, 조명, 각도를 탓하지 마세요.
다음 요령을 이용하여 당신의 사진을 바꿔보세요.

필요한 것은 어두운 색의 옷, 자연광, 활짝 웃기, 사진편집용 소프트웨어입니다.

1단계: 맞는 색의 옷을 선택하세요.
검정색이 날씬하게 보이게 하기는 해도, 전체적인 사진을 아주 우울해 보이게 만들기도 합니다.
베이지와 옅은 회색 같은 무채색들을 택하세요.

2단계: 아침 사진을 피하세요.
부은 얼굴이 당신을 더 살쪄 보이게 만들 가능성이 큽니다.

3단계: 사진 찍기 적당한 시간을 고르세요.
아침이나 해가 지기 전에 야외에서 사진을 찍어보세요.
이 시간대에 빛은 부드럽고 (당신을) 돋보이게 합니다.

4단계: 반드시 카메라가 눈 높이에 있도록 하세요.
(눈 높이보다) 더 낮은 것은 살쪄 보이게 만들 겁니다.

5단계: 웃으세요.
우리도 당신이 어색하게 느낄 것을 알지만 "치즈"나 "김치"라고 말하는 것은 정말 차이를 만듭니다.

6단계: 친구들을 희생시키세요.
당신보다 뚱뚱하거나, 키가 작거나, 못생긴 사람 옆에 서세요.
당신은 갑자기 사진 속에서 믿을 수 없게 매력적으로 보일 겁니다.

7단계: 기술의 힘을 찬양하세요
당신은 여드름, 블랙헤드, 그리고 다른 어떤 결함도 사진편집용 소프트웨어를 사용하여 지울 수 있습니다.
심지어 눈을 크게 만들 수도 있고 얼굴을 갸름하게 만들 수 도 있습니다.
이럴 때는 반드시 잘 하세요.
누구라도 당신이 사진을 편집했다는 것을 알아내면 남은 평생 동안 당신을 놀릴 겁니다.

🎧 Step 6: Key Questions
1. **D**

2. A
3. C
4. A

Chapter 3

🎧 Step 1: Warm Yourself Up

1. Alison spent a great deal of time to knit this scarf.
2. I'm not picky about food.
3. This necklace goes with your dress.
4. Does this technique really work?
5. We go the extra mile for our customers.
6. Studying English is worth the effort.
7. Repairing your car was a time-consuming process.
8. His sincere gift moved me.

🎧 Step 2: Super Listening Training

어떻다? (남자들은 소비한다/ guys spend)
무엇을? (많은 돈을/ a great deal of money)
또? (노력을/ effort)
그리고? (시간을/ and time)
무엇 하기 위해? (당신을 감동시키기 위해/ to impress you)
언제? (밸런타인데이에/ on Valentine's Day)

무엇 하는 게 어떤가? (그에게 보여주는 게 어떤가/ why don't you show him)
무엇을? (고마운 마음을/ some appreciation)
언제? (이번 밸런타인데이에/ this Valentine's Day)
어떻게? (그에게 적절한 선물을 해줌으로써/ by giving him the right gift)

필요한 것은 무엇이다? (전자제품/ electronics)
또? (화장품/ cosmetic products)
또? (운동화/ sneakers)
또? (러브레터/ a love letter)
그리고? (손으로 만든 선물/ and a handmade gift)

무엇 하라? (그에게 전자제품을 줘라/ give him electronics)

어떨 필요는 없다? (그게 비싼 노트북 컴퓨터일 필요는 없다/ it doesn't have to be a pricey laptop)

무엇이라도? (간단한 MP3 플레이어라도/ even a simple MP3 player)
무엇 할 것이다? (그를 며칠 동안 바쁘게 할 것이다/ will keep him busy for days)

무엇은 어떨까? (게임기는 어떨까/ how about a game console)
혹은? (외장 하드 드라이브/ or an external hard drive)

무엇 해봐라? (화장품을 고려해봐라/ consider grooming products)

누구는? (대부분의 남자들은/ most guys)
무엇이 없다? (많은 지식이 없다/ don't have a lot of knowledge)
무엇에 대한? (화장품에 대한/ on cosmetics)

무엇 하라? (기본적인 것으로 시작하라/ start with something basic)
예를 들어? (토너 같은/ such as a toner)
혹은? (에센스/ an essence)
혹은? (로션/ a lotion)
혹은? (크림/ a cream)
아니면? (자외선차단제/ or a sunscreen)

무엇 하라? (그에게 줘라/ give him)
무엇을? (손으로 쓴 설명서를/ hand-written instructions)
무엇에 대한? (그것들을 사용하는 법에 대한/ on how to use them)

무엇 하라? (그에게 운동화를 사줘라/ get him sneakers)

어떤 반면에? (옷은 위험할 수 있는 반면에/ while clothes can be risky)
누구는? (대부분의 남자들은/ most guys)
어떻지는 않다? (너무 까다롭지는 않다/ aren't too picky)
무엇에 대해? (운동화에 대해/ about sneakers)

🎧 14
무엇 하라? (흰색을 택하라/ go for white ones)
왜? (안전하기 위해/ just to be safe)

🎧 15
무엇은? (흰 운동화는/ white sneakers)
어떻다? (어떤 것과도 잘 어울린다/ go nicely with anything)

🎧 16
무엇 하라? (그에게 써라/ write him)
무엇을? (진심 어린 편지를/ a sincere letter)
혹은? (카드를/ or a card)

🎧 17
누구는? (대부분의 남자는/ most guys)
어떻다? (받을 기대를 하지 않는다/ don't expect to receive)
무엇을? (큰 선물을/ a big gift)
언제? (밸런타인데이에/ on Valentine's Day)

🎧 18
무엇은? (단순하지만 진심 어린 러브레터는/ a simple but sincere love letter)
무엇 할 것이다? (그의 마음을 녹일 것이다/ will melt his heart)

🎧 19
무엇이? (선물 없는 카드가/ a card without a gift)
어떻다? (효과가 더 있다/ works better)
무엇보다? (카드 없는 선물보다/ than a gift without a card)

🎧 20
무엇 하라? (각별히 더 애써라/ go the extra mile)
무엇으로? (손으로 만든 선물로/ with a handmade gift)

🎧 21
어떻다? (그것은 시간이 오래 걸린다/ it's time-consuming)
하지만? (노력할 가치가 있다/ but it's worth the effort)

🎧 22
어떻다? (남자들은 감사한다/ guys appreciate)

무엇에 대해? (진심 어림이라는 생각에 대해/ the idea of sincerity)
무엇보다 더? (금전적인 가치보다 더/ more than the monetary value)
무엇의? (선물의/ of a gift)

🎧 23
무엇 하라? (창의적이 되라/ be creative)
예를 들어 무엇 하라? (그에게 목도리를 짜줘라/ knit him a scarf)
혹은? (케이크를 구워라/ bake a cake)
무엇이 있는? (그의 이름이 쓰인/ with his name on it)
혹은? (사진앨범을 만들어라/ or make a photo album)
누구의? (당신 둘의/ of the two of you)

🎧 Step 4: Analyze
[스크립트 해석]

당신의 남자에게 어울리는 선물을 하는 방법

남자들은 밸런타인데이에 당신을 감동시키기 위해 많은 돈, 노력, 시간을 씁니다.
이번 밸런타인데이에 그에게 적절한 선물을 해줌으로써 고마움을 보여주는 게 어떨까요?

필요한 것은 전자제품, 화장품, 러브레터, 손으로 만든 선물입니다.

1단계: 전자제품을 선물하세요.
그게 비싼 노트북 컴퓨터일 필요는 없습니다.
간단한 MP3 플레이어라도 그를 며칠 동안 바쁘게 할 겁니다.
게임기나 외장 하드 드라이브는 어떨까요?

2단계: 화장품을 고려해보세요.
대부분의 남자들은 화장품에 대해 잘 모릅니다.
토너, 에센스, 로션, 크림, 자외선차단제 같은 기본적인 것으로 시작하세요.
그에게 그것들을 사용하는 법에 대해 손으로 쓴 설명서를 주세요.

3단계: 운동화를 선물하세요.
옷은 위험할 수 있는 반면에, 대부분의 남자들은 운동화에 대해 그다지 까다롭지 않습니다.
안전하게 흰색을 선택하세요.
흰색 운동화는 어느 것과도 잘 어울립니다.

4단계: 진심 어린 편지나 카드를 써주세요.
대부분의 남자는 밸런타인데이에 큰 선물을 받을 기대를 하지 않습니다.
단순하지만 진심 어린 러브레터는 그의 마음을 녹일 겁니다.

카드 없이 주는 선물보다 선물 없이 주는 카드가 더 효과 있습니다.

5단계: 손으로 만든 선물로 각별히 더 신경쓰세요.
그것은 시간이 오래 걸리지만 노력할 만한 가치가 있습니다.
남자들은 선물의 금전적인 가치보다 진심이 담겨 있다는 생각에 더 고마워합니다.
창의력을 발휘해보세요. 예를 들어, 그에게 목도리를 떠 주거나, 그의 이름을 쓴 케이크를 만들어 준다거나, 두 사람의 사진 앨범을 만들어보세요.

🎧 Step 6: Key Questions

1. A
2. C
3. C
4. D

Chapter 4

🎧 Step 1: Warm Yourself Up

1. Have you used this tried and true technique?
2. I visit my parents on a regular basis.
3. James Mraz paid a visit to Korea last year.
4. Make it a habit to exercise.
5. Even if you're sad, don't cry.
6. If you feel the urge, tell your doctor right away.
7. It is hard to find drinks rich in calcium.
8. If you move the bowels, that's a good sign.

🎧 Step 2: Super Listening Training

무엇 하고 있나? (당신은 너무 많은 시간을 쓰고 있나?/ are you spending too much time)
어디에서? (변기 위에서/ on a toilet)
무엇 하면서? (기적이 일어나길 기대하면서/ expecting miracles to happen)

무엇 하라? (당신만의 기적을 만들어라/ create your own miracle)
무엇으로? (결과가 입증된 다음의 치료 방법들로/ with these tried and true remedies)

필요한 것은 무엇이다? (화장실/ a bathroom)
또? (지압/ acupressure)
그리고? (운동/ and exercise)

무엇 하라? (규칙적으로 먹어라/ eat on a regular basis)

많은 경우, 무엇은? (변비는/ many times, constipation)
어떻게 된다? (불규칙적인 식사 패턴 때문에 생긴다/ is caused by an irregular eating pattern)

누가? (남자들보다는 더 많은 여자들이/ more women than men)
무엇 한다? (이 문제를 갖고 있다/ have this problem)
왜? (그들은 엄격한 다이어트를 하니까/ because they go on strict diets)

무엇 하라? (방문하라/ pay a visit)
어디로? (화장실로/ to the bathroom)
어떻게? (가능한 한 자주/ as often as possible)

무엇 하라? (그것을 버릇으로 만들라/ make it a habit)
무엇 하는 것을? (화장실에 가는 것을/ to go to the bathroom)
언제? (먹고 나서 10-20분 후에/ 10 to 20 minutes after you eat)

무엇 하라? (이것을 하라/ do this)
어떨지라도? (대변이 마렵지 않더라도/ even if you don't feel the urge)

무엇 하라? (운동하라/ exercise)

무엇은? (많은 요가 동작들은/ many yoga moves)
어떻다? (고안되어 있다/ are designed)
무엇 하도록? (자연스럽게 장을 자극하도록/ to naturally stimulate your intestines)

🎧 **12**
무엇이 있다? (많은 요가 비디오들이 있다/ there are many yoga videos)
어떤? (온라인에서 구할 수 있는/ available online)

🎧 **13**
무엇 하라? (지압을 시도해봐라/ try acupressure)

🎧 **14**
무엇 하라? (두 손을 들어라/ hold your hands up)
어떻게? (손바닥이 당신을 향한 채로/ with your palms toward you)

🎧 **15**
그리고 나서, 무엇 하라? (손 옆면을 가볍게 두드려라/ then, tap the sides of your hands)
어떻게? (양 손을 맞대고/ against each other)
얼마 동안? (5-10분 동안/ for 5 to 10 minutes)

🎧 **16**
어떻다? (이것은 유도한다/ this induces)
무엇을? (배변을/ a bowel movement)
어떻게? (결장을 자극함으로써/ by stimulating your colon)

🎧 **17**
무엇 하라? (먹는 것을 조심하라/ watch what you eat)

🎧 **18**
무엇 하라? (즉석음식을 빼라/ get rid of instant food)
또? (흰 빵을/ white bread)
또? (치즈를/ cheese)
그리고? (완숙 계란을/ and hard-boiled eggs)

🎧 **19**
대신, 무엇 하라? (해초를 먹어봐라/ instead, try seaweed)
또? (고구마를/ sweet potatoes)
또? (토란을/ taro)
그리고? (플레인 요구르트를/ and plain yogurt)

🎧 **20**
무엇은? (섬유질이 풍부한 음식은/ foods rich in fiber)
그리고? (많은 물은/ and plenty of water)
무엇 한다? (변비를 막아준다/ prevent constipation)
무엇으로부터? (악화되는 것으로부터/ from getting worse)

🎧 **21**
무엇 하라? (무릎을 들어라/ raise your knees)

🎧 **22**
언제? (당신이 변기 위에 앉아 있을 때/ when you're sitting on a toilet)
무엇 하라? (무릎을 들어라/ raise your knees)
어떻게? (엉덩이보다 높게/ higher than your bottom)

🎧 **23**
무엇이다? (이것은 이상적인 자세다/ this is an ideal posture)
무엇 하기 위한? (변을 보기 위한/ to move the bowels)

🎧 **Step 4: Analyze**
[스크립트 해석]

변비를 자연스럽게 해결하는 방법

기적이 벌어지길 기대하면서 변기 위에서 너무 많은 시간을 보내고 있나요?
결과가 입증된 다음의 치료 방법들로 당신만의 기적을 만들어보세요.

필요한 것은 화장실, 지압, 그리고 운동입니다.

1단계: 규칙적으로 식사하세요.
많은 경우, 변비는 불규칙적인 식사 패턴 때문에 생긴다.
남자들보다는 여자들이 엄격한 다이어트를 하기 때문에 더 많이 이 문제를 갖고 있습니다.

2단계: 가능한 한 자주 화장실을 가세요.
식사하고 나서 10-20분 후에 화장실에 가는 것을 습관으로 만드세요.
대변이 마렵지 않더라도 이렇게 하세요.

3단계: 운동하세요.
많은 요가 동작들은 자연스럽게 장을 자극하도록 만들어졌습니다.
온라인에서 구할 수 있는 요가 비디오가 많죠.

4단계: 지압을 해보세요.
손바닥이 당신을 향하게 하여 두 손을 들어보세요.
양 손을 맞대고 5-10분 동안 손 옆면을 가볍게 두드리세요.
이렇게 하면 결장을 자극하여 배변을 유도한답니다.

5단계: 먹는 것을 조심하세요.
즉석음식, 흰 빵, 치즈, 완숙 계란을 삼가세요.
대신, 해초, 고구마, 토란, 플레인 요구르트를 먹어보세요.

섬유질이 풍부한 음식과 충분한 수분은 변비가 악화되는 것을 막아 줍니다.

6단계: 무릎을 드세요.
변기 위에 앉아있을 때 무릎을 엉덩이보다 높이 드세요.
이것은 변을 보는 이상적인 자세입니다.

🎧 Step 6: Key Questions

1. **D**
2. **C**
3. **A**
4. **C**

Chapter 5

🎧 Step 1: Warm Yourself Up

1. Aren't you sick of this song?
2. Let's move on to a different topic.
3. Claire's resume stood out from everyone else's.
4. I have listed my educational background in chronological order.
5. Look up his name on Google.
6. This album contains a variety of songs.
7. When it comes to math problems, he always calls me.
8. Ellie applied for the school.

🎧 Step 2: Super Listening Training

무엇 하는가? (당신은 상사에게 질리는가?/ are you sick of your boss)

무엇 하라? (인상적인 이력서를 써라/ write an impressive resume)
그리고 무엇 하라? (넘어가라/ and move on)
어디로? (새 직업으로/ to a new job)

필요한 것은 무엇이다? (컴퓨터/ a computer)
그리고? (프린터/ and a printer)

무엇이? (당신의 이름이/ your name)
어때야 한다? (돋보여야 한다/ must stand out)

무엇 하라? (이름을 써라/ write your name)
어떻게? (굵은 글씨로/ in bold)
어디에? (페이지 맨 위에/ at the top of the page)

그리고 나서, 무엇 하라? (주소를 타이핑해 넣어라/ then, type in your address)
또? (전화번호를/ phone numbers)
그리고? (이메일 주소를/ and email address)

무엇 하라? (근무경험으로 시작하라/ start with your work experience)

무엇 하라? (근무기록을 나열하라/ list your work history)
어떻게? (연대순으로/ in chronological order)
무엇을? (가장 최근 직위를/ with the most recent position)
어디에 둔 채? (맨 위에 둔 채/ at the top)

무엇 하다? (당신은 필요하다/ you need)
무엇이? (회사의 이름이/ the names of the companies)
또? (고용시기가/ the dates of your employment)
또? (직명이/ your job titles)
그리고? (업무 내용이/ and your job duties)

무엇 하라? (당신의 학력을 나열하라/ list your educational background)

무엇 하라? (가장 높은 교육을 타이핑하라/ type the highest education)
어떤? (당신이 받은/ you received)
어디에? (맨 위에/ at the top)

무엇 하라? (전공을 포함하라/ include your major)
또? (평점을/ GPA)

그리고? (업적을/ and any achievements)
또? (자격증을/ certificates)
혹은? (상을/ or awards)
어떤? (당신이 받은/ you received)

🎧 13

무엇도? (능숙함도/ proficiency)
무엇의? (외국어의/ in a foreign language)
어떨 수 있다? (마찬가지로 큰 플러스 요인이 될 수 있다/ can be a big plus as well)

🎧 14

무엇 하라? (포함시켜라/ throw in)
무엇을? (추천서를/ some references)

🎧 15

무엇은? (추천서가 있는 이력서는/ a resume with references)
어떻다? (전문적으로 보인다/ looks professional)
또 어떻게? (믿을 수 있게/ and trust worthy)

🎧 16

무엇 하지 마라? (반복하지 마라/ don't repeat)
무엇을? (같은 단어들을/ the same words)

🎧 17

무엇 하라? (동의어들을 찾아봐라/ look up synonyms)
어디에서? (사전에서/ in your dictionary)
그리고? (다양한 단어들을 사용하라/ and use a variety of words)

🎧 18

무엇 하라? (작업을 확인하라/ check your work)
무엇이 있는지? (실수가 있는지/ for any errors)

🎧 19

무엇이다? (이것은 가장 중요한 부분이다/ this is the most important part)
무엇에 관해서라면? (이력서를 쓰는 것에 관해서라면/ when it comes to writing a resume)

🎧 20

무엇은? (실수가 없는 이력서는/ an error-free resume)
무엇 한다? (보여준다/ shows)
어떤지? (당신이 얼마나 진지한지/ how serious you are)
무엇에 대해? (그 일자리에 대해/ about the position)

어떤? (당신이 지원하고 있는/ you're applying for)

🎧 21

무엇 하라? (친구 한 두 명을 시켜라/ have a couple of your friends)
무엇 하게? (당신을 위해 그것을 교정하게/ proofread it for you)

🎧 22

무엇 하지 마라? (한 페이지 이상 넘기지 마라/ don't go over one page)

🎧 23

현실적으로, 누구는? (면접관들은/ realistically, interviewers)
무엇 하지도 않는다? (읽게 되지도 않는다/ don't even get to read)
무엇을? (두 번째 페이지를/ the second page)

🎧 Step 4: Analyze
[스크립트 해석]

이력서를 쓰는 방법

상사에게 질렸나요?
인상적인 이력서를 쓰고 새로운 직업으로 옮겨 가세요.
필요한 것은 컴퓨터와 프린터입니다.

1단계: 당신의 이름이 돋보여야 합니다.
굵은 글씨로 페이지 맨 위에 이름을 쓰세요.
그리고 나서 주소, 전화번호, 이메일 주소를 타이핑해 넣으세요.

2단계: 근무경험부터 시작하세요.
가장 최근 직장을 맨 위에 써서 연대순으로 경력을 나열하세요.
회사의 이름, 고용시기, 직명, 업무 내용을 써야 합니다.

3단계: 당신의 학력을 나열하세요.
당신이 받은 가장 높은 수준의 교육을 맨 위에 쓰세요.
전공, 평점, 성과, 자격증, 수상 이력을 포함시키세요.
외국어에 능숙한 것도 큰 플러스 요인이 될 수도 있습니다.

4단계: 추천서를 포함시키세요.
추천서가 있는 이력서는 전문적이고 믿을 만하게 보입니다.

5단계: 같은 말을 반복하지 마세요.
사전에서 동의어를 찾아보고 다양한 단어를 사용하세요.

6단계: 실수가 있는지 자신이 쓴 것을 검토해보세요.
이력서를 쓰는 것에 관해서라면 이게 장 중요한 부분입니다.

실수가 없는 이력서는 당신이 지원하려는 일자리에 얼마나 진지한지 보여줍니다.
친구 한두 명에게 이력서를 교정 보게 하세요.

7단계: 한 페이지 이상 넘기지 마세요.
현실적으로, 면접관들은 두 번째 페이지를 읽지도 않습니다.

🎧 Step 6: Key Questions

1. D
2. D
3. B
4. B

Chapter 6

🎧 Step 1: Warm Yourself Up

1. I'm supposed to meet my girlfriend today.
2. I will take a look at the report later.
3. I fell asleep as soon as I came home.
4. Make sure to send me the email.
5. Sienna is not only cute but also nice.
6. The cute girl was standing next to me.
7. Wear your seatbelt at all times.

🎧 Step 2: Super Listening Training

누구는? (신생아들은/ newborn babies)
무엇 해야 한다? (자야 한다/ are supposed to sleep)
얼마 동안? (하루에 16시간이나 그 이상/ 16 hours or more a day)

무엇 하라? (이 팁들을 살펴봐라/ take a look at these tips)
무엇 하기 위해? (신생아들을 돕기 위해/ to help them)
무엇 하게끔? (평온히 잠들게끔/ fall asleep peacefully)

필요한 것은 무엇이다? (상쾌한 목욕/ a fresh bath)
또? (아기 마사지/ a baby massage)
또? (담요/ a blanket)
그리고? (아기 침대/ and a crib)

무엇 하라? (확실히 하라/ make sure)
무엇을? (당신의 아기가 편안한 것을/ your baby is feeling comfortable)

무엇 하라? (아기에게 우유를 줘라/ feed her)
그리고? (기저귀를 깨끗이 하라/ and clean her diaper)
언제? (아기가 잘 준비가 되기 전에/ before she's ready to sleep)

무엇 하라? (아기에게 해주어라/ give her)
무엇을? (상쾌한 목욕을/ a fresh bath)
무엇 하기 위해? (아기를 편하게 하기 위해/ to comfort her)

무엇 하라? (아기 마사지를 해주어라/ give her a baby massage)

무엇이다? (그건 좋은 생각이다/ it's a great idea)
무엇 하는 것이? (아기가 느끼게 만드는 것이/ to make her feel)
어떻게? (편안하고 나른하게/ relaxed and drowsy)

어떻다? (이것은 또한 제공한다/ this also provides)
무엇을? (특별한 유대감 형성의 시간을/ a special bonding time)
누구와 누구 사이의? (당신과 아기 사이의/ between you and your baby)

무엇 하라? (로션을 써라/ use lotion)
무엇을 가진? (라벤더 향이 나는/ with a lavender scent)

무엇 하라? (꼭 하라/ make sure)
무엇을? (로션을 데우는 것을/ to warm the lotion)
어디에서? (손 안에서/ in your hands)
언제? (아기 몸에 바르기 전에/ before you put it on your baby)

무엇 하라? (아기를 단단히 감싸라/ swaddle your baby)

무엇으로? (담요로/ with a blanket)

🎧 **13**

무엇 할 뿐만 아니라? (이것은 아기를 만들 뿐만이 아니라/ not only will this make your baby)
어떻게? (따뜻하게 느끼게/ feel warm)
어떻게도 할 것이다? (아주 편안하게도 할 것이다/ but very relaxed)

🎧 **14**

무엇도 하라? (조정하라/ adjust)
무엇을? (실내온도를/ the room temperature)
무엇으로? (또한 더 따뜻한 설정으로/ to a warmer setting as well)

🎧 **15**

무엇 하라? (노래를 불러라/ sing a song)
누구를 위해? (아기를 위해/ for your baby)

🎧 **16**

어떻다? (괜찮다/ it's ok)
어떨지라도? (당신이 최고의 가수가 아닐지라도/ even if you're not the best singer)

🎧 **17**

누구에게는? (당신의 아기에게는/ to your baby)
무엇할 것이다? (당신의 목소리가 들릴 것이다/ your voice)
무엇처럼? (아름다운 오케스트라처럼/ will sound like a beautiful orchestra)

🎧 **18**

무엇 하지 마라? (절대 아기를 혼자 두지 마라/ never leave your baby alone)
어디에? (아기의 방에/ in her room)

🎧 **19**

무엇 하라? (아기를 당신의 침대 옆에 두어라/ keep your baby next to your bed)
어디 안에? (아기의 침대 안에/ in her crib)
언제? (항상/ at all times)

🎧 **20**

누구는? (아기들은/ babies)
무엇 한다? (잠에서 깬다/ wake up from sleep)
어떻게? (자주/ frequently)

무엇 때문에? (다양한 이유 때문에/ for many reasons)

🎧 **21**

무엇이 되어라? (아기의 수호천사가 되어라/ be her guardian angel)

🎧 **Step 4: Analyze**

[스크립트 해석]

아기가 잠들게 돕는 방법

신생아는 하루에 16시간 혹은 그 이상 자야 합니다.
신생아가 곤히 잠들게끔 다음 방법들을 살펴보세요.

필요한 것은 상쾌한 목욕, 아기 마사지, 담요, 아기 침대입니다.

1단계: 반드시 당신의 아기가 편안하게 느끼도록 해주세요.
아기가 잘 준비가 되기 전에 아기에게 우유를 주고 기저귀를 깨끗하게 해주세요.
아기를 편하게 하기 위해 상쾌한 목욕을 시켜주세요.

2단계: 아기에게 마사지를 해주세요.
아기가 편안하고 나른하게 느끼도록 하는 것은 좋은 생각입니다.
이것은 또한 당신과 아기 사이에 특별한 유대감을 형성할 수 있는 시간을 줍니다.
라벤더 향이 나는 로션을 쓰세요.
로션을 아기 몸에 바르기 전에 꼭 손에서 로션을 데워 주세요.

3단계: 담요로 아기를 단단히 감싸세요.
이것은 아기를 따뜻하게 느끼게 해줄 뿐만이 아니라 아주 편안하게도 할 겁니다.
실내온도를 더 따뜻한 설정으로 맞추세요.

4단계: 아기에게 노래를 불러주세요.
당신이 최고의 가수가 아니어도 괜찮습니다.
당신의 아기에게는 당신의 목소리가 아름다운 오케스트라처럼 들릴 겁니다.

5단계: 절대로 아기를 아기 방에 혼자 두지 마세요.
아기를 항상 당신의 침대 옆 아기 침대에 두세요.
아기들은 다양한 이유로 자주 잠이 깹니다.
수호천사가 되어주세요.

🎧 **Step 6: Key Questions**

1. **D**
2. **D**

3. A
4. C

Chapter 7

🎧 **Step 1: Warm Yourself Up**

1. If you help me, I'll give you this book in return.
2. I will check out your essay later.
3. The odor will never go away.
4. Have the documents ready.
5. To make matters worse, I lost my handbag.
6. Never apply it on your skin.
7. His stupid idea worked like a charm.
8. We had to get rid of him.

🎧 **Step 2: Super Listening Training**

무엇 했나? (당신은 기증했나/ did you just donate)
무엇을? (당신의 소중한 피를/ your precious blood)
누구에게? (작은 뱀파이어들에게/ to the tiny vampires)

어땠을 것이다? (그렇다면 당신은 아마도 받았을 것이다/ then you probably got)
무엇을? (가려움을/ some itching)
무엇으로? (보답으로/ in return)

🎧 3
무엇 하라? (이 팁들을 살펴봐라/ check out these tips)
무엇 하기 위해? (그런 감각을 완화시키기 위해/ to relieve such sensations)

🎧 4
필요한 것은 무엇이다? (얼음/ ice cubes)
또? (베이킹 소다/ baking soda)
또? (물 한잔/ a glass of water)
또? (인내심/ patience)
또? (치약/ toothpaste)
또? (알로에/ aloe)
그리고? (소금물/ and saltwater)

🎧 5
무엇 하라? (가서 얼음 조각을 가져와라/ go get some ice cubes)

🎧 6
무엇 하라? (그것을 물린 곳 위에 두어라/ place one on the bite)
그러면? (가려움이 사라질 것이다/ and the itch will go away)
언제? (즉시/ instantly)

🎧 7
무엇 하라? (베이킹 소다와 물을 준비해 두어라/ have some baking soda and water ready)

🎧 8
무엇 하라? (그것들을 섞어라/ mix them together)
그러면? (당신은 마법의 용액을 가진 것이다/ and you've got yourself a magical solution)
무엇을 위한? (벌레 물린 곳을 위한/ for bug bites)

🎧 9
무엇 하라? (그것을 약간 발라라/ put a little bit of it)
어디에? (물린 곳 위에/ on the bite)
무엇 하기 위해? (가려운 느낌을 완화시키기 위해/ to relieve the itching sensation)

🎧 10
무엇 하지 마라? (절대 물린 곳을 긁지 마라/ never scratch the bite)

🎧 11
무엇은? (긁는 것은/ scratching)
무엇 할 것이다? (가려움을 악화시키기만 할 것이다/ will only make the itchiness worse)

🎧 12
어떻게? (엎친 데 덮친 격으로/ to make matters worse)
무엇 할 수 있다? (그것은 흉터를 남길 수 있다/ it could possibly leave a scar)

🎧 13
무엇 하라? (치약을 발라라/ apply toothpaste)

🎧 14
어떻다? (이것은 정말 잘 듣는다/ this works like a charm)
무엇 하는 데에? (간지러움을 제거하는 데/ for getting rid of the

itching)
어떻게? (빠르게/ quickly)

무엇과 무엇이? (알로에와 소금물이/ aloe and saltwater)
어떻다? (역시 효과가 있을 것이다/ may work as well)

🎧

무엇 하라? (예술가가 되는 걸 그만둬라/ stop being an artist)

🎧

무엇 하는 것은? (십자를 만드는 것은/ making a cross)
어디에? (물린 곳 위에/ on the bite)
무엇으로? (손톱으로/ with your fingernail)
어떻다? (도움이 안 될 것이다/ won't help)

🎧

무엇 할 뿐이다? (당신을 그것을 더 하고만 싶을 것이다/ you'll only want to do it more)
그리고? (가려움을 악화시킬 것이다/ and worsen the itching)

🎧 Step 4: Analyze

[스크립트 해석]

모기에 물린 자국을 처치하는 방법

소중한 피를 작은 뱀파이어들에게 기증했나요?
그렇다면 당신은 아마도 보답으로 가려움을 받았을 것입니다.
그런 감각을 완화시키기 위해 다음 팁들을 살펴보세요.
필요한 것은 얼음, 베이킹소다, 물 한잔, 인내심, 치약, 알로에, 소금물입니다.

1단계: 가서 얼음덩이를 가져오세요.
물린 곳 위에 두면 가려움이 즉시 사라질 겁니다.

2단계: 베이킹 소다와 물을 준비해 두세요.
그것들을 섞으면 벌레 물린 곳을 위한 마법의 용액을 갖게 됩니다.
가려운 느낌을 완화시키기 위해 물린 곳 위에 약간 바르세요.

3단계: 절대 물린 곳을 긁지 마세요.
긁으면 가려움을 악화시키기만 할 겁니다.
엎친 데 덮친 격으로 흉터를 남길 수도 있습니다.

4단계: 치약을 바르세요.
이렇게 하면 가려움을 빨리 사라지게 하는 데 아주 잘 듭니다.
알로에와 소금물도 아마 효과가 있을 겁니다.

5단계: 예술가가 될 생각은 마세요.
물린 곳 위에 손톱으로 십자를 만드는 것은 도움이 되지 않을 거예요.
당신을 그것을 더 하고만 싶을 것이고 가려움을 악화시킬 겁니다.

🎧 Step 6: Key Questions

1. D
2. A
3. A
4. D

Chapter 8

🎧 Step 1: Warm Yourself Up

1. I couldn't fall asleep last night.
2. I was mad because my hair got tangled.
3. She might possibly call me today.
4. We must strengthen the system.
5. Can you believe my hair fell out?
6. Even if she doesn't come back, I won't be sad.
7. Drink this diet juice. It doesn't hurt to try.

🎧 Step 2: Super Listening Training

어땠나? (당신의 미용사가 잠들었나/ did your hairdresser fall asleep)
그리고? (당신의 머리를 남겨뒀나/ and leave your hair)
어떻게? (터무니없이 짧게/ ridiculously short)

무엇 하나? (머리가 더 길게 되길 원하나/ do you want your hair longer)
무엇을 위해? (결혼사진을 위해/ for your wedding photos)

무엇 하라? (이 요령들을 살펴봐라/ check out these tricks)
무엇 하기 위해? (머리가 빨리 자라게 돕기 위해/ to help your hair grow fast)

🎧 **4**
필요한 것은 무엇이다? (두피 마사지/ a scalp massage)
또? (머리빗/ a hairbrush)
또? (종합비타민 보충제/ a multivitamin supplement)
그리고? (성적인 상상/ and a sexual fantasy)

🎧 **5**
무엇 하라? (두피를 마사지하라/ massage your scalp)
어떻게? (부드럽게/ gently)

🎧 **6**
무엇 하라? (손가락 끝을 사용하라/ use your fingertips)

🎧 **7**
무엇 한다? (이것은 돕는다/ this helps)
무엇을? (혈액순환을/ blood circulation)
어디의? (두피 안의/ in your scalp)
그리고? (자극한다/ and stimulates)
무엇을? (모발 성장을/ hair growth)

🎧 **8**
무엇 하라? (머리를 자주 빗어라/ brush your hair often)

🎧 **9**
무엇 하는 것은? (빗는 것은/ brushing)
무엇 한다? (가져온다/ brings)
무엇을? (머리카락의 자연적인 기름을/ the hair's natural oils)
어디로? (건조하고 갈라진 머리카락 끝으로/ to dry, split ends)

🎧 **10**
무엇도? (당신의 두피도/ your scalp)
어떻게 될 것이다? (자동으로 마사지될 것이다/ will automatically be massaged as well)

🎧 **11**
무엇 하지 마라? (자지 마라/ don't sleep)
무엇과 함께? (젖은 머리와 함께/ with wet hair)

🎧 **12**
어떻다? (그것은 당신의 머리카락을 만들 수 있다/ it can cause your hair)
무엇 하게? (엉클어지게/ to get tangled)
그리고? (어쩌면 머리카락을 만들 수도 있다/ and possibly make your hair)
무엇 하게? (빠지게/ fall out)

🎧 **13**
무엇 하라? (비타민 보충제를 먹어라/ take a vitamin supplement)

🎧 **14**
무엇 하라? (매일 먹는 종합비타민제를 먹어라/ take a daily multivitamin)
무엇 하는? (함유하고 있는/ that contains)
무엇을? (항산화제를/ antioxidants)
또? (비타민 B를/ B vitamins)
또? (칼슘을/ calcium)
그리고? (철을/ and iron)

🎧 **15**
어떻다? (비타민은 강화시키는 것을 돕는다/ vitamins help strengthen)
무엇을? (당신의 머리카락을/ your hair)

🎧 **16**
무엇 하라? (상상하라/ visualize)
무엇을? (성적인 무언가를/ something sexual)

🎧 **17**
어떻다? (어떤 사람들은 믿는다/ some people believe)
어떻다고? (이것이 돕는다고/ this helps)
무엇을? (모발 성장을/ hair growth)
왜? (그것이 호르몬을 자극하기 때문에/ because it stimulates hormones)

🎧 **18**
무엇 할지라도? (이것이 돕지 못할지라도/ even if this doesn't help)
무엇을? (모발 성장을/ hair growth)
어떨 것이다? (해서 손해 볼 건 없을 것이다/ it won't hurt to try)

🎧 **Step 4: Analyze**
[스크립트 해석]

머리카락이 빨리 자라게 하는 방법

당신의 미용사가 깜박 졸다 당신의 머리를 터무니없이 짧게 만들었나요?
결혼사진을 위해 머리카락이 더 길었으면 하나요?
머리가 빨리 자라는 데 도움이 되도록 다음 방법들을 살펴보세요.
필요한 것은 두피 마사지, 머리빗, 종합비타민 보충제, 성적인 상상입니다.

1단계: 두피를 부드럽게 마사지하세요.
손가락 끝을 사용하세요.
이렇게 하면 두피의 혈액순환을 돕고 모발 성장을 자극합니다.

2단계: 머리를 자주 빗질하세요.
빗질은 머리카락의 자연스러운 유분을 건조하고 갈라진 머리카락 끝으로 보냅니다.
당신의 두피도 자동으로 마사지될 겁니다.

3단계: 머리가 젖은 채로 자지 마세요.
그렇게 하면 머리카락이 엉클어질 수도 있고 어쩌면 머리카락이 빠질 수도 있습니다.

4단계: 비타민 보충제를 드세요.
항산화제, 비타민 B, 칼슘, 철이 들어 있는 매일 먹는 종합비타민제를 드세요.
비타민은 당신의 머리카락을 강화시키는 데 도움이 됩니다.

5단계: 성적인 무언가를 상상하세요.
어떤 사람들은 이것이 호르몬을 자극하기 때문에 모발 성장에 도움이 된다고 믿습니다.
설사 모발 성장에 도움이 되지 않더라도, 해서 손해 볼 일은 없을 겁니다.

Step 6: Key Questions

1. A
2. A
3. B
4. B

Chapter 9

Step 1: Warm Yourself Up

1. Treat your mother to a fabulous show.
2. He can't afford a cell phone because he's poor.
3. Write an essay based on your experience.
4. This car is expensive but it won't break the bank.
5. I'd like to invite you over today.
6. Always have extra batteries ready.
7. He lit up the cigarette.
8. She gave me a one-of-a-kind gift.

Step 2: Super Listening Training

무엇하고 있나? (무엇을 줄 계획을 하고 있나?/ what are you planning to give)
누구에게? (당신의 여자친구에게/ your girlfriend)
언제? (이번 밸런타인데이에/ this Valentine's Day)

무엇 하지 마라? (그냥 믿지는 마라/ don't just trust)
무엇을? (당신만의 판단을/ your own judgment)

어떨지도 모른다? (당신은 그걸 좋아할지도 모른다/ you might like it)
하지만? (그녀는 그렇지 않을지도 모른다/ but she might not)

무엇 하라? (이 팁들을 읽어라/ read through these tips)
무엇 하기 전에? (당신이 어떤 것이든 사기 전에/ before you buy anything)

필요한 것은 무엇이다? (손으로 직접 쓴 편지/ a hand-written letter)
또? (스파 혹은 네일 가게 이용 티켓/ tickets to a spa or a nail shop)
또? (명품 핸드백/ a designer handbag)
그리고? (집에서 요리한 음식/ and a home-cooked meal)

무엇 하라? (진심 어린 편지를 써라/ write a sincere letter)
어떻게? (손으로/ by hand)

어떻다? (여자들은 자동으로 상상한다/ girls automatically visualize)
무엇을? (당신이 그 편지를 쓰는 것을/ you writing the letter)
그리고? (그것을 고마워한다/ and appreciate it)

무엇도? (간단한 카드도/ a simple card)
어떻다? (나쁘지는 않다/ isn't bad either)

하지만? (편지가 대체로 더 효과가 있다/ but a letter usually works better)

🎧 9
무엇 하지 마라? (게으르지 마라/ don't be lazy)
무엇이다? (그것은 일년에 한번 있는 일이다/ it's only a once-a-year-thing)

🎧 10
무엇 하라? (그녀를 대우하라/ treat her)
무엇처럼? (여왕처럼/ like a queen)

🎧 11
무엇 하라? (그녀에게 스파를 대접하라/ treat her to a spa)
또? (네일 가게로/ a nail shop)
그리고? (기타 등등/ etc)

🎧 12
그리고 나서, 무엇 하라? (그녀를 로맨틱한 레스토랑으로 데려가라/ then, take her to a romantic restaurant)

🎧 13
무엇 하는 것은? (그녀를 여왕처럼 대우하는 것은/ treating her like a queen)
무엇 한다? (자동으로 당신을 왕으로 만든다/ automatically makes you a king)

🎧 14
무엇 하라? (그녀에게 무언가를 구해줘라/ get her something)
어떤 것을? (그녀가 항상 원해왔던 것/ that she's always wanted)
하지만? (살 여유가 안됐던 것/ but couldn't afford)

🎧 15
그렇다. 무엇 하라? (그녀에게 주어라/ that's right; give her)
무엇을? (명품 핸드백을/ a designer handbag)

🎧 16
무엇 하라? (당신의 여성 친구들에게 물어봐라/ ask your female friends)
무엇을? (어떤 브랜드가 여자들이 가장 좋아하는 것인지/ what brands are women's favorites)

🎧 17
무엇 하라? (가장 가까운 백화점들을 방문하라/ visit the nearest department stores)
그리고? (돌아다녀보라/ and shop around)

🎧 18
누구는? (점원들은/ sales clerks)
무엇 한다? (대체로 당신을 도와줄 수 있다/ can usually help you)
무엇 하는 것을? (핸드백을 찾는 것을/ find one)
무엇 하여? (근거하여/ based on)
무엇에? (당신의 예산과 그녀의 나이에/ your budget and her age)

🎧 19
무엇은? (그 선물은/ the gift)
무엇 할지도 모른다? (빈털터리로 만들지도 모른다 / might break the bank)
하지만? (상상하라/ but imagine)
무엇을? (그녀의 표정을/ the look on her face)
언제? (그녀가 그것을 열어볼 때/ when she opens it)

🎧 20
무엇이 되라? (그녀의 요리사가 되라/ be her chef)

🎧 21
무엇을 가지는 것 대신에? (같은 지루한 밸런타인데이 저녁식사/ the same boring Valentine's Day dinner)
무엇 하라? (그녀를 집으로 초대하라/ invite her over)
그리고? (그녀를 위해 요리하라/ and cook for her)

🎧 22
무엇 하라? (저녁을 준비해 둬라/ have dinner ready)
언제? (그녀가 도착하기 전에/ before she arrives)

🎧 23
무엇 하라? (불을 붙여라/ light up)
무엇에? (양초에/ some candles)
그리고? (조명을 어둡게 하라/ dim the lights)
그러면? (당신은 가지게 된다/ and there you have)
무엇을? (유일무이한 로맨틱 저녁식사를/ a once-of-a-kind romantic dinner)

🎧 Step 4: Analyze
[스크립트 해석]

당신의 여자에게 딱 맞는 선물을 고르는 방법

이번 밸런타인데이에 당신의 여자친구에게 무엇을 줄 계획을 하고 있나요?
당신 자신의 판단을 믿기만 하진 마세요.
당신은 마음에 들지도 모르지만 그녀는 좋아하지 않을지도 모릅니다.
당신이 어떤 것이든 사기 전에 다음 팁들을 읽어보세요.

필요한 것은 손으로 직접 쓴 편지, 스파나 네일샵 이용권, 명품 핸드백, 집에서 만든 음식입니다.

1단계: 손으로 진심 어린 편지를 쓰세요.
여자들은 당신이 그 편지를 쓰는 것을 자동으로 상상하고 그걸 고마워합니다.
간단한 카드도 나쁘진 않지만 대체로 편지가 더 효과 있습니다.
게으르면 안 됩니다. 왜냐면 일년에 한 번 있는 일이니까요.

2단계: 그녀를 여왕처럼 대하세요.
그녀에게 스파, 네일샵 등등을 대접하세요.
그리고 나서, 로맨틱한 레스토랑으로 데려가세요.
그녀를 여왕처럼 대하는 건 자동으로 당신을 왕으로 만들어줍니다.

3단계: 그녀가 늘 원했지만 살 여유가 없었던 것을 구해주세요.
맞아요. 명품 핸드백을 주세요.
당신의 여성 친구들에게 어떤 브랜드를 여자들이 가장 좋아하는지 물어보세요.
가장 가까운 백화점에 가서 둘러보세요.
점원들은 대체로 당신이 갖고 있는 예산과 그녀의 나이를 바탕으로 (적절한) 핸드백을 찾는 걸 도와줄 수 있습니다.
그 선물 때문에 빈털터리가 될지도 모르지만 그 선물을 열어볼 때 그녀의 표정을 상상해보세요.

4단계: 그녀의 요리사가 되어보세요.
똑같이 지루한 밸런타인데이 저녁식사를 하는 대신, 그녀를 집으로 초대해서 요리해주세요.
그녀가 도착하기 전에 저녁을 준비해 두세요.
양초에 불을 붙이고 조명을 어둡게 하세요. 그럼 당신은 유일무이한 로맨틱 저녁식사를 하게 됩니다.

Step 6: Key Questions

1. **D**
2. **B**
3. **A**
4. **B**

Chapter 10

Step 1: Warm Yourself Up

1. This drink will boost your energy.
2. Our CEO is going to visit this office in no time.
3. Contrary to popular belief, men are romantic.
4. Keep this phone for emergency use.
5. Please cut down on drinking.
6. If you're tired, take a nap.
7. Liz studies English on a daily basis.
8. Unless this wallet is yours, give it to your teacher.

Step 2: Super Listening Training

무엇은? (느린 신진대사는/ a slow metabolism)
무엇 한다? (느린 체중감소를 의미한다/ means slow weight loss)

무엇 하라? (당신의 신진대사를 증가시켜라/ boost your metabolism)
무엇으로? (이 방법들로/ with these tips)
그리고? (살을 빼라/ and lose weight)
어떻게? (아주 금방/ in no time)

필요한 것은 무엇이다? (찬물 샤워/ cold showers)
또? (든든한 아침식사/ a good breakfast)
또? (저탄수화물 식단/ a low-carb diet)
또? (규칙적인 운동/ regular exercise)
그리고? (웨이트 트레이닝/ and weight lifting)

무엇 하라? (찬물 샤워를 하라/ take a cold shower)

어떻게? (많은 사람들의 생각과는 반대로/ contrary to popular belief)
무엇은? (찬물은/ cold water)
어떻다? (사실상 더 좋다/ is actually better)
무엇을 위해? (혈액순환을 위해/ for blood circulation)

🎧 **6**
무엇 할 것이다? (그것은 속도를 더할 것이다/ it will speed up)
무엇에? (당신의 신진대사에/ your metabolism)

🎧 **7**
그래도 무엇 하라? (조심하라/ be careful)
무엇 하지 않게? (그래도 심장마비가 걸리지 않게/ not to have a heart attack, though)

🎧 **8**
무엇 하지 마라? (절대 식사를 거르지 마라/ never skip a meal)

🎧 **9**
누구는? (다이어트를 하는 많은 이들은 생각한다/ many dieters think)
무엇 하는 것이? (안 먹는 것이/ not eating)
무엇 할 것이라고? (그들을 도와줄 것이라고/ will help them)
무엇 하게? (살을 빼게/ lose weight)
하지만? (그것은 사실상 정반대이다/ but it's actually the opposite)

🎧 **10**
무엇 하면? (당신이 식사를 거르면/ if you skip a meal)
무엇 한다? (당신의 몸은 들어간다/ your body goes into)
무엇으로? (단식모드라고 불리는 것으로/ something called a Fasting Mode)

🎧 **11**
무엇 한다? (그것은 의미한다/ it means)
무엇을? (몸이 지방을 남겨둘 거라는 것을/ that your body will reserve fat)
어떤 용으로? (비상용으로/ for emergency use)

🎧 **12**
무엇 하라? (줄여라/ cut down)
무엇을? (탄수화물을/ on carbohydrates)

🎧 **13**
무엇 한다? (연구조사는 나타낸다/ research indicates)
무엇이라고? (스테이크를 먹는 것이 더 좋다고/ that eating a steak is better)
무엇보다? (빵을 먹는 것보다/ than eating bread)
무엇을 위해? (다이어트를 위해/ for your diet)

🎧 **14**
무엇 하라? (흰 음식을 피하라/ avoid white foods)
예를 들어? (빵 같은/ such as bread)
또? (밥/ rice)
또? (면/ noodles)
그리고? (기타 등등/ and so on)

🎧 **15**
무엇 하라? (깨어 있어라/ stay awake)
언제? (낮 동안에/ during the day)

🎧 **16**
무엇 하는 것은? (낮잠을 자는 것은/ taking a nap)
얼마 동안? (너무 오래 동안/ for too long)
무엇 할 것이다? (늦출 것이다/ will slow down)
무엇을? (당신의 신진대사를/ your metabolism)
어떻게? (상당히/ significantly)

🎧 **17**
무엇 하라? (또한, 움직여라/ also, move)
언제? (매 식사 후에/ after every meal)

🎧 **18**
무엇 하라? (운동하라/ work out)
어떻게? (매일/ on a daily basis)

🎧 **19**
무엇 하는 것은? (운동하는 것은/ working out)
얼마 동안? (40분에서 한 시간 동안/ for 40 minutes to an hour)
무엇 할 것이다? (신진대사를 높게 유지할 것이다/ will keep your metabolism high)
얼마 동안? (여러 시간 동안/ for hours)

🎧 **20**
무엇은? (매일 하는 운동은/ daily exercise)
어떻다? (쉬울 수 있다/ can be as easy)
무엇 하는 것만큼? (단순히 걷는 것만큼/ as simply walking)
어떻게? (빠른 속도로/ at a fast pace)

🎧 **21**
무엇 하지 마라? (겁내지 마라/ don't be afraid of)
무엇을? (웨이트 드는 것을/ lifting weights)

어떻다? (그것은 당신을 만들지 않을 것이다/ it's not going to make you)
어떻게? (근육질로/ muscular)
무엇 하지 않는 이상? (당신이 그것을 집중적으로 하지 않는 이상/ unless you do it intensively)
얼마 동안? (오랜 기간 동안/ for a long period of time)

23
어떠면? (당신이 근육이 더 많으면/ if you have more muscle)
무엇 한다? (몸이 지방을 태운다/ your body burns fat)
어떻게? (더 빨리/ faster)

Step 4: Analyze
[스크립트 해석]

신진대사 속도를 높이는 방법

느린 신진대사는 느린 체중감소를 의미합니다.
다음 방법들로 당신의 신진대사를 높여서 아주 빨리 살을 빼세요.
필요한 것은 찬물 샤워, 든든한 아침식사, 저탄수화물 식단, 규칙적인 운동, 웨이트 트레이닝입니다.

1단계: 찬물 샤워를 하세요.
사람들의 생각과는 반대로, 사실 찬물이 혈액순환에 더 좋습니다.
그것은 당신의 신진대사 속도를 높일 것입니다.
심장마비가 걸리지 않게 조심하세요.

2단계: 절대 식사를 거르지 마세요.
다이어트를 하는 많은 이들은 안 먹는 것이 살을 빼는 데 도움을 줄 것이라 생각하지만 실은 정반대입니다.
식사를 거르면 당신의 몸은 단식모드라고 하는 상태에 돌입합니다.
그것은 몸이 비상용으로 지방을 남겨둘 것이라는 뜻이죠.

3단계: 탄수화물을 줄이세요.
연구조사는 빵을 먹는 것보다 스테이크를 먹는 것이 다이어트에 더 좋다는 것을 보여줍니다.
흰 음식을 피하라.
빵, 밥, 면 등과 같은 흰 음식을 피하세요.

4단계: 낮 동안에 깨어 있으세요.
너무 오래 동안 낮잠을 자는 건 당신의 신진대사를 상당히 늦출 겁니다.
또한, 식사 후엔 꼭 움직이세요.

5단계: 매일 운동하세요.
40분에서 한 시간 동안 운동하면 여러 시간 동안 신진대사를 높게 유지해줄 겁니다.

매일 하는 운동은 단순히 빠른 속도로 걷는 것만큼 쉬울 수 있습니다.

6단계: 무거운 기구를 드는 것을 겁내지 마세요.
오랜 기간 동안 집중적으로 하지 않는 이상 그게 당신을 근육질로 만들지는 않을 겁니다.
당신이 근육이 더 많으면 몸이 지방을 더 빨리 태웁니다.

Step 6: Key Questions
1. **A**
2. **C**
3. **A**
4. **B**

Chapter 11

Step 1: Warm Yourself Up
1. Heat this soup at 150 degrees Fahrenheit.
2. The police officer gave me peace of mind.
3. Cool down this hot water for 5 minutes.
4. Mix in this red paint.
5. I can give you up to 5 hours.
6. This café is nice and quiet.
7. She has a variety of ideas.

Step 2: Super Listening Training

무엇 하라? (당신만의 홈메이드 요구르트를 만들어라/ make your own homemade yogurt)
그리고? (그것을 내주어라/ and serve it)
누구에게? (당신이 사랑하는 이들에게/ to your loved ones)

무엇 할 것이다? (마음의 평안을 가지게 될 것이다/ you will have peace of mind)
어떻다는? (인공 조미료가 없다는/ that there are no artificial flavors)
어떻게 된? (포함된/ included)

무엇이다? (그것은 좋고 건강한 후식이다/ it's such a great, healthy dessert)

🎧 **4**
필요한 것은 무엇이다? (우유 1쿼트/ a quart of milk)
또? (요거트 배양균 4분의 1컵/ 1/4 cup of yogurt culture)
또? (약간의 과일 혹은 시리얼/ some fruit or cereal)
또? (깨끗한 용기/ a clean container)
또? (전기장판과 수건/ a heating pad and a towel)
그리고? (냉장고/ and a fridge)

🎧 **5**
무엇 하라? (우유를 부어라/ pour the milk)
어디에? (큰 냄비에/ into a large pot)

🎧 **6**
무엇 하라? (우유를 데워라/ heat the milk)
몇 도로? (화씨 185도로/ to 185 degrees Fahrenheit)
그리고 나서? (그것을 식혀라/ and then cool it down)
몇 도로? (110도로/ to 110 degrees)

🎧 **7**
무엇 해도 된다? (어떤 타입의 우유를 써도 된다/ you may use any type of milk)

🎧 **8**
무엇 하라? (넣고 섞어라/ mix in)
무엇을? (요구르트 배양균을/ yogurt culture)

🎧 **9**
무엇 하라? (부어라/ pour)
무엇을? (맛을 내지 않은 왕성한 요구르트 배양균을/ unflavored active yogurt culture)
어디에? (데워진 우유에/ into the heated milk)
그리고? (그 혼합물을 휘저어라/ and stir the mixture)
언제까지? (그것이 완전히 섞일 때까지/ until it's thoroughly blended)

🎧 **10**
어떻다? (그것은 쉽지 않다/ it's not easy)
무엇 하는 것은? (요구르트 배양균을 구하는 것은/ to get yogurt culture)
어디로부터? (동네 가게로부터/ from a local store)

🎧 **11**
무엇 하라? (살펴봐라/ check out)
어디를? (유기농 식품점을/ an organic food store)
혹은 무엇 하라? (온라인에서 쇼핑하라/ or shop online)

🎧 **12**
무엇 하라? (그것을 배양하라/ incubate it)

🎧 **13**
무엇 하라? (그 혼합물을 부어라/ pour the mixture)
어디에? (깨끗한 용기에/ into a clean container)
무엇 하기 위해? (그것을 배양하기 위해/ to incubate it)

🎧 **14**
무엇 하라? (용기를 놓아라/ set the container)
어디에? (전기장판 위에/ on a heating pad)
그리고? (그것을 덮어라/ and cover it)
무엇으로? (수건으로/ with a towel)

🎧 **15**
무엇 하라? (기다려라/ wait)
얼마 동안? (최대 12시간까지 동안/ for up to 12 hours)

🎧 **16**
어떻게 될 것이다? (요구르트는 매우 단단해질 것이다/ yogurt will become nice and firm)

🎧 **17**
무엇 하라? (제발 참을성을 가져라/ please be patient)

🎧 **18**
무엇 하라? (그것을 냉장하라/ refrigerate it)
언제? (상에 내기 전에/ before serving)

🎧 **19**
어떻다? (요구르트는 최고로 맛있다/ yogurt tastes best)
언제? (그것이 차가울 때/ when it's cold)

🎧 **20**
무엇 해도 된다? (당신은 첨가해도 된다/ you may add)
무엇을? (약간의 과일이나 시리얼을/ some fruit or cereal)
무엇을 위해? (다양한 맛을 위해/ for a variety of flavor)

🎧 **Step 4: Analyze**
[스크립트 해석]

요구르트를 만드는 방법

당신만의 홈메이드 요구르트를 만들어서 사랑하는 이들에게 대접하세요.

당신은 인공 조미료가 들어 있지 않다는 것에 마음의 평안을 얻게 될 겁니다.
그것은 훌륭하고 건강한 후식입니다.

필요한 것은 우유 1쿼트(약 1.14리터), 요거트 배양균 1/4컵, 과일이나 시리얼 약간, 깨끗한 용기, 전기장판과 수건, 냉장고입니다.

1단계: 큰 냄비에 우유를 부으세요.
큰 냄비에 우유를 부으세요.
우유를 화씨 185도(85℃)로 데우고 나서 110도(43℃)로 식히세요.
어떤 종류의 우유를 써도 좋습니다.

2단계: 요구르트 배양균을 넣고 섞으세요.
가미하지 않은 발효 중인 요구르트 배양균을 데운 우유에 붓고 골고루 섞일 때까지 저으세요.
동네 가게에서 요구르트 배양균을 구하기는 쉽지 않습니다.
유기농 식품 매장에서 알아보거나 온라인에서 구입하세요.

3단계: 배양하세요.
혼합물을 배양하기 위해 깨끗한 용기에 부어 넣으세요.
용기를 전기장판 위에 두고 수건으로 덮으세요.

4단계: 최대 12시간까지 기다리세요.
요구르트는 아주 단단해질 겁니다.
참을성을 가져 주세요.

5단계: 상에 내기 전에 냉장하세요.
요구르트는 차가울 때 가장 맛있습니다.
다양한 맛을 위해 과일이나 시리얼을 좀 넣어도 좋습니다.

Step 6: Key Questions

1. **D**
2. **B**
3. **B**
4. **B**

Chapter 12

Step 1: Warm Yourself Up

1. Sell yourself actively at the interview.
2. The faster you move, the more tired you'll get.
3. I called my boss on my way to work.
4. This machine breaks down easily.
5. Never crack a joke in front of your boss.
6. We are all brothers and sisters in the end.
7. Are you willing to study English with Eugene?
8. Are you familiar with this software?

Step 2: Super Listening Training

무엇 하지 마라? (긴장하지 마라/ don't be nervous)
무엇에 대해? (면접에 대해/ about your job interview)

무엇 하라? (자신감을 가져라/ have some confidence)
그리고? (자신을 홍보하라/ and sell yourself)

필요한 것은 무엇이다? (회사에 관한 자세한 지식/ detailed knowledge about the company)
또? (전문적으로 보이는 의상/ a professional-looking outfit)
또? (여분의 이력서 복사본/ extra copies of your resume)
또? (친근한 태도/ a friendly attitude)
또? (솔직함/ honesty)
그리고? (진심 어린 감사 편지/ and a sincere thank-you note)

무엇 하라? (그 회사에 대해 알아라/ know the company)

무엇 하라? (자신만의 조사를 해라/ do your own research)
무엇 하기 위해? (필수적인 정보를 얻기 위해/ to get some essential information)
무엇에 대한? (그 회사에 대한/ about the company)
예를 들어? (그들이 무엇을 전문적으로 다루는지/ what they specialize in)
또? (그 회사에 대한 최신 뉴스/ recent news about the company)
또? (그들의 주요 경쟁상대들/ their major competitors)
그리고? (기타 등등/ etc.)

무엇 할수록? (당신이 더 알수록/ the more you know)
무엇 하다? (더 낫다/ the better)

무엇 하라? (일찍 도착하라/ arrive early)

🎧 8
무엇 한다? (당신은 절대 모른다/ you never know)
무엇을? (무슨 일이 벌어질지/ what's going to happen)
언제? (면접에 가는 도중에/ on your way to the interview)

🎧 9
어떻다? (면접관들은 상관하지 않는다/ interviewers don't care)
어떤지? (당신이 탄 기차가 망가졌는지/ whether your train broke down)
아니면 어땠는지? (교통체증이 있었는지/ or there was a traffic jam)

🎧 10
무엇 하라? (스스로에게 충분한 시간을 줘라/ give yourself enough time)
그리고? (도착하라/ and arrive)
언제? (적어도 면접 30분 전에/ at least 30 minutes before the interview)

🎧 11
무엇 하라? (스스로에게 주어라/ give yourself)
무엇을? (전문적인 인상을/ a professional look)

🎧 12
무엇은? (당신의 옷은/ your dress)
어떨 필요는 없다? (화려한 것일 필요는 없다/ doesn't have to be a fancy one)

🎧 13
무엇 하라? (옷을 다려라/ press your suit)
언제? (면접 전날 밤에/ the night before the interview)
그리고? (확실히 하라/ and make sure)
무엇을? (옷들이 깨끗한 것을/ your clothes are clean)

🎧 14
어때라? (인간미가 있어라/ be human)

🎧 15
무엇 하라? (가벼운 농담을 하라/ crack a light joke)
어떻다면? (당신이 원한다면/ if you want to)

🎧 16
언제는? (결국/ in the end)
어떻다? (그들도 인간들이다/ they are human beings too)

누구처럼? (당신처럼/ just like you)

🎧 17
누가? (더욱 더 많은 회사들이/ more and more companies)
무엇 한다? (높이 평가한다/ value)
무엇을? (대인관계 능력을/ interpersonal skills)
언제? (요즈음/ these days)

🎧 18
무엇 하라? (여분의 복사본을 가져가라/ bring some extra copies)
무엇의? (이력서의/ of your resume)

🎧 19
무엇 하라? (한 부를 주겠다는 제안을 하라/ offer to give one)
언제? (면접이 시작되기 전에/ before the interview begins)

🎧 20
어떨지라도? (면접관이 이미 한 부 가지고 있더라도/ even if the interviewer already has one)
어떻다? (그것은 그들에게 보여준다/ it shows them)
무엇을? (얼마나 당신이 잘 준비되었는지를/ how well-prepared you are)

🎧 21
무엇 하라? (솔직하라/ be honest)

🎧 22
무엇 하면? (그들이 당신에게 물어보면/ if they ask you)
무엇을? (당신이 익숙하지 않은 무언가를/ something you are not familiar with)
무엇 하라? (그들에게 말하라/ tell them)
무엇을? (당신은 배울 의향이 있다는 것을/ you're willing to learn)

🎧 23
무엇은? (솔직함은/ honesty)
무엇이다? (최고의 방책이다/ is the best policy)

🎧 24
무엇 하라? (보내라/ send)
무엇을? (진심 어린 감사 편지를/ a sincere thank-you note)

🎧 25
무엇 하지 마라? (그냥 앉아서 기다리지 마라/ don't just sit and

wait)
무엇을? (기적이 벌어지기를/ for a miracle to happen)

Step 4: Analyze

[스크립트 해석]

면접을 잘 해내는 방법

면접에 대해 긴장하지 마세요.
자신감을 갖고 자신을 홍보하세요.

필요한 것은 그 회사에 관해 자세히 아는 것, 전문적으로 보이는 의상, 여분의 이력서 복사본, 친근한 태도, 솔직함, 그리고 진심이 담긴 감사 편지입니다.

1단계: 그 회사에 대해 알아보세요.
그 회사에 대한 필수적인 정보를 얻기 위한 조사를 직접 해보세요.
예를 들어, 그들이 무엇을 전문으로 하는지, 그 회사에 관한 최신 소식이나 주요 경쟁사 등등.
당신이 더 많이 알수록 좋습니다.

2단계: 일찍 도착하세요.
면접을 보러 가는 도중에 무슨 일이 일어날지 절대 모를 일입니다.
면접관들은 기차가 고장 났든 교통체증이 있었든 상관하지 않습니다.
스스로에게 충분한 시간을 주고 적어도 면접 30분 전에 도착하세요.

3단계: 스스로에게 전문적인 모습을 부여하세요.
당신의 옷이 화려할 필요는 없습니다.
면접 전날 밤에 옷을 다리고 반드시 옷이 깨끗하게 하세요.

4단계: 인간미를 지니세요.
원한다면 가벼운 농담을 하세요.
어쨌든 그들도 당신과 마찬가지로 인간입니다.
요즘에는 점점 더 많은 회사들이 대인관계 기술을 높이 평가합니다.

5단계: 여분의 이력서 복사본을 가져가세요.
면접이 시작되기 전에 한 부를 주겠다고 해보세요.
면접관이 이미 한 부를 갖고 있더라도 그것이 당신이 얼마나 잘 준비된 사람인지 보여줄 겁니다.

6단계: 솔직하세요.
면접관들이 당신이 익숙하지 않은 것에 대해 물어보면 배울 의향이 있다고 말하세요.
솔직함은 최고의 방책입니다.

7단계: 진심이 담긴 감사 편지를 보내세요.
그냥 앉아서 기적이 일어나기를 기다리진 마세요.

Step 6: Key Questions

1. D
2. C
3. A
4. D

Chapter 13

Step 1: Warm Yourself Up

1. Calm down before you see your boyfriend.
2. He kept looking at me.
3. I ended up with my ex-girlfriend.
4. The alien pointed at my face.
5. I got used to his English accent.
6. The police took away his weapon.
7. We should make plans and act accordingly.
8. See if he tries to lie to you.

Step 2: Super Listening Training

1

무엇 하고 있나? (당신은 기대하고 있나?/ are you expecting)
누가 무엇 하기를? (당신의 아이가 읽기를/ your child to read)
무엇을? (월 스트리트 저널 지를/ The Wall Street Journal)

2

무엇 하라? (진정하라/ calm down)
얼마나? (조금만/ a little bit)

3

무엇 할 수는 없다? (어린아이를 강요할 수는 없다/ you can't force a little child)
무엇 하라고? (그 어떤 것을 하라고도/ to do anything)

4

무엇 해야 한다? (오히려 당신은 그들의 읽기 경험의 일부가 되어야 한다/ rather, you must be part of their reading experience)

5

필요한 것은 무엇이다? (아이와 대화할 의향/ willingness to talk

your child)
또? (아이에게 읽어 줄 의향/ willingness to read to your child)
또? (간단한 철자들/ simple letters)
그리고? (사진이 함께하는 단어들/ and words with pictures)
마지막으로? (단어게임/ and word games)

무엇 하라? (계속 말을 해라/ keep talking)
누구에게? (당신의 아이에게/ to your child)

누가? (당신의 아이가/ your child)
어떨 필요는 없다? (이해할 필요는 없다/ doesn't have to understand)
무엇을? (당신이 말하는 모든 것을/ everything you say)

무엇 하라? (아이들에게 말하라/ tell them)
무엇을? (당신이 뭘 하고 있는지/ what you are doing)
또? (왜 당신이 그것을 하고 있는지/ why you are doing it)
그리고? (아이들이 뭘 보고 있는 것인지/ and what they are seeing)

누구는? (이런 저런 것들을 듣는 아이들은/ children who hear things)
누구로부터? (그들의 부모로부터/ from their parents)
어떻다? (결국엔 더 나은 언어실력을 갖게 된다/ end up with better language skills)
누구보다? (그렇지 않은 아이들보다/ than those who don't)

무엇 하라? (당신의 아이에게 읽어줘라/ read to your child)

무엇이다? (이것은 최고의 방법 중 하나이다/ this is one of the best ways)
무엇 하는? (아이에게 가르치는/ to teach your child)
무엇을? (목표 언어를/ the target language)

무엇 하라? (많은 잠자리 동화를 읽어줘라/ read a lot of bedtime stories)
누구에게? (당신의 아이에게/ to your child)
언제까지? (잠들 때까지/ until they fall asleep)

무엇 하라? (그들에게 가르쳐라/ teach them)
무엇을? (기본적인 것들을/ basic stuff)

무엇 하라? (알파벳으로 시작하라/ start with the alphabet)

무엇 하라? (철자들을 크게 읽어줘라/ read the letters aloud)
무엇 하면서? (그것들을 가리키면서/ while pointing at them)

무엇은? (다음 단계는/ the next step)
무엇일 것이다? (아이들에게 보여주는 것일 것이다/ would be showing them)
무엇을? (자신의 이름을 어떻게 읽는지를/ how to read their name)

무엇 하라? (알파벳 자석들을 붙여라/ put alphabet magnets)
어디에? (냉장고에/ on the fridge)
혹은? (아이들이 쉽게 그것들을 볼 수 있는 곳에/ or where they can easily see them)

무엇 할 때에는? (단어들을 가지고 놀 때에는/ when playing with words)
무엇 하라? (단어들에 해당하는 사진들을 보여줘라/ show corresponding pictures)
무엇 하게? (아이들이 그 사진들을 관련시킬 수 있게/ so that they can associate the pictures)
무엇과? (그 단어들과/ with the words)

무엇 하라? (단어 게임들을 하라/ play word games)

어떠면? (일단 아이들이 익숙해지면/ once they become used to)
무엇에? (기본적인 철자들과 단어들에/ basic letters and words)
무엇 하라? (아이들과 단어 게임들을 하라/ play word games with them)

무엇 하라? (더하거나 빼라/ add or take away)
무엇을? (철자 한두 개 정도를/ a letter or two)
그리고? (보아라/ and see)
어떤지를? (아이가 차이점을 인지하는지를/ if your child recognizes the difference)
그리고 어떤지를? (단어를 그에 맞추어 읽는지를/ and reads the word accordingly)

무엇 하지 마라? (절대 아이를 비평하지 마라/ never criticize your child)
무엇 할지라도? (아이가 당신에게 줄지라도/ even if he or she gives you)
무엇을? (틀린 답을/ the wrong answer)

23
무엇은? (좌절감은/ frustration)
무엇이다? (최악의 적이다/ the worst enemy)
무엇에 관해서라면? (배우는 것에 관해서라면/ when it comes to learning)

🎧 Step 4: Analyze

[스크립트 해석]

당신의 아이에게 읽는 법을 가르치는 방법

당신은 당신의 아이가 월 스트리트 저널 잡지를 읽기를 기대하나요? 조금만 진정하세요.
오히려 당신은 그들의 읽기 경험의 일부가 되어야 합니다.
어린아이에게 그 어떤 것을 하라고 강요할 수는 없습니다.
오히려, 당신은 아이들이 읽기 경험을 하는 일부가 되어야 합니다.

필요한 것은 아이와 대화할 의향, 아이에게 읽어줄 의향, 간단한 철자와 사진(그림)이 있는 단어, 단어 게임입니다.

1단계: 아이에게 계속 말을 하세요.
당신의 아이가 당신이 말하는 모든 걸 이해할 필요는 없습니다.
아이들에게 당신이 뭘 하고 있는지, 왜 그걸 하고 있는지, 그리고 아이들이 뭘 보고 있는 것인지 말해주세요.
부모로부터 이런 저런 것들을 듣는 아이들은 그렇지 않은 아이들보다 결국엔 더 나은 언어실력을 갖게 됩니다.

2단계: 아이에게 읽어주세요.
이는 아이에게 목표 언어를 가르치는 최고의 방법 중 하나랍니다.
아이가 잠들 때까지 잠자리용 동화를 많이 읽어주세요.

3단계: 기본적인 것들을 가르쳐주세요.
알파벳부터 시작하세요.
철자를 짚어가면서 크게 읽어주세요.
다음 단계는 아이들에게 자기 이름을 읽는 법을 알려주는 것일 겁니다.
냉장고나 아이들이 쉽게 그것들을 볼 수 있는 곳에 알파벳 자석을 붙이세요.
단어로 놀이를 할 때는 아이들이 사진을 단어와 연결지을 수 있도록 단어에 해당하는 사진을 보여주세요.

4단계: 단어 게임을 하세요.
일단 아이들이 기본적인 철자와 단어에 익숙해지면 아이들과 함께 단어 게임을 하세요.
철자 한두 개 정도를 더하거나 빼고 아이가 차이점을 알아채는지 그리고 단어에 맞게 읽는지 확인해보세요.
아이가 틀린 답을 말하더라도 절대 아이를 나무라지 마세요.
배우는 것에 관해서라면 좌절감은 최악의 적입니다.

🎧 Step 6: Key Questions

1. D
2. A
3. B
4. B

Chapter 14

🎧 Step 1: Warm Yourself Up

1. I made eye contact with the beautiful woman.
2. Chances are it will snow tomorrow.
3. I have to call my girlfriend anyway.
4. You need to pull yourself together before you take the test.
5. Don't sneak up on me again.
6. My son's life is in danger.
7. She tends to talk a lot.
8. When I hit him, he passed out.

🎧 Step 2: Super Listening Training

무엇 했나? (당신은 방금 눈을 맞추었나?/ did you just make

eye contact)
무엇과? (식인상어와/ with a killer shark)
무엇 하는 중에? (수영하는 중에/ while swimming)

🎧 2

무엇 하지 마라? (희망을 잃지 마라/ don't lose hope)

🎧 3

무엇은? (당신이 살아남을 가능성은/ your chances of surviving)
무엇으로부터? (공격으로부터/ from the attack)
어떨 것이다? (아마 당신이 생각하는 것보다 높을 것이다/ may be higher than you think)

🎧 4

필요한 것은 무엇이다? (평정/ composure)
또? (수영실력/ swimming skills)
또? (상어와 싸울 배짱/ guts to fight the shark)
그리고? (도와줄 의향/ and willingness to help)

🎧 5

무엇 하지 마라? (당황하지 마라/ do not panic)

🎧 6

무엇 하는 것은? (당황하는 것은/ panicking)
무엇 할 뿐이다? (판단력을 잃게 만들 뿐이다/ will only make you lose your judgment)
그리고 어떻게? (기운을 낭비하게/ and waste your energy)
어떤? (달아나는 데 필요한/ needed for escaping)

🎧 7

어떨 것이다? (당신은 아마도 수영하고 있을 것이다/ chances are you are probably swimming)
무엇과? (온순한 상어들과/ with friendly sharks)

🎧 8

어떻다? (게다가 당신은 앞질러 수영할 수 없다/ plus, you can't out-swim)
무엇을? (상어를/ a shark)
어떻게? (어차피/ anyway)

🎧 9

무엇 하라? (수영해서 벗어나라/ swim away)
어디로부터? (그 지역으로부터/ from the area)
어떻게? (가능한 한 조용히/ as quietly as possible)

🎧 10

어떻다? (당신은 끌고 싶지 않을 것이다/ you don't want to attract)
무엇을? (상어들의 관심을/ the shark's attention)
어떻게? (그들을 자극함으로써/ by irritating them)

🎧 11

어떠면? (상어가 헤엄치기 시작하면/ if the shark starts to swim)
어떻게? (지그재그 모양으로/ in zigzag motion)
그러면 무엇이다? (그것은 나쁜 신호이다/ that's a bad sign)
어떻다는? (상어가 불편해하고 있다는/ that it's feeling uncomfortable)

🎧 12

무엇 하라? (그들과 맞서 싸워라/ fight them back)

🎧 13

어떤 경우에? (최악의 경우에/ in the worst case scenario)
어떠면? (상어가 당신 쪽으로 헤엄친다면/ if the shark swims towards you)
무엇 하기 위해? (공격하기 위해/ to attack)
무엇 해야 한다? (당신은 맞서 싸워야 한다/ you much fight back)

🎧 14

무엇 하라? (평정을 되찾아라/ pull yourself together)
그리고? (상어를 때려라/ and hit it)
혹은? (눈, 코, 그리고 아가미를 찔러라/ or poke it in the eyes, nose, and gills)

🎧 15

어떠면? (상어가 헤엄쳐 가버린다면/ if the shark swims away)
무엇으로? (고통으로/ in pain)
무엇 하라? (그 시간을 수영하기 위해 써라/ use the time to swim)
얼만큼? (가능한 한 멀리/ as far away as possible)
어디로? (해변 쪽으로/ towards the shore)

🎧 16

무엇 하지 마라? (상어를 잃어버리지 마라/ don't lose the shark)
어디로? (당신의 시야 밖으로/ out of your sight)

🎧 17

무엇은? (상어는/ the shark)

무엇 할지도 모른다? (일시적으로 후퇴할지도 모른다/ might retreat temporarily)
그리고 무엇 할지도 모른다? (그리고 나서 당신에게 몰래 다가갈지도 모른다/ and then sneak up on you)
무엇을 위해? (두 번째 공격을 위해/ for a second attack)

18
무엇 하라? (친구를 도와라/ help a friend)
어떤? (위험에 처한/ in danger)

19
어떻다? (상어들은 공격하는 경향이 있다/ sharks tend to attack)
누구를? (원래의 희생자를/ the original victim)
그리고 무엇 하는 경향이 있다? (덜 상관하는/ and care less)
누구에 대해? (구조자에 대해/ about the rescuer)

20
무엇 대신에? (함께 상어를 공격하는 것 대신에/ instead of attacking the shark together)
무엇 하라? (서로를 도와라/ help each other)
무엇 하게? (해변 쪽으로 수영하게/ swim towards the shore)

21
무엇 하라? (치료를 받아라/ get medical attention)

22
무엇 하면? (당신이 물속에서 물리면/ if you're bitten in water)
무엇이? (출혈이/ blood loss)
어떻다? (엄청날 수 있다/ can be massive)

23
무엇 하라? (치료를 구하라/ seek medical attention)
어떻게? (가능한 한 빨리/ as soon as possible)
언제? (당신이 기절하기 전에/ before you pass out)

🎧 Step 4: Analyze
[스크립트 해석]

상어의 공격에서 살아남는 법

수영하는 중에 방금 식인상어와 눈이 마주쳤나요?
당신이 공격에서 살아남을 가능성은 아마 당신이 생각하는 것보다 높을 겁니다.

필요한 것은 평정심, 수영실력, 상어와 싸울 배짱, (누군가의) 도와줄 의향입니다.

1단계: 당황하지 마세요.
당황하면 판단력을 잃게 만들고 달아나는 데 필요한 기운을 낭비하게 만들 뿐입니다.
당신이 온순한 상어들과 헤엄치고 있을 가능성도 있습니다.
게다가 당신은 어차피 상어보다 빨리 헤엄칠 수도 없습니다.

2단계: 가능한 한 조용히 그 지점에서 헤엄쳐 벗어나세요.
당신은 상어들을 자극하여 관심을 끌고 싶지는 않을 겁니다.
상어가 지그재그 모양으로 헤엄치기 시작하면 심기가 불편하다는 나쁜 신호입니다.

3단계: 그들과 맞서 싸우세요.
최악의 경우, 상어가 공격하러 당신 쪽으로 헤엄친다면 당신은 맞서 싸워야 합니다.
평정을 되찾고 상어의 눈, 코, 아가미를 때리세요.
상어가 고통으로 헤엄쳐 달아난다면 그 시간을 해변 쪽으로 가능한 한 멀리 수영하는 데 쓰세요.
시야에서 상어를 놓치지 마세요.
상어는 잠시 후퇴했다가 두 번째 공격을 위해 당신에게 몰래 다가갈지도 모릅니다.

4단계: 위험에 처한 친구를 도와주세요.
상어들은 처음의 희생자를 공격하고 구조하는 사람에 대해선 신경을 덜 쓰는 경향이 있습니다.
상어를 함께 공격하는 대신, 서로 도와서 해변 쪽으로 헤엄쳐 가세요.

5단계: 치료를 받으세요.
물속에서 물리면 출혈이 엄청날 수도 있습니다.
기절하기 전에 가능한 한 빨리 치료를 받으세요.

🎧 Step 6: Key Questions
1. D
2. C
3. D
4. C

Chapter 15

🎧 Step 1: Warm Yourself Up
1. I had a hard time fixing your car.
2. Pay off the loan by next year.

3. As long as you study hard, you'll pass this exam.
4. Did you fall for his lies again?
5. You'd better keep track of your girlfriend's birthday.
6. In addition to this motorcycle, he has three more cars.
7. Can you do two things at once?
8. Call her now. Otherwise, she will get mad.
9. She ended up breaking up with him.
10. I finished the presentation on time.

Step 2: Super Listening Training

무엇 하고 있나? (당신은 애를 먹고 있나/ are you having a hard time)
무엇 하는 데? (대출을 신청하는 데/ applying for a loan)
무엇 때문에? (당신의 나쁜 신용점수 때문에/ thanks to your ugly credit score)

무엇과 함께라면? (이 유용한 팁들과 함께라면/ with these helpful tips)
무엇 할 것이다? (당신은 당신의 신용점수를 볼 것이다/ you will see your credit score)
무엇 하는 것을? (700점 이상에 이르는 것을/ reach over 700)

필요한 것은 무엇이다? (신용카드와 대출/ credit cards and loans)
또? (책임감 있는 소비 패턴/ a responsible spending pattern)
또? (빚을 갚을 수 있는 능력/ the ability to pay off your debt)
그리고? (신용점수 기록/ and credit score reports)

무엇 하라? (신용카드를 만들어라/ get a credit card)
어떻다면? (가지고 있지 않다면/ if you don't have one)

무엇이다? (이것은 아주 첫 단계이다/ this is the very first step)
무엇 하는? (신용점수를 쌓는/ to build your credit score)

무엇 하는 이상? (당신이 잔액을 유지하는 이상/ as long as you keep the balance)
어떻게? (관리할 수 있게/ manageable)
어떨 것이다? (당신은 괜찮을 것이다/ you should be fine)

어떻다? (더 낫다/ it's better)
무엇 하는 것이? (신용카드를 가지고 있는 것이/ to have a credit card)
무엇보다? (카드가 전혀 없는 것보다/ than no card at all)

무엇 하라? (카드들을 사용하라/ use your cards)
어떻게? (책임감 있게/ responsibly)

무엇 하지 마라? (근거 없는 믿음에 속지 마라/ don't fall for the myth)
어떤? (잔액을 유지해야 한다는/ that you have to carry a balance)
무엇 하기 위해서는? (좋은 점수를 갖기 위해서는/ to have good scores)

무엇 하라? (대신, 기록하라/ instead, keep track)
무엇을? (당신의 지출들을/ of your expenses)
무엇 하기 위해? (낮은 잔액을 유지하기 위해/ to maintain a low balance)

무엇 하라? (유지하라/ maintain)
무엇을? (다른 종류의 신용을/ different types of credit)

무엇 외에도? (신용카드 외에도/ in addition to credit cards)
무엇은? (잘 관리된 자동차 융자는/ well-managed auto loans)
그리고? (대출융자는/ and mortgage loans)
어떻다? (또한 점수를 향상시킬 수 있다/ can also improve your score)

무엇 하라? (갚아나가라/ pay down)
무엇을? (신용카드 빚들을/ your credit card debts)

무엇 할 필요는 없다? (당신이 그것들을 다 갚을 필요는 없다/ you don't have to pay them off)
어떻게? (한번에/ all at once)
하지만? (확실히 월 할부 납입금을 더 높게 유지하라/ but definitely keep your monthly payment higher)

무엇보다? (월 최소 납입금보다/ than the monthly minimum payments)

🎧 15
어떨 것이다? (그렇지 않으면, 결국에는 더 지불하게만 될 것이다/ otherwise, you will only end up paying more)
무엇을? (이자와 수수료를/ for interest and fees)

🎧 16
무엇 하라? (늦지 않게 결제하라/ pay on time)

🎧 17
무엇 하라? (결제 만기일들을 노트에 써 놓아라/ make a note of your payment due dates)
무엇 하게? (잊지 않게/ so you don't forget)

🎧 18
무엇 하면? (당신이 생각하면/ if you think)
어떨 것이라고? (결제에 늦을 것이라고/ you'll be late for a payment)
무엇 하라? (카드회사에 전화하라/ call the card company)

🎧 19
무엇 하라? (당신에게 주라고 부탁하라/ ask them to give you)
무엇을? (유예기간을/ a grace period)
어때야 한다? (이것은 되어야 한다/ this must be done)
언제? (만기일 전에/ before the due date)

🎧 Step 4: Analyze
[스크립트 해석]

신용등급을 쌓는 방법

당신은 나쁜 신용점수 때문에 대출을 신청하는 데 애를 먹고 있나요?
다음의 유용한 팁들과 함께라면 당신의 신용점수가 700점 이상에 이르는 것을 볼 겁니다.

필요한 것은 신용카드와 대출, 책임감 있는 소비 패턴, 빚을 갚을 수 있는 능력, 그리고 신용점수 기록입니다.

1단계: 신용카드가 없다면 신용카드를 하나 만드세요.
이것은 신용점수를 쌓기 위한 아주 첫 단계입니다.
관리할 수 있게 잔액을 유지하는 이상 당신은 괜찮을 겁니다.
카드가 전혀 없는 것보다 신용카드 하나는 갖고 있는 게 낫습니다.

2단계: 책임감 있게 카드를 사용하세요.
좋은 점수를 갖기 위해서는 잔액을 유지해야 한다는 근거 없는 믿음에 속지 마세요.
대신, 낮은 잔액을 유지하기 위해 당신의 지출들을 기록하세요.

3단계: 다른 종류의 신용을 유지하세요.
신용카드 외에도 잘 관리된 자동차 융자와 대출융자 역시 등급을 높일 수 있습니다.

4단계: 신용카드 빚을 갚아나가세요.
그것들을 한번에 다 갚을 필요는 없지만, 확실히 월 최소 납입금보다 월 할부 납입금을 더 높게 유지하세요.
그렇지 않으면, 결국에는 이자와 수수료를 더 내게 되기만 할 겁니다.

5단계: 늦지 않게 납입하세요.
잊지 않도록 납기 만기일들을 노트에 써 두세요.
유예기간을 달라고 부탁하세요. 이건 만기일 전에 해야 합니다.

🎧 Step 6: Key Questions
1. **C**
2. **D**
3. **C**
4. **C**

Chapter 16

🎧 Step 1: Warm Yourself Up
1. Keep the volume loud.
2. We couldn't leave Japan due to the earthquake.
3. This software will keep him from calling you.
4. Kimchi and pizza don't go together.
5. I kept my boots away from heat.
6. Did you take care of the problem?
7. The contaminated area can be dangerous for all of us.

🎧 Step 2: Super Listening Training
🎧 1
무엇 하라? (돈을 절약하라/ save some money)
어떻게? (음식을 신선하게 유지함으로써/ by keeping your food

fresh)
무엇으로? (이 요령들로/ with these tricks)

필요한 것은 무엇이다? (빵 한 조각/ a piece of bread)
어떤? (이왕이면 흰 빵/ preferably white bread)
또? (사과/ some apples)
또? (용기/ containers)
그리고? (키친타월/ and paper towels)

3
무엇 하라? (쿠키를 부드럽게 유지하라/ keep cookies soft)

4
무엇 하라? (쿠키를 밀폐된 용기에 넣어라/ put cookies in a sealed container)
그리고? (흰 빵 한 조각을 그것들과 같이 넣어라/ and put a piece of white bread with them)

5
무엇 할 것이다? (쿠키들은 수분을 끌어당길 것이다/ the cookies will draw moisture)
무엇으로부터? (빵으로부터/ from the bread)
무엇 하면서? (쿠키들을 부드럽게 유지하면서/ keeping them soft)

6
무엇 하라? (빵을 교체하라/ replace the bread)
언제? (그게 딱딱해질 때/ when it gets hard)
무엇 때문에? (수분이 없어서/ due to the lack of moisture)

7
무엇 하라? (감자가 싹이 나지 않게 막아라/ keep potatoes from sprouting)

8
무엇 하라? (감자들을 용기 안에 두어라/ keep them in a container)
무엇과 함께? (몇 개의 사과와 함께/ with a few apples)

9
무엇 하라? (확실히 하라/ make sure)
무엇을? (그 용기를 두는 것을/ you keep the container)
어디에? (시원한 장소에/ in a cool area)

10
무엇 하라? (맛과 질감을 살려둬라/ save the taste and texture)
무엇의? (토마토의/ of tomatoes)

11
무엇 하라? (토마토를 두어라/ place tomatoes)
어떻게? (줄기 쪽을 아래로 해서/ stem side down)

12
무엇 할 것이다? (이것은 공기를 막을 것이다/ this will keep air)
무엇 하는 것으로부터? (들어오는 것으로부터/ from coming in)
무엇을 통해? (줄기를 통해/ through the stem)
무엇 하면서? (토마토들을 신선하게 유지하면서/ keeping the tomatoes fresh)

13
무엇과 무엇은? (과일들과 채소들은/ fruits and veggies)
어떻다? (어울리지 않는다/ don't go together)

14
어떻다? (과일은 가스를 내뿜는다/ fruits emit a gas)
어떤? (채소를 더 빨리 익게 하는/ that makes veggies ripen faster)

15
무엇 하라? (그것들을 따로 둬라/ keep them separate)
어디에? (냉장고에/ in the fridge)

16
무엇 하라? (항상 야채로부터 습기를 빼놓아라/ always keep moisture out of veggies)

17
무엇 했으면? (일단 야채를 씻거나 썰었으면/ once you've washed or cut veggies)
무엇 하라? (키친타월을 그것들 주위에 둘러라/ put a paper towel around them)
언제? (도로 넣기 전에/ before putting them back)
어디에? (냉장고 안에/ into the fridge)

18
무엇은? (키친타월은/ the paper towel)
무엇 할 것이다? (습기를 흡수할 것이다/ will absorb moisture)
무엇으로부터? (채소들로부터/ from the veggies)
그리고? (그것들이 더 오래 가게 만들 것이다/ and make them

last longer)

🎧 19
무엇 하라? (잘 상하는 아이템들을 멀리 두어라/ keep perishable items away)
무엇으로부터? (냉장고 문으로부터/ from the fridge door)

🎧 20
무엇은? (냉장고 문은/ fridge doors)
어떨 수도 있다? (약간 너무 따뜻할 수도 있다/ can be a little too warm)
무엇 하기에는? (신선함을 유지하기에는/ to keep freshness)

🎧 21
무엇 하라? (사용한 음식을 먼저 처리하라/ take care of used food first)

🎧 22
무엇은? (침이 닿은 음식은/ food touched by saliva)
어떻다? (오염되어 있다/ is contaminated)

🎧 23
어떻다? (그것은 뜻한다/ it means)
어떻게 하면? (당신이 그것을 섞으면/ that if you mix it)
무엇과? (신선한 음식과/ with fresh food)
그럼 어떻게 된다? (신선한 음식도 썩을 것이다/ the fresh food will also go bad)

🎧 24
그러므로? (그러므로 권장된다/ therefore, it is recommended)
무엇 하는 것이? (그것들을 따로 두는 것이/ that you keep them separately)

🎧 **Step 4: Analyze**

[스크립트 해석]

음식을 더 오래 가게 하는 방법

이 요령들로 음식을 신선하게 유지하여 돈을 아끼세요.
필요한 것은 이왕이면 흰 빵으로 한 조각, 사과, 용기, 키친타월입니다.

1단계: 쿠키를 부드러운 상태로 보관하세요.
밀폐용기에 쿠키를 넣고 흰 빵 한 조각을 함께 넣어 두세요.
쿠키는 빵에서 수분을 끌어당겨 부드럽게 유지될 겁니다.
수분이 없어서 빵이 딱딱해지면 빵을 바꿔 주세요.

2단계: 감자가 싹이 나지 않게 막으세요.
사과 몇 개와 함께 감자를 용기 안에 넣어 두세요.
반드시 용기를 시원한 장소에 두세요.

3단계: 토마토의 맛과 질감을 살리세요.
토마토를 줄기가 아래로 향하게 하여 두세요.
이렇게 하면 줄기를 통해 공기가 들어오는 것을 막아주어 토마토를 신선하게 유지해줄 겁니다.

4단계: 토마토의 과일과 채소는 어울릴 수 없습니다.
과일은 채소를 더 빨리 익게 하는 가스를 내뿜습니다.
과일과 채소는 냉장고에서 따로 보관하세요.

5단계: 항상 채소에 습기가 없게 하세요.
일단 채소를 씻거나 썰었으면 냉장고에 도로 넣기 전에 키친타월로 감싸세요.
키친타월은 채소에서 습기를 흡수해서 더 오래 가게 만들 겁니다.

6단계: 잘 상하는 물건을 냉장고 문에서 멀리 두세요.
냉장고 문은 신선함을 유지하기에는 좀 지나치게 따뜻할 수도 있습니다.

7단계: 사용한 음식부터 처리하세요.
침이 닿은 음식은 오염되어 있습니다.
오염된 음식을 신선한 음식과 섞으면 신선한 음식도 썩을 것이라는 뜻입니다.
그러니 그것들(신선한 음식과 오염된 음식)을 따로 두는 것이 바람직합니다.

🎧 **Step 6: Key Questions**

1. A
2. B
3. D
4. C

Chapter 17

🎧 **Step 1: Warm Yourself Up**

1. My boyfriend obsesses over sexy women.
2. She interfered with our plan.
3. Simply put, she doesn't like you.
4. Have you taken your boss out to lunch?
5. Do not visit my parents without telling me.

6. As soon as I saw her, I fell in love with her.
7. I'm mad because my boyfriend took her side.

Step 2: **Super Listening Training**

1
무엇은? (좋은 여자친구가 되는 것은/ being a good girlfriend)
어떻다? (어렵지 않다/ is not as difficult)
무엇만큼? (당신이 생각하는 것만큼/ as you think)

2
무엇과 무엇이? (약간의 존중과 배려가/ a little respect and care)
무엇 할 것이다? (당신을 만들어줄 것이다/ will make you)
무엇으로? (세상 최고의 여자친구로/ the best girlfriend in the world)

3
필요한 것은 무엇이다? (너그러움/ generosity)
또? (자제력/ self-control)
또? (칭찬/ compliments)
또? (그의 부모님에 대한 사랑/ love for his parents)
그리고? (말을 들어줄 의향/ and willingness to listen)

4
무엇 하지 마라? (집착하지 마라/ don't obsess)
무엇에 대해? (그의 주변 모든 것들에 대해/ over everything around him)

5
무엇이? (좋은 여자친구가 되는 것이/ being a good girlfriend)
무엇 하지는 않는다? (뜻하지는 않는다/ doesn't mean)
어떻다는 것을? (당신이 간섭해야 한다는 것을/ that you should interfere)
무엇을? (그의 인생의 모든 것을/ with everything in his life)

6
무엇이다? (간단히 말해, 남자들은 자유가 필요하다/ simply put, guys need freedom)

7
무엇 하려고 하면? (당신이 그를 우리에 가두려고 하면/ if you try to put him in a cage)
어떨 것이다? (그는 탈출하려고만 할 것이다/ he will only try to escape)

8
무엇 하라? (전화통화들을 만들어라/ make your phone conversations)
어떻게? (짧게/ short)

9
어떤 반면에? (여자들은 사랑하는 반면에/ while girls love)
무엇을? (전화통화하는 것을/ talking on the phone)
어떻다? (남자들은 좋아하지 않는다/ guys don't)

10
무엇 하면? (그가 말한다면/ if he says)
무엇이라고? (당신 목소리가 피곤한 것 같아/ you sound tired)
그리고? (오늘밤 일찍 자는 게 어때?/ why don't you go to bed early tonight)
무엇 해야 한다? (당신은 알아야 한다/ you should know)
무엇을? (그가 무엇을 암시하는지/ what he's implying)

11
무엇 하라? (그의 부모님을 사랑하라/ love his parents)

12
어떠면? (남자친구가 진지하면/ if your boyfriend is serious)
무엇에 대해? (당신과의 관계에 대해/ about your relationship)
무엇 할 것이다? (그는 이런 자질을 찾을 것이다/ he will look for this quality)

13
무엇 하라? (그의 부모님께 저녁을 대접하라/ take his parents out to dinner)
어떻게? (그에게 말하지 않은 채/ without telling him)

14
무엇 할 것이다? (그는 당신과 사랑에 빠질 것이다/ he will fall in love with you)

15
무엇 하라? (그를 칭찬하라/ compliment him)

16
어떻다? (남자들은 아이 같다/ men are like babies)

17
무엇 한다? (그들은 그냥 듣기를 좋아한다/ they just love to hear)

무엇을? (칭찬을/ compliments)

🎧 18

무엇 하라? (그가 말하는 것을 들어라/ listen to what he says)

🎧 19

어떠면? (그가 상사에게 화나 있으면/ if he's mad at his boss)
무엇 하라? (그의 편을 들어라/ take his side)
그리고? (그에게 말하라/ and tell him)
무엇을? (그의 상사가 얼마나 바보 같은지를/ how stupid his boss is)

🎧 20

무엇 하라? (그의 최고의 친구가 되라/ be his best friend)

🎧 21

무엇 하라? (알아내라/ find out)
무엇을? (그의 취미와 관심이 무엇인지/ what his hobbies and interests are)
그리고? (제안하라/ and suggest)
무엇을? (그것들을 같이 하는 것을/ doing them together)

🎧 22

무엇은? (이유들 중 하나는/ one of the reasons)
어떤? (남자들이 시간을 많이 보내는/ men spend so much time)
누구와? (그들의 남성 친구들과/ with their male friends)
무엇이다? (그들은 여자들이 관심이 없다고 생각하는 것이다/ is they think women aren't interested)
무엇에? (남자들의 관심사에/ in men's interests)

🎧 **Step 4: Analyze**

[스크립트 해석]

좋은 여자친구가 되는 방법

좋은 여자친구가 되기란 당신이 생각하는 것만큼 어렵지 않습니다. 약간의 존중과 배려가 당신을 세상 최고의 여자친구로 만들어줄 겁니다.

필요한 것은 너그러움, 자제력, 칭찬, 그의 부모님에 대한 사랑, 기꺼이 이야길 들어줄 마음입니다.

1단계: 주변 모든 것들에 대해 집착하지 마세요.
좋은 여자친구가 되는 것이 당신이 그의 인생 모든 것을 간섭해야 한다는 뜻은 아닙니다.

간단히 말해, 남자들은 자유가 필요하거든요.
당신이 그를 우리에 가두려고 하면 그는 탈출하려고만 들 겁니다.

2단계: 전화통화를 짧게 하세요.
여자들은 전화로 얘기하기를 좋아하지만 남자들은 그렇지 않습니다. 그가 "당신 피곤한 것 같아. 오늘밤은 일찍 자는 게 어때?"라고 말한다면, 당신은 무엇을 암시하고 있는지 알아야 합니다.

3단계: 그의 부모님을 사랑하세요.
남자친구가 당신과의 관계에 대해 진지하다면 그는 이런 자질을 찾을 겁니다.
그에게 말하지 말고 그의 부모님에게 저녁을 대접하세요.
그는 당신과 사랑에 빠질 겁니다.

4단계: 그를 칭찬하세요.
남자들은 아이 같습니다.
그들은 그저 칭찬 듣기를 좋아합니다.

5단계: 그가 하는 말을 들어주세요.
그가 상사에게 화나 있다면 그의 편을 들어주고 그의 상사가 얼마나 바보 같은지 얘기해주세요.

6단계: 그의 가장 좋은 친구가 되어주세요.
그의 취미와 관심이 무엇인지 알아내서 함께 하자고 해 보세요.
남자들이 동성 친구들과 그렇게 시간을 많이 보내는 이유는 여자들이 남자들의 관심사에 흥미가 없다고 생각하기 때문입니다.

🎧 **Step 6: Key Questions**

1. C
2. A
3. D
4. C

Chapter 18

🎧 **Step 1: Warm Yourself Up**

1. It took 3 years to pass the exam.
2. I danced the same way he did.
3. The ring will cost you a lot of money.
4. Even if I don't buy you a present, don't get mad at me.
5. Your comment has had a great influence on my life.

6. I can easily break them up.
7. Is your work going well?

Step 2: Super Listening Training

무엇 해봤나? (당신은 그 표현을 들어봤나/ have you ever heard the phrase)
어떤 표현을? (남자는 화성에서 왔다는/ men are from Mars)
그리고? (여자는 금성에서 왔다는/ and women are from Venus)

무엇 할 수는 없다? (당신의 여자를 대할 수는 없다/ you just can't treat your lady)
어떻게? (똑같은 방식으로/ the same way)
무엇과 똑같은? (남자 친구들을 대하는 것과 같은/ you treat your dudes)

무엇 하라? (당신의 여자를 제대로 대하라/ treat your lady right)
그리고? (최고의 남자친구가 되어라/ and be the best boyfriend)
어디에서? (세상에서/ in the world)

필요한 것은 무엇이다? (좋은 에티켓/ good etiquette)
또? (약간의 상식/ some common sense)
또? (소통할 의향/ willingness to communicate)
또? (놀라게 할 일들/ surprises)
그리고? (칭찬들/ and compliments)

무엇 하라? (그녀에게 보여줘라/ show her)
무엇을? (약간의 에티켓을/ some etiquette)

어떻다? (많은 게 필요하지는 않다/ it doesn't take too much)
무엇 하는 것은? (신사가 되는 것에는/ to be a gentleman)

무엇 하라? (그녀를 위해 문을 잡아줘라/ hold the door for her)
또? (변기 뚜껑을 내려놔라/ put the toilet down)
언제? (사용하고 나서/ after using it)

그리고? (그녀의 의자를 빼줘라/ and pull out her chair)
어디에서? (레스토랑에서/ at restaurants)

어떤 것도? (이 중 어떤 것도/ none of these)
무엇 하지 않는다? (당신에게 돈이 들게 하지 않는다/ costs you money)

무엇이 되지 마라? (야만인이 되지 마라/ don't be a savage)

어떻다? (여자들은 싫어한다/ women hate)
언제? (남자들이 욕하거나, 담배 피거나, 침을 뱉을 때/ when guys curse, smoke, or spit)

무엇 하라? (듣고 응답하라/ listen and respond)

언제? (그녀가 이야기할 때/ when she talks)
무엇 하라? (입을 다물고, 듣고, 반응을 보여라/ shut up, listen, and respond)

무엇 할 수 있다? (당신은 줄이게 도울 수 있다/ you can help reduce)
무엇을? (그녀의 불만을/ her frustration)
어떻게? (단지 들어줌으로써/ just by listening)
그리고? (질문들을 던짐으로써/ and asking questions)

무엇 하라? (그녀를 놀라게 해줘라/ surprise her)

무엇 하라? (그녀에게 꽃을 보내라/ send her a flower)
혹은? (작은 선물을/ or a small gift)
언제? (아무 날에나/ on a random day)

어떨 필요는 없다? (그것이 비싼 어떤 것일 필요는 없다/ it doesn't have to be anything expensive)

무엇 만으로도? (생각만으로도/ just the idea)

어떤? (당신이 그녀를 생각하고 있다는/ that you're thinking about her)
무엇 한다? (그녀에게 큰 의미가 있다/ means a lot to her)

🎧 18
무엇 하라? (그녀를 칭찬하라/ compliment her)

🎧 19
무엇 하라? (그녀에게 말하라/ tell her)
어떻다고? (그녀의 새 헤어스타일이나 옷이 마음에 든다고/ you love her new hairstyle or clothes)
어떨지라도? (마음에 안 들지라도/ even if you don't)

🎧 20
무엇 하라? (그녀에게 말하라/ tell her)
어떻다고? (당신은 운이 좋다고/ that you're lucky)
무엇이? (멋진 여자친구를 가진 것이/ to have a stylish girlfriend)

🎧 21
무엇 하라? (그녀의 친구들에게 잘하라/ be nice to her friends)

🎧 22
무엇 하라? (기억하라/ remember)
누구는? (그녀의 친구들은/ her friends)
어떤? (특히나 여성 친구들/ especially female friends)
그들이 어떻다는 것을? (그녀에게 가장 큰 영향을 미친다는 걸/ have the greatest influence on her)

🎧 23
어떻다? (그들은 힘이 있다/ they have the power)
무엇 할 수 있는? (당신 둘을 깨지게 할 수 있는/ to break you two up)
혹은? (당신들의 관계를 살려낼 수 있는/ or save your relationship)
언제? (진행이 잘 안되고 있을 때/ when it's not going well)

🎧 Step 4: Analyze

[스크립트 해석]

좋은 남자친구가 되는 방법

"남자는 화성에서 왔고 여자는 금성에서 왔다"는 말을 들어보셨나요?
남자 친구를 대하는 것과 같은 방식으로 당신의 여자를 대할 수는 없죠.

당신의 여자를 제대로 대하고 이 세상 최고의 남자친구가 되어보세요.
필요한 것은 좋은 에티켓, 약간의 상식, 소통할 의향, 깜짝선물, 칭찬입니다.

1단계: 그녀에게 약간의 에티켓을 보여주세요.
신사가 되는 데는 많은 게 필요하지는 않습니다.
그녀를 위해 문을 잡아주고, 사용 후에 변기 뚜껑을 내려놓고, 레스토랑에서는 의자를 빼주세요.
이 중 어떤 것도 돈이 드는 일은 아닙니다.

2단계: 야만인이 되지 마세요.
여자들은 남자들이 욕하거나, 담배 피거나, 침을 뱉을 때 싫어합니다.

3단계: 듣고 반응을 보여주세요.
그녀가 이야기할 때 입을 다물고, 듣고, 반응을 보여주세요.
그저 들어주고 질문을 던짐으로써 그녀의 불만을 줄이도록 도울 수 있습니다.

4단계: 그녀를 놀라게 해주세요.
아무 날에나 그녀에게 꽃이나 작은 선물을 보내 보세요.
비싼 것일 필요는 없습니다.
당신이 그녀를 생각하고 있다는 생각만으로도 그녀에게는 큰 의미가 있습니다.

5단계: 그녀를 칭찬하세요.
마음에 안 들어도 그녀에게 새 헤어스타일이나 옷이 마음에 든다고 말해주세요.
당신은 멋진 여자친구를 가져서 운이 좋다고 그녀에게 말하세요.

6단계: 그녀의 친구들에게 잘해주세요.
그녀의 친구들, 특히 여자 친구들은 그녀에게 가장 큰 영향을 미친다는 점을 기억하세요.
그들은 당신 둘을 깨지게 할 수도 있고 둘 사이가 좋지 않을 때 관계를 살려낼 수도 있는 힘이 있습니다.

🎧 Step 6: Key Questions

1. B
2. C
3. C
4. B

Chapter 19

🎧 Step 1: Warm Yourself Up

1. I can't believe I aced the math test.
2. The musical Wicked blew my mind.
3. You don't need to mention your mistakes to the interviewer.
4. I'm still working on the project.
5. Make sure you practice this everyday.
6. This story doesn't make sense.

🎧 Step 2: Super Listening Training

무엇 하고 싶은가? (아주 잘 보고 싶은가?/ would you like to ace)
무엇을? (쓰기 부분을/ the writing section)
무엇의? (TOEIC과 TOEFL 시험의/ of TOEIC and TOEFL)

무엇 하라? (이 단계들을 따르라/ follow these steps)
그리고? (읽는 사람의 마음을 사로잡아라/ and blow the reader's mind)

필요한 것은 무엇이다? (분명한 이해/ a clear understanding)
무엇의? (토픽과 질문의/ of the topic and the question)
또? (3단 구조/ the 3-step structure)
또? (창의적인 사고/ creative thinking)
그리고? (글의 교정/ and proofreading)

무엇 하라? (이해하라/ understand)
무엇을? (그들이 기대하고 있는 것을/ what they're looking for)

누구는? (많은 학생들은/ many students)
무엇 한다? (질문을 읽는 것을 실패한다/ fail to read the question)
어떻게? (철저히/ thoroughly)

어쩌면? (당신이 모른다면/ if you don't know)
무엇을? (당신이 무엇에 관해 쓰고 있는지/ what you're writing about)
무엇 할 수 없다? (당신은 토픽에 머무를 수 없다/ you can't stay on topic)

무엇 하지 마라? (읽는 사람을 혼돈시키지 마라/ don't confuse the reader)

무엇 하라? (기억하라/ remember)
무엇을? (3단 구조를/ the 3-step structure)

무엇은? (잘 구성된 글은/ well-structured writing)
무엇 한다? (거의 항상 유지한다/ almost always maintains)
무엇을? (도입부, 본문, 그리고 결론을/ the introduction, the body, and the conclusion)

무엇 하라? (개요를 그려라/ draw an outline)
언제? (쓰기 시작하기 전에/ before you start writing)

무엇 하라? (도입부부터 시작하라/ begin with the introduction)

무엇 하라? (꼭 시작하라/ make sure you start)
무엇과 함께? (신선한 서술과 함께/ with a fresh statement)
무엇 하기 위해? (읽는 사람의 관심을 끌기 위해/ to attract the reader's interest)

무엇 하라? (언급하라/ mention)
무엇을? (무엇에 관해 쓸 것인지/ what you're writing about)
그리고? (왜 그것을 쓰는지/ and why you're writing it)

무엇 하라? (결론으로 건너 뛰어라/ skip to the conclusion)
언제? (본문을 작업하기 전에/ before working on the body)

15
무엇 하는 것이다? (당신은 근본적으로는 바꾸어 말하는 것이다/ you are basically rephrasing)

무엇을? (처음의 서술을/ your initial statement)
어떤? (도입부에 쓰인/ used in the introduction)

🎧 16

무엇 하라? (그것을 끝내라/ finish it)
무엇으로? (독특하고 창의적인 문장으로/ with a unique and creative sentence)
무엇 하기 위해? (인상을 남기기 위해/ to leave an impression)
누구에게? (읽는 사람에게/ on the reader)

🎧 17

무엇 하라? (본문으로 돌아가라/ go back to the body)

🎧 18

무엇 해야 한다? (더 자세히 설명해야 한다/ you must elaborate)
무엇을? (당신의 생각들을/ your thoughts)
어디에서? (여기에서/ here)

🎧 19

무엇 하라? (이것을 하기 위해서는, 상세한 예를 들어라/ to do this, give detailed examples)
어디에? (각 부제 아래에/ under each subheading)

🎧 20

무엇은? (예는/ examples)
어떨 수도 있다? (개인적일 수도 있다/ can be as personal)
무엇만큼이나? (당신이 겪은 것만큼이나/ as something you've experienced)
어디에서? (인생에서/ in your life)

🎧 21

무엇 하라? (당신의 글을 교정하라/ proofread your writing)

🎧 22

무엇이 있다면? (남은 몇 분이 있다면/ if you have a couple minutes left)
무엇 하라? (그 시간을 현명하게 써라/ use the time wisely)
그리고? (확실히 하라/ and make sure)
무엇을? (모든 게 말이 되는 것을/ everything makes sense)

🎧 Step 4: Analyze

[스크립트 해석]

에세이를 쓰는 방법

TOEIC과 TOEFL 시험의 쓰기 부분을 아주 잘 보고 싶은가요?

이 단계들을 따르고 읽는 사람의 마음을 사로잡으세요.

필요한 것은 토픽과 질문에 대한 분명한 이해, 3단 구조, 창의적인 사고, 그리고 교정입니다.

1단계: 그들이 기대하는 바를 이해하세요.
많은 학생들은 질문을 꼼꼼히 읽지 못합니다.
당신이 무엇에 관해 쓰고 있는지 모른다면 토픽에 대해 계속 쓸 수 없습니다.
읽는 사람을 헷갈리게 하지 마세요.

2단계: 3단 구조를 기억하세요.
잘 구성된 글은 거의 항상 도입부, 본문, 결론을 유지합니다.
쓰기 시작하기 전에 개요를 작성하세요.

3단계: 도입부부터 시작하세요.
읽는 사람의 관심을 끌기 위해 반드시 참신한 서술로 시작하세요.
무엇에 관해 쓸 것인지와 왜 그것을 쓰는지를 언급하세요.

4단계: 본문을 쓰기 전에 결론으로 건너 뛰세요.
당신은 근본적으로는 도입부에서 쓴 처음의 서술을 바꾸어 말하고 있는 겁니다.
읽는 이에게 인상을 남기기 위해 결론을 독특하고 창의적인 문장으로 끝내세요.

5단계: 본문으로 돌아가세요.
여기에서 당신의 생각을 더 자세히 설명해야 합니다.
이렇게 하기 위해서는 각 부제 밑에 자세한 예를 드세요.
예시는 인생에서 겪은 것처럼 개인적일 수도 있습니다.

6단계: 당신의 글을 교정하세요.
몇 분이 남았다면 그 시간을 현명하게 써서 모든 게 말이 되도록 확실히 해두세요.

🎧 Step 6: Key Questions

1. **D**
2. **B**
3. **B**
4. **D**

🎧 Step 1: Warm Yourself Up

1. Can you afford this watch?
2. Wake up as early as possible tomorrow.
3. The longer you stay, the more you must pay.
4. You should fill out this application first.
5. Your stupid mistake can jeopardize his career.
6. Writing a good essay involves giving a lot of examples.
7. I fly out to New York at 5 o'clock today.

Step 2: Super Listening Training

무엇 하는 것은? (해외에서 공부하는 것은/ studying abroad)
무엇이다? (아주 좋은 방법이다/ is a great way)
무엇 할 수 있는? (당신의 목표언어를 공부할 수 있는/ to learn your target language)

어떻다면? (그럴 여유가 된다면/ if you can afford it)
무엇 해야 한다? (반드시 시도해봐야 한다/ you should definitely try it)

무엇이 있다? (여기 얻는 방법이 있다/ here's how to obtain)
무엇을? (학생 비자를/ a student visa)
무엇 하기 위해? (미국에서 공부하기 위해/ to study in America)

필요한 것은 무엇이다? (약간의 조사/ some research)
무엇에 대한? (학교들과 프로그램들에 대한/ on schools and programs)
또? (I-20 양식/ an I-20 form)
또? (F-1 학생 비자를 위한 신청서/ an application for an F-1 student visa)
그리고? (미국영사관이나 대사관을 오가기/ and a trip to a U.S. consulate or embassy)

무엇 하라? (조사를 좀 하라/ do some research)

무엇 해야 한다? (당신은 학교를 먼저 정해야 한다/ you must first choose a school)
어떤? (프로그램을 가진/ that has a program)
어떤? (당신을 관심 갖게 만드는/ that interests you)

무엇 하라? (또한, 입학 절차를 시작하라/ also, start the admissions process)
언제? (가능한 한 일찍/ as early as possible)

8

무엇 할수록? (더 일찍 시작할수록/ the earlier you start)
어떻다? (더 가능성이 있다/ the more likely it is)
어떨 가능성? (당신이 받아들여질/ that you'll be accepted)

9

무엇 하라? (입학 허가를 기다려라/ wait for acceptance)

10

무엇 하면? (일단 학교가 결정하면/ once the school decides)
무엇 하기로? (당신을 받아주기로/ to accept you)
무엇 할 것이다? (당신은 I-20 양식을 받을 것이다/ you will be sent an I-20 form)

11

무엇 하라? (F-1 양식을 작성하라/ fill out the F-1 form)

12

무엇 하라? (구해라/ obtain)
그리고? (F-1 학생비자 신청서를 작성하라/ fill out an F-1 student visa application)

무엇 할 수 있다? (이것을 온라인에서 쉽게 찾을 수 있다/ you can easily find this online)
혹은? (그 어떤 미국 영사관이나 대사관에서/ or at any U.S. consulate or embassy)

14

무엇 하라? (그것을 꼭 작성하라/ make sure you fill it out)
무엇으로? (올바른 정보로/ with correct information)

15

무엇마저도? (단 하나의 철자 실수마저도/ even a single spelling mistake)
무엇 할 수 있다? (당신의 비자 자격을 위태롭게 할 수 있다/ can jeopardize your visa status)

무엇 하라? (방문하라/ visit)

무엇을? (미국 영사관 혹은 대사관을/ a U.S. consulate or embassy)

어떻다? (당신은 가져갈 필요가 있다/ you need to bring)
무엇을? (I-20 양식과/ both the I-20 form)
그리고? (F-1 학생비자 신청서를/ and the F-1 student visa application)
무엇 하기 위해? (승인절차를 시작하기 위해/ to start the approval process)

18
어떨 수도 있다? (그들이 당신을 인터뷰하고 싶어할 수도 있다/ they may want to interview you)
왜? (의심스러운 목적이 있는지 보려고/ to see if there's a suspicious purpose)
무엇에? (당신의 여행에/ to your trip)

19
무엇 하지 마라? (너무 긴장하지 마라/ don't be too nervous)

20
어떻다? (많은 경우에, 인터뷰는 포함한다/ many times, the interview involves)
무엇을? (간단한 질문들을/ simple questions)

무엇 하라? (당신의 서류들을 확인하라/ check your documents)
그리고? (떠날 준비를 하라/ and get ready to fly out)

22
무엇 하라? (확실히 하라/ make sure)
무엇을? (서류에 있는 정보가 맞는 것을/ the information on your documents is correct)

23
무엇 하라? (또한, 확실히 하라/ also, make sure)
무엇을? (여권이 곧 만기되지 않는 것을/ your passport doesn't expire soon)

Step 4: Analyze
[스크립트 해석]

미국 학생 비자를 받는 방법

해외에서 공부하는 것은 당신의 목표언어를 공부하는 아주 좋은 방법입니다.
그럴 여유가 된다면 반드시 시도해봐야 합니다.
여기 미국에서 학생 비자를 얻는 방법이 있습니다.
필요한 것은 학교와 프로그램들에 대한 약간의 조사, I-20 서류양식, F-1 학생 비자를 위한 신청서, 미국영사관이나 대사관을 오가기입니다.

1단계: 조사를 하세요.
당신이 관심 가는 프로그램이 있는 학교를 먼저 정해야 합니다.
또, 가능한 한 일찍 입학 절차를 시작하세요.
더 일찍 시작할수록 합격할 가능성이 더 커집니다.

2단계: 입학 허가를 기다리세요.
일단 학교가 당신을 받아주기로 결정하면 당신은 I-20 양식을 받게 될 겁니다.

3단계: F-1 양식을 작성하세요.
F-1 학생비자 신청서를 구해서 작성하세요.
(*F-1 비자: 학생 비자 중 가장 일반적인 종류의 비자로, 인가된 학교나 어학원에 다니기 위해 미국 유학을 희망할 때 필요한 비자)
온라인이나 어느 미국 영사관이나 대사관에서도 이 양식을 쉽게 구할 수 있습니다.
반드시 정확한 정보를 작성하세요.
단 하나의 철자 실수마저도 당신의 비자 자격을 위태롭게 할 수 있습니다.

4단계: 미국 영사관이나 대사관을 방문하세요.
승인절차를 시작하려면 I-20 양식과 F-1 학생비자 신청서 둘 다 가져가야 합니다.
당신의 여행에 의심스러운 목적이 있는지 보려고 그들이 인터뷰하고 싶어할 수도 있습니다.
너무 걱정하지 마세요.
많은 경우, 인터뷰에는 간단한 질문이 포함됩니다.

5단계: 당신의 서류들을 확인하고 떠날 준비를 하세요.
서류에 있는 정보가 맞는지 확인하세요.
또, 여권이 곧 만기 예정이 아닌지도 확인하세요.

Step 6: Key Questions
1. C
2. B
3. C
4. D

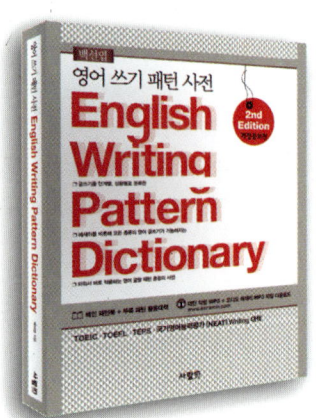

내가 쓰고 싶은 문장을 모두 모아 놓은
영어 글말 패턴 총정리 사전

영어 글쓰기를 처음 시작하는 초보자부터 고급 학습자까지 한 권씩 꼭 구비하고 있어야 할 Must-Have 영어책이다. TOEIC, TOEFL, SAT, 국가영어능력평가(NEAT) 등 각종 Writing 시험을 준비하는 학습자들뿐만 아니라 영문 비즈니스 보고서와 프레젠테이션 자료를 작성해야 하는 직장인까지 모두에게 유용한 활용도 200% 영어 글말 패턴 550여 개를 간결한 포인트 해설과 함께 제시하고 있다. 글의 서론, 본론, 결론의 구성 순서에 따라 209개 상황 File별로 자세히 분류되어 있는 패턴과 그에 따른 기본 용례를 살펴봄으로써 알맞은 문맥 속에서 패턴을 적절히 활용하여 글을 쓸 수 있도록 하였다. 책 속의 책으로 〈패턴 활용 대책〉이 포함되어 있어 실제로 에세이를 쓸 때 어떻게 패턴을 활용할 수 있는지 알 수 있다.

영어 쓰기 패턴 사전 개정 증보판
백선엽 저 | 4×6배판 변형 | 472쪽 | 17,600원

샘플 이메일 속 어구만 바꾸면
내가 쓰고 싶은 이메일이 된다!

〈비즈니스 영어 이메일 패턴 사전〉은 21세기 바쁜 비즈니스 환경 속에서 살아가는 대한민국 직장인을 위해 영어 이메일을 가장 많이 쓰게 되는 비즈니스 상황 154개를 선별, 정리하여 각 상황마다 비즈니스 현장에서 실제로 쓰이고 있는 770개의 샘플 이메일을 미국 현지 답사와 조사를 통해 집필한 책이다. 이제 더 이상 여러 권의 비즈니스 이메일 관련서를 사서 짜깁기를 하지 않아도 어구만 바꾸어 넣으면 이메일이 되는 〈비즈니스 영어 이메일 패턴 사전〉으로 영어 이메일 쓰기에 손쉽게 도전할 수 있다.
문장 내에서 하이라이트된 부분에 상황에 맞는 어구만 바꾸어 넣으면 이 이메일 그대로를 실제 상황에서 쓸 수 있다. 770개의 실제 비즈니스 영어 이메일을 총망라하고 있는 〈비즈니스 영어 이메일 패턴 사전〉은 여러분의 영어 이메일 환경을 아주 편리하게 바꾸어 줄 것이다.

비즈니스 영어 이메일 패턴 사전
백선엽 저 | 4×6배판 변형 | 480쪽 | 19,800원

국내 테스팅 분야의
최고 권위자가 쓴 영문법의 바이블

기존의 영문법서가 비전공자 중심의 초급용 책이 주류를 이루었다면 이 책은 고려대학교 영어교육과 교수인 저자의 학문적인 이론을 바탕으로, 기존 영문법 참고서의 오류 내용을 지적하고 영어 규칙에 관한 모든 내용을 총망라함으로써 초급 이상의 영어 학습자라면 한 권쯤 갖고 있어야 하는 영문법의 백과사전적 참고서이다. 실제 회화에서 많이 사용되는 살아 있는 영어 표현 및 구문을 의미 중심으로 가능한 한 많이 제시함으로써 의사소통을 위한 실용 문법서가 되도록 하였다.
이 책은 실제로 우리가 잘못 알고 있거나, 원어민들은 전혀 쓰지도 않는 진부한 표현들을 지적하여 올바른 어법을 제시하였으며, 타임지나 시트콤, 영화 대본 등에서 그 예문을 찾아 제시했다.

실용 영문법 백과사전 2nd Edition
최인철 저 | 4×6배판 | 672쪽 | 26,500원